Cyp. Etchegoyen.

Mon tour viendra!

l'enfer du poilu

I. N. S. A. P.

IMPRIMEURS-ÉDITEURS

5, Boulevard de Strasbourg, 5

ARRAS

à PARIS : Mignard, 38, rue Saint-Sulpice

MON TOUR VIENDRA

L'ENFER DU POILU

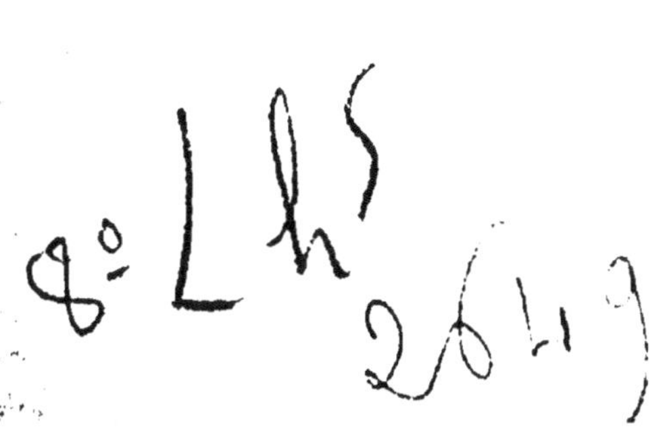

Cyp. ETCHEGOYEN

Mon tour viendra

l'enfer du poilu

I. N. S. A. P.

IMPRIMEURS-ÉDITEURS

5, Boulevard de Strasbourg, 5

ARRAS

à PARIS : Mignard, 38, rue Saint-Sulpice

V

A la Mémoire
de Celui
Haut exemple
de Sacrifice et de Vertu
Qui repose
à la clarté de la Flamme

Et des frères d'armes
Tombés là-bas

Aux rescapés

Je dédie
Ces feuillets
Exhumés
pour servir à la fois
et sans haine
la vérité, la paix, le souvenir

C. E.

INTRODUCTION

...Ces feuillets résument la vie angoissée du front. Bien souvent le poilu souhaita la mort, tant les heures lui étaient lourdes et amères. Puis, la confiance en ses chefs, et en lui-même, la foi dans les destinées de son pays, l'affection de ses frères d'armes en cette famille des tranchées où la chaîne des cœurs résistait à tous les assauts — tout cela lui permit de tenir et de vaincre. Il ne conçut jamais de haine, mais se montra farouche dans la défense et dans l'attaque. Il rendit généreusement hommage à ses ennemis. Il souffrit longtemps. Et s'il n'avait pas eu de défaillances, s'il n'avait jamais eu peur, eût-il mérité d'être un homme ? Souvent sa pensée voguait vers la maison de son enfance, vers la douce région lointaine où les mères pleuraient. Puis il chantait, riait, jouait — comme un enfant. Plusieurs fois blessé, il retournait vers cette terre d'épouvante, et toujours obligé de se murmurer « Mon tour viendra de mourir, puisqu'à nouveau j'aborde la sinistre zone... »

— Paroles fatalistes, immanquable expression d'inquiétude, car ils étaient trop qui tombaient sous le feu. Rien de l'horreur de cette existence n'échappa au douloureux privilège qu'il eut de vivre dans l'infernal voisinage de la mort. Là est toute l'odyssée de ce fantôme qui fréquenta les sommets du martyre.

— Allons, mes amis rescapés, formons le cercle et relisons nos souvenirs ensemble ! Et que l'âme de nos enfants, maintenant ouverte à la lumière, puise dans le bagage de notre jeunesse la féconde leçon de courage et d'amour !

C. E.

CHAPITRE I

NOS VINGT ANS

Les bleus se serraient les uns contre les autres comme des enfants sans mère.

— Eh ! vendu !

— Le four est tombé chez toi !

— T'avais plus à croûter ?

C'est par de telles apostrophes que nous fûmes accueillis dans la cour de la caserne à la première corvée de pommes de terre.

Je comptais parmi les nombreux engagés volontaires de cette fournée et je m'étais dirigé par un bel après-midi vers l'Esplanade alors que mon cœur battait très fort. Comment ? Me jeter à mon âge dans ce flot de troupiers endurcis qu'on m'avait dit décidés à me pourpointer sans pitié parce que je n'attendais pas le tour de ma classe pour servir... quelle gageure !

D'abord j'avais reculé, car la masse imposante aux mille fenêtres semblait m'écraser déjà. Le lourd vantail allait se refermer et c'en serait fait de ma frêle personne. J'éprouvai le désir violent de retourner et de fuir. Enfin je pris d'héroïques résolutions, et, du pas convaincu et fier d'un enfant de troupe, j'entrai.

Et ce fut la fin d'un beau songe.

La « première » est certainement la compagnie rêvée puisque tout le monde veut s'y faire inscrire. Le capitaine est un excellent homme qui ne nous ennuie pas. Tout va bien ! Sauf la nourriture qui comporte souvent cette morue repoussante, ces lentilles saupoudrées de pierrailles et ces frites brûlées. Tout va bien, sauf cet adjudant peu malin et combien hargneux ! qui a toujours l'air de nous mépriser. Tout va bien, sauf ce commandant à la voix grasse et lourde et ce colonel au verbe de tonnerre...

C'est ridicule, mais c'est ainsi : ne vous promenez jamais dans la cour de la caserne quand votre compagnie est de service.

Le deuxième jour, nous faisions les cent pas devant le poste, en attendant la soupe.

Le caporal de semaine hurle du deuxième étage :

— Eh ! là ! quelle compagnie ?

— Première, caporal !

— Ah ! ben ! ça va ! compagnie de service !

— Sais pas ! murmurons-nous.

— Moi, je le sais !

Evidemment qu'il le savait : rien qu'à notre allure, nous paraissions bons comme la romaine, même sans être de service.

— Voilà, ajoute-t-il ; il me faut un type, un pur, un malin, une intelligence, quoi ! C'est pour un filon !

J'allais me laisser prendre. Babin m'a devancé.

— Voilà, Caporal !

— Très bien, mon ami ! eh ! ben — vous voyez cette brouette ! Là ! oui, là ! eh ! pochetée... eh ! ben, vous allez y mettre un sac de cinquante kilos de charbon et le porter chez le capitaine adjudant-major, au boulevard extérieur, juste à l'opposé de la ville.

D'instinct les rescapés ont disparu, pareils à une volée de moineaux.

Ne vous promenez jamais dans la cour de la caserne...

Les grandes manœuvres nous ont rassemblés au Camp Bleu et nos cantonnements sont atteints après plusieurs jours de marche. Dans nos sacs et nos musettes, sachets à sucre, sachets à café, biscuits, ingrédients de toutes sortes, nécessaire de réparations en campagne, effets, sandales, treillis, veste, flanelles, chemises, brosses, boîte à graisse, tripoli, serviettes, tout cela se tasse et s'entasse — et je ne parle pas du décor : la pelle-bêche, la gamelle, le plat, les cartouchières, le bidon, l'équipement, le fusil...

Le Colonel a fait appel à nos sentiments de français et nous a demandé un effort.

Les nuits sont courtes hélas ! et les manœuvres commencent très tôt. Les kilomètres sont franchis au pas lent des colonnes et le soir nous sommes fourbus. Seule la perspective d'un repas copieux — une bonne garbure et une portion de confit d'oie — dans la maison qui nous est assignée — nous permet d'atteindre allègrement le terme du voyage et nous en arrivons à nous écrier que la guerre ne saurait être plus harassante au soldat. Les plus faibles sont obligés de solliciter l'aide des camarades pour ne point forfaire à l'honneur de porter le sac chargé jusqu'au bout. Nous nous glissons dans les convois, dans les colonnes de dragons, de cuirassiers, de hussards aux rutilants uniformes et les artilleurs se moquent de nous parce qu'en approchant de l'étape, avec nos joues creuses, striées de sueur, nous avons l'air de n'être plus des pioupious, mais des fantômes.... La population s'aligne à notre passage. A Vic-Fézensac aux maisons blanches, on nous tendait des grappes de raisin. L'ordinaire a prévu des lapins pour récompenser notre exceptionnelle fatigue. Car les combats, les déplacements, les diversions, les assauts sont fréquents auxquels participent très intimement toutes les armes, y compris l'aviation, toute jeune, une « bleue » aux stupéfiantes prouesses.

Lectoure et Puycasquier résonnent du tintamarre que font les canons lourds et légers. Nos dernières attaques à la baïonnette furent exécutées avec le plus ardent brio. On imagine des morts, des blessés, des prisonniers, des espions. Rien n'est laissé au hasard. On escalade les clôtures, on franchit les ruisseaux, parfois avec de l'eau jusqu'aux genoux, on se couche subitement pour attaquer un convoi ou défendre le gros de la colonne. D'un vol majestueux et égal les dirigeables contrôlent les opérations terrestres. Le ministre de la Guerre nous surprend en pleine action et nous félicite. La jolie ville de Mauvezin, en état de siège, est sillonnée de convois, parcourue par des estafettes, des cyclistes, des agents de liaison et la salle des fêtes devient le quartier général où tous les rapports se succèdent. Au moment du « Cessez le feu ! » nous apprenons qu'un accident grave est survenu au colonel de Winterfeld, délégué de l'empire allemand aux grandes manœuvres françaises :

— La guerre en temps de paix, décidément, dit Claverie...

Nous avons enfin acquis droit de cité, puisque la classe treize est arrivée. On ne nous énerve plus avec ces gaudrioles assommantes, décochées à la chambrée, dans les escaliers, aux lavabos, à la cantine, partout. Tartachu, qui me connaît, est aux petits soins de mon paquetage chancelant et m'évite par ses attentions bien des remontrances, sinon des jours de caisse.

Bons camarades qui, du cinquième étage, chantiez

la « Toulousaine » ou «Beau ciel de Pau, quand donc te reverrai-je ? » vous m'avez aidé à ne point haïr cette vie de patachon privée de charme.

Puis, nous nous sommes rapprochés et, nous connaissant mieux, pendant plusieurs mois nous avons étudié, controversé ensemble dans la chambrée — et le soir nous avons fait de l'apostolat au cercle militaire que des sommités de la ville honoraient de leur éloquence, de leur autorité et de leur amitié. En marge de la vie militaire, nous avons instauré l'heure douce de l'accord des sentiments et des idées.

A ma grande surprise, l'adjudant m'a parlé, un jour, avec une certaine déférence. Il m'a annoncé mon passage au bureau de la mobilisation, sous les ordres du capitaine Vignolet, un homme rude, qui bourre une phrase en deux mots, militaire cassant, au demeurant bon cœur, dit-on.

— Pierre Basque, j'ai besoin de vous, me dit-il. Un travail de bénédictin pendant des semaines. Voici la clef. Travaillez tard. Je vous rejoindrai vers onze heures. Et que ça rende !

Là, je suis dans mon élément : des livres, des documents, des études, cela me suffit. Je tiendrai ma place. La menace qui semble peser sur le monde impose aux chefs d'impérieux devoirs. A quel point le plan de mobilisation ? Ce formidable organisme appelé à se déclancher et à fonctionner ensuite avec la régularité d'une horloge, en a-t-on rajeuni les éléments ? Que sais-je ? Il y a beaucoup à faire, semble-t-il. Alors, de ces immenses placards gris dont la clef reste confiée à la garde vigilante du capitaine, on a extirpé des dossiers épais, des cartons, des feuillets, tout le plan de mobilisation qu'on doit rénover sous le nom de plan XVII. Le capitaine ne vit plus depuis quelques jours.

La responsabilité d'un tel travail est réelle et lourde. Il a perdu de son autocratie. Il fait peau neuve. Le temps est à l'étude, à l'organisation — et qu'un homme ait omis de le saluer, bah ! — il passe, grogne un coup, mais ne punit point. C'est le plan qui compte. Il faut le dresser. Le quatrième galon est peut-être à ce prix.

A deux heures du matin nous compulsions encore les dossiers et nous écrivions. Ce n'était plus le service militaire avec ses obligations contre lesquelles il n'est pas possible de regimber. On était libre ; le de voirlui-même, en nous assujettissant à un labeur intense, nous donnait cette indépendance qui a tant de prix au régiment et qui suscite des jalousies. Les nuits ont passé et nous avons conduit à bon port la barque confiée à nos efforts. J'ai sacrifié les joies du boulevard de la Préfecture et du Cercle, des cinémas, du Casino et du Parc pour me confiner dans l'ordonnance des missions dans le cas d'un suprême appel. Je n'espère de ce fait aucune récompense et je m'enorgueillis assez des appréciations inattendues jaillies de la bouche du bouillant capitaine à mon adresse pour ne point attendre ni rechercher des satisfactions banales d'amour-propre.

La dernière page tournée, le capitaine m'a dit les yeux dans les yeux :

— Nous avons fait là quelque chose de solide. Vous ne m'en voulez pas de vous avoir distrait de vos habitudes ? Vous l'avez compris : il ne fallait pas autour de moi de la contrainte, non, mais du dévouement et de la foi. Je vous remercie. Vous n'êtes plus à ma disposition.

Hélas ! Il est redevenu le capitaine bourru et sec qu'on salue à dix pas. Je n'ai fait, moi, que passer, en essayant de laisser sur mon travail l'empreinte, non pas de la servitude, mais du devoir.

Et j'ai à nouveau pris rang dans l'escouade, déchu

de mon prestige d'embusqué, comme simple soldat
de deuxième classe, par protection, toujours.

— Ah ! vous pensiez que ça durerait longtemps ce
scribouillage au bureau du colonel ? Voici pour vous
apprendre à vivre !

Et l'adjudant m'a jeté dans les bras ses bottes que
viennent de souiller les éclaboussures de la rue :

— Astiquez-moi çà, tout de suite ! On vous en fera
roter des ronds de chapeau !...

Puis, s'adressant au sergent de semaine qui passe :

— Vous voyez cet homme-là, qui est allé se les rou-
ler pendant un mois au milieu des paperasses, eh ! bien,
faites-lui rattraper le temps perdu — et que la première
corvée des latrines soit pour lui !

*
* *

Le commandant, devant qui l'on tremble, m'appelle
du doigt à l'avenue centrale :

— Pierre Basque, tu peux dire adieu à tout, adieu
à ton fronton, à ta pelote, à ton chistera, au bon verre
de piquette, à la Bidouze, à la Joyeuse, à la Nive. C'est
très beau tout cela, mais tu ne les reverras plus : la guerre est à nos portes. Moi, je m'en fiche, car je suis seul.
Fils d'un inspecteur des eaux et forêts de Cambo, et
célibataire, si je meurs, il n'y a plus rien derrière moi.
Mais toi, j'ai vu ta petite l'autre jour, à la grille, qui
t'attendait. Elle est gentille et timide. Ce doit être bon
de l'aimer. Tu en mourras, toi !...

Ces paroles m'ont effrayé :

— Si j'y restais, pensais-je, Maïtena pourrait encore trouver quelqu'un de bien parmi les garçons du village.... Mais non, je reviendrai, parce qu'elle ne peut pas changer ! — Hier encore, dans la métairie de son oncle, où elle était venue passer quelques jours de fête, elle parlait avec tant de grâce que je l'aurais embrassée devant tous les convives. Et pourtant, Augustin surveillait de ses gros yeux jaloux. S'il a du courage il nous suivra, celui-là !

Fais attention de négliger le souvenir de tous ces bons instants, Maïtena : quand nous allions ensemble à l'eau, t'en souviens-tu ? toi chantant, mais si bien, si bien, que les oiseaux du voisinage se taisaient. « Voyez-vous, au matin... » — et ta voix douce, douce, montait. Je t'aurais croquée. Est-il possible que ce soit fini, que plus jamais, jamais, nous ne puissions nous promener à deux et braver les intrigants qui tournaient autour de toi, qui tournaient toujours... sans succès, n'est-ce pas, Maïtena ?

Cependant le commandant l'a dit et cela suffit — que c'est la fin, pour tout. Le commandant ne plaisante pas. Si je dois partir pour la guerre, je serai brave. J'irai droit vers le devoir et tu pourras dire aux autres, là-bas, si tu les vois un jour à la frontière d'Arnéguy, au-dessus du ruisseau qui sépare la France de l'Espagne, qu'ils sont des lâches et que moi, Pierre, ta fierté, je me battrai autant qu'eux tous réunis pour que l'Eskual-Herria soit toujours une terre d'honneur. Eux, ils ont peur et chaque jour, pourtant, ils passent à Roncevaux, source de la vaillance.... à Roncevaux !....

... Enfin, Maïtena, il faut partir. Les drapeaux sont à la caserne Bernadotte. Les larmes coulaient tout à l'heure et les mouchoirs s'agitaient. C'était splendide et je serrais mon fusil, à le briser, comme jamais je n'ai serré la pelote lorsque, t'en souviens-tu, je rageais, penaud, d'avoir manqué le coup, au trinquet, devant le pan-coupé.

Mille fois pardon, je vais suspendre ma pensée. Car je pars. Toi, continue ta vie et — comme le recommande notre chant béni « Enfants, apprenez donc... » — sois honnête, respectueuse de ta famille, honorée de tous ; sois fidèle à nos coutumes, à nos mœurs et, quelquefois, danse pour te distraire, mais danse convenablement ; ne trahis pas ta patrie, ne trahis pas ton nom. Bientôt, de notre côté, nous exécuterons les sauts basques à Berlin, sur un verre où nous aurons mis de l'eau du Rhin conservée dans notre gourde, au lieu du vin — une fois n'étant pas coutume.

La Prusse n'est pas si loin que les Amériques et leurs pampas ; j'en reviendrai quoiqu'en ait dit le commandant.

Quand tu pourras, tu iras au pèlerinage de Saint Antoine. Près de Curutchet, tu chercheras l'arbre où nous nous sommes rencontrés une fois, au début — où j'ai écrit des mots tendres. Et puis, là-haut, tu demanderas à voir l'abbé Basterreche, tout en haut, près du ciel, dans une petite chaumière ; tu lui parleras de moi et, je suis bien tranquille, il te dira de me rester toujours fidèle.

Les ombres de guerre semblent descendre de partout. Sur la vaste esplanade des Pyrénées j'ai vu la foule des promeneurs qui ne parlaient que du conflit européen. Il y a surtout les mamans qui sont tristes. Leurs fils qu'on enlève, c'est un lambeau d'elles-mêmes. Dans la salle des dépêches d'un journal, le public attend, discute, s'effraie, se console, s'encourage, s'émeut. Les curieux s'amassent autour des affiches et conversent bruyamment. On rit, on s'amuse, on chante, on pleure. Dans les cafés, « A la voix du canon d'alarme », les premiers réservistes lèvent très haut leurs verres abondants.

Soldats de tous les âges se sont unis ce matin dans une grandiose manifestation patriotique. Le colonel, ému, s'est écrié lorsqu'il eut harangué ses troupes : On changera plutôt le cœur de place ! Et nous reprenions en chœur le couplet de l'Alsace, et l'écho répétait le chant sublime. La musique jetait ses notes altières. La pierre seule ne parut point s'émouvoir de ce tableau unique.

Les revues succèdent aux revues, les équipements s'amoncellent dans les quartiers de mobilisation et demain ce sera la distribution dernière.

Nous nous allongeons, ce soir, sur la paille : avant goût des nuits de là-bas...

Or, encore une fois, j'ai voulu voir ce décor incomparable des Pyrénées avec les pics, le beau ciel. Pourtant Raoul, que ce paysage enchantait jusque maintenant, est inquiet et rêveur et, tapotant de son pied la dalle, il se met à fredonner la « Navarraise » pour noyer son chagrin. Un autre de chanter au bras de son ami « La France nous appelle, il ne faut plus songer à sa belle, les pleurs font rouiller les armes... »

Le grand jour. Le clairon sonne. L'appel. En route.

Mais je garderai toujours en moi-même la vision de ce cortège innombrable d'hommes, de femmes et d'enfants qui accompagnait mon régiment vers la gare. « Mourir pour la Patrie » chantaient les cuivres. Et, la tête droite, sans larmes, nous allions, fiers, et l'on nous saluait de vivats sans fin, et des mamans s'accrochaient aux pans des capotes qui s'enfuyaient. Des rires et des pleurs sur les mêmes visages en de rapides réactions ! Les mêmes lèvres crient, chantent, grimacent tour à tour. — Les drapeaux dominent les nuées humaines, drapeaux illustres que nous défendrons peut-être, comme le firent nos aînés autrefois, jusqu'au dernier carré.

Dieu ! que ces trains sont beaux, débordant de grappes tricolores, de feuillage et de fleurs !

Beau ciel, adieu... quand donc te reverrai-je ?

Partis.

Nous ne sommes plus de chez nous.

... Je crois vous voir, mère chérie, priant pour moi, jusqu'au lever du jour. J'aimais bien Maïtena, mais, vous, c'est autre chose. Et jamais, oh ! jamais ! je n'oublierai que vous m'avez bercé...

Sur un air doux, que vous chantiez au matin, vers vous j'ouvrais mes yeux.

Mais ne pleurez pas, maman, car je ne serais plus alors le soldat que je dois être.... Je vous verrai toujours dans notre vieille maison où vous avez souffert pour moi et sans doute pleuré. Y songez-vous ? J'avais raison, quand je vous annonçais la guerre. Et vous me répondiez :

— Non, mon grand fils, tu ne peux pas dire cela, parce que ce n'est pas possible. Ce serait la fin du monde.

On dirait que ma mère me tient enlacé, ne peut pas me laisser partir, tombe à genoux — et de ses mains aux reliefs bleutés rapproche mon visage de ses doux yeux noirs en larmes...

— Pierre Basque !

— Présent, caporal !

La nuit tombe. Les bruits vont s'éteindre. Dans le fourgon qui nous transporte, il y en a un qui chante encore. Le glouglou d'une bouteille qu'on vide achève le concert. Le silence.

Ils dorment tous. On dirait que je convoie un train de morts.

*
* *

Deux jours de voyage. Un engourdissement complet. Nous bivouaquons et nous faisons chauffer le café. Et puis le jour se lève. La rosée s'étend sur les prés. En traversant un village, j'ai vu un petit garçon qui jouait, jusqu'à l'exterminer, avec un cheval de bois, et, plus loin, des femmes qui devisaient sur le pas de leur porte d'un air infiniment triste. C'est que leurs maris sont déjà partis. Les belles moissons manquent de bras. La guerre n'est pas seulement dans la mêlée.

Sur la verte colline qui domine le paysage repose un fort déclassé où nous irons tout à l'heure rêver un peu, en flânant. La chaleur se fait torride et suffocante. Une maison toute basse nous sert de cantonnement. Une échelle conduit à ma couche. En attendant que le sommeil veuille bien de moi — pourquoi donc, fatigué, ne puis-je m'endormir ? — j'écoute mes camarades qui, assis sur le talus d'un fossé bordant la route, égrènent des chansons du pays si douces, si caressantes que je les reprends à mon compte entre mes lèvres, les yeux fermés, avec délice.

Le régiment s'est rassemblé dans la campagne pour l'exercice offensif, la marche en colonne de bataillons, de compagnies, de sections, la progression par bonds et l'attaque baïonnette au canon. Nous croyons encore entendre le clairon de Déroulède sonner son suprême appel.

La bonne vieille que nous avons accostée tout à l'heure nous a confié qu'elle avait beaucoup d'espoir, que notre armée est invincible, qu'ils ne résisteront pas, les Prussiens. Elle nous conte avec force détails les scènes d'exaction qui suivirent l'entrée en France de nos ennemis en 1870 :

— Je revois, nous dit-elle, cette masse de uhlans pénétrant sabre au clair dans le village et fauchant les malheureux vieillards inhabiles à se déplacer. Or, un certain soir, on ramena dans une maison voisine le corps encore chaud d'un allemand tué aux premières lignes. La garde du cadavre me fut confiée et je jurai à mes ennemis de remplir fidèlement ma mission. Il m'était naturellement impossible de rejoindre les camps français et, jusque là, aucun moyen ne me semblait efficace. Mais une idée me vint subitement. Et à la faveur d'une nuit sombre, ayant endossé les vêtements du mort, m'étant équipée de pied en cap, je courus sur les lieux du combat. Personne ne découvrit mon identité, ne songea même à m'interpeller. Je m'étais arrangée pour que rien dans mes allures et dans ma tenue ne trahît mon stratagème. Je traversai ainsi les avants-postes. Je m'engageais déjà dans les lignes françaises lorsqu'un coup de feu partit du fourré proche. Une sentinelle, assurément française, venait de tirer. Que faire ? Je suivis alors des fossés profonds sans être inquiétée. Je tombai ensuite au milieu d'un groupe de soldats qui se ruèrent sur moi. Je me fis connaître et racontai mon odyssée : les jours terribles passés au milieu des Prussiens, les souffrances physiques, morales, les brutalités, l'épouvantable traversée des avant-postes. Je subis l'interrogatoire d'un officier, lequel enregistra mes explications, et le lendemain, après quelques heures de repos sous la tente, je fus dirigée sur la première gare. Deux mois après je m'employai en qualité d'infirmière dans un hôpital à Saint-Denis. — Ayez de la volonté aussi, mes bons gars. Vous arrive-rez. Voyez-vous : je retrouvai ma maison en ruines. Mon frère fut tué à l'ennemi. L'habitation où je vis mes derniers jours, c'est ma sœur et moi qui l'avons reconstruite. Je veux y mourir. Et surtout, ne laissez point revenir les Prussiens !

Elle s'en est allée, la bonne vieille, toute penchée, toute menue, sur le bâton qui ploie, des cheveux blancs s'effilochant au bas d'une coiffe verte. Elle pleure un peu. Je ne saurai jamais si l'histoire est vraie... Mais pourquoi douter ? L'esprit et le courage français ne sont pas d'aujourd'hui. Les pages de gloire de mon pays sont tissées de ces exploits. Demain, nous-mêmes que n'accomplirons-nous pas ? Qui sait ? Sous le signe de la grande lorraine....

... Nous approchons du front. Les cantonnements sont bondés de troupes et de convois. Où sommes-nous ? Près de Pont-à-Mousson, sans doute. La bataille est déclanchée. Un avion ennemi se fait bombarder par un de nos 75. La chaleur nous accable. Nous nous jetons sur des seaux d'eau claire et, repus, nous nous allongeons sur l'herbe, auprès d'un ruisseau qui est tout un poème. Les feux s'allument dans le pré et j'écris mes notes que des chenilles jaunes viendront sucer tout à l'heure. Rébus, devinettes, charades vont leur train. Un nouvel avion, à nouveau bombardé, approche, vire et s'en va. Dans la ferme voisine la paille est prête pour la nuit. Dormons, les gars, et graissons nos jambes !

... Aucune source, aucun ruisseau, aucune oasis. C'est triste. Alors il faut se résigner, patienter, se dire qu'on en verra bien d'autres, mordre sa langue, s'émoustiller, oublier. Les kilomètres succèdent aux kilomètres, et, quand même, lorsque nous traversons un village, nous nous redressons fièrement aux sons d'une musique entraînante. Nous croisons ou dépassons des convois qui font un bruit de ferraille. Sur les routes des barricades se dressent, faites de véhicules, d'outils aratoires, de portes et de madriers. Nous prenons la garde. Et, là-bas, les forts de Toul dressent leur masse imposante. Le canal de la Meuse roule des flots calmes entre ses rives fleuries. Une nappe ouatée s'en détache lentement comme si les fleurs et les herbes se consumaient. Des bateaux sont amarrés, remplis de matériaux de construction et d'outillages au milieu desquels s'ébattent des enfants aussi agiles que les écureuils. De larges fossés circulent autour des remparts. Toute cette contrée donne une forte impression de puissance dans la défense : retranchements, embuscades, tranchées d'infanterie et d'artillerie, murs à créneaux dissimulés, ronces, réseaux de fils de fer.... et cette immense grille à la sortie de la ville... tout semble dire : ennemi, halte-là ! Les gigantesques formes d'un hangar de dirigeable se profilent dans le lointain. Les avions circulent dans l'azur. Les troupes, les autos, les états-majors, la cavalerie, tout cela défile sans arrêt dans un tintamarre assourdissant.

Nous ne nous illusionnons pas : nous ne sommes plus en manœuvres. Et cependant les blés resplendissent (qui ne seront jamais coupés) comme ces fleurs rencontrées dans les villages abandonnés (qui se fâneront ou qui s'en iront décorer la tombe des premiers martyrs).

Ici, c'est une vieille église dont nous avons escaladé le clocher, lequel abrite un joli nid d'hirondelles avec de tout petits œufs. Et la pauvre mère en peine tournoie follement, croyant que nous lui ravirons son trésor. En ce beau jour de l'Assomption, nous ne voudrions point la faire pleurer, oh ! non, car nos mamans font aussi peut-être le tour de leur maison afin de retrouver nos traces et reconstituer par le souvenir la vie des petits ingrats que nous sommes.

* *

La longue rame des wagons que le bataillon a escaladés cette nuit dans une atmosphère inquiète s'est ébranlée à quatre heures. Tout cela battait la berloque et nous étions quarante-cinq dans le fourgon. Les portières faisaient un bruit d'enfer et chacun s'était installé dans une place qui était si réduite que bras et jambes se trouvaient enchevêtrés. Le moindre mouvement était impossible. Alors, les plus malins ont quitté cette retraite de misère et sont allés respirer l'air pur sur la portière, les pieds ballants comme des épouvantails dans les champs semés.

Par Commercy, Lerouville, Longeville, Bar-le-Duc nous avons gagné Sainte-Menehould dont le canal abrite ses eaux tranquilles dans un lit qu'ombragent les hêtres. Voici Vouziers, voici Novron. Des acclamations retentissent partout et les femmes, aux fenêtres, nous saluent de leurs mouchoirs, nous envoient, de leurs mains, des baisers avec grâce, tandis que les enfants font claquer des oriflammes.

Des nouvelles ? Nous n'en connaissons aucune ! Nous ignorons où sont les Prussiens, nous ignorons où nous allons ; sans doute en réserve, dans le cas où l'ennemi essayerait d'entrer en Belgique ! Le soldat n'est plus grand'chose dans ce tohu-bohu ! Une miette. Et balayée d'un point à un autre. Un homme à courte vue si l'on veut. Un rien. Un numéro. S'il tombe, une cocarde sur une croix qu'on saluera, sans doute, à moins que l'oubli n'écrase les tertres.

Les usines d'Hirson crachent dans le ciel de gros nuages de fumée. Des tonneaux de bière nous attendent. La providence nous aide. Carcans des fourgons, sautez sur le ballast : voilà l'abreuvoir ! — Fourmies. La frontière. La foule crie « Vive l'Armée ! » Pourquoi ? Se sent-elle en danger ? Sait-elle quelque chose ? Inutile de chercher. Le train s'ébranle encore. Nous n'apprendrons rien, décidément, que le jour où nous serons mis en face des circonstances. Après Sains, Avenesles. Puis, Avesnes. C'est le terme de notre voyage. Le beau soleil commence à descendre. Les maisons sont pour la plupart décorées. La fête ? La victoire ? Qu'importe ! l'on décore ; cela donne une contenance, mais — ceci n'est pas une plaisanterie — nous devinons un profond sentiment de confiance parmi ce monde qui nous salue et nous acclame. Déjà nous sommes aimés. La province du Nord salue les Basques, ces hommes à part, du genre des Bretons et des Flamands. A eux de ne point faillir à leur tâche et de défendre s'il en était besoin jusqu'à la mort les foyers d'où montent, à travers les drapeaux, tant d'affectueuse sympathie, et, pour tout dire, tant d'amour. De grandes heures vont tinter aux beffrois de Belgique — et Semousis, et Sars-Poteries, et Beugnies et Solre-le-Château nous expriment, aux portes de la nation sœur, les marques touchantes d'une amitié qui n'est pas de surface.

Je me suis rendu, ce soir, à l'église aux voûtes sombres — comme celle de Saint-Palais. Le mystère. Une vieille femme prie, dans un coin, son mouchoir collé aux lèvres. Un sanglot éclate, par moment. Qui est-elle ? Peut-être son enfant est-il, lui aussi, chahuté dans un fourgon à bestiaux, en attendant le grand choc ? J'ai prié pour ma famille et ma maison, pour mon pays. Et j'ai quitté ces lieux sacrés avant que ne sonnât l'appel à l'office du soir. Puis je suis revenu. Je ne l'ai point regretté. Le prêtre a pris la parole et l'éloquence était en lui. Ayant exalté l'héroïsme des soldats français et belges, il a rendu un public hommage à la mémoire de ceux qui — déjà ! — versent leur sang sur les champs de bataille.

Il y a donc des soldats qui se battent... déjà ! La première nouvelle, la voilà ! Maintenant, au moins, nous savons où nous allons : tout droit à la rencontre, au tournoi d'où, par contre, nous ne savons pas si nous reviendrons.

L'assistance, très émue, s'est agenouillée avec une piété jamais égalée sans doute et quand vint le moment de la sortie, il semblait qu'elle hésitât à quitter ce temple où tant de méditations l'avaient envahie. J'irai, encore, bien souvent, puiser le courage, le réconfort et la vie dans l'église d'un village où tinte cet angelus qui lui — ô ! dérision — ne se connait pas de patrie...

Vraiment les habitants de Belgique sont aussi français que les Français eux-mêmes. A notre émotion répondait l'émotion de tous ces braves gens qui nous accueillaient à bras ouverts, qui pleuraient de joie ou d'espérance, qui fuyaient leurs demeures pour faire un bout de promenade avec nous. Sur la chaude route qui conduit à Charleroi et à Namur où le canon tonne distinctement, des chœurs s'improvisaient et le « Chant du Départ », qui est français aussi, éclatait en pleine Belgique aux carrefours des agglomérations où convergeaient les colonnes d'infanterie. Nous saluons la Belgique, nation que le destin a jetée dans la bagarre et qui y tient le rôle d'héroïne. Sera-ce pour demain ? Le tonnerre est proche. C'est à Charleroi. Le régiment se répartit, en surveillance, un large espace de terrain, puis reprend sa marche. Deux grandes jeunes filles rient aux éclats parce que Cassagnan porte, ostensiblement agrippé à son sac, un beau moulin à café acquis aux Nouvelles Galeries, à l'heure du départ.

Ici nous creusons des tranchées munies de pare-éclats. Profondeur : soixante-dix centimètres. Ainsi sommes-nous bien protégés ! Nos avant-postes sont installés à quelques centaines de mètres. Je prends la garde pour la 3e fois. Mais ça devient plus dangereux, car l'ennemi est signalé à quelques lieues seulement. Des voitures d'ambulance, remplies de blessés, reviennent du combat ; des mineurs de Charleroi se réfugient dans nos lignes. Amédée Bordenave, qui a servi au Maroc, nous parle avec volubilité des combats de Marrakech auxquels il a pris part et nous assure que jamais, ici, le choc ne sera si dur. Nous voulons en accepter l'augure, nous qui ne savons pas..... Une herbe qui tressaille dans la nuit nous fait tressaillir à notre tour ; on écoute, l'oreille posée à terre, on scrute la nuit et dans le lointain le ciel rougeoie sur Charleroi qui brûle.

De quoi demain sera-t-il fait ? Il a tout de même confiance, ce bon propriétaire de notre champ, qui, tout à l'heure, nous a apporté de l'eau fraîche et des provisions, ce qui nous a procuré les forces suffisantes pour améliorer et agrandir notre tranchée, y ménager des couchettes qui ne serviront sans doute jamais à notre escouade. Le jour s'est levé sur un brillant soleil et rien n'a décelé l'approche d'événements importants. Puis, par les routes sinueuses, des convois de civils qui n'en finissaient pas... De braves gens s'arrêtent pour nous conter leur drames. Puis, ayant calmé notre impatience, ils déambulent sans arrêt vers Gozée et Marbaix-la-Tour.

L'ennemi avance à grands pas, nos avant-postes sont impuissants à lui barrer la route, les Belges sont anéantis dans leur propre effort et c'est terrible d'entendre ceux-là mêmes qui ont résisté à l'envahisseur et qui ont vu mourir les leurs — victimes de leur loyauté — dire :

— Nos frères tombent un à un, comme sous la pression d'une loi implacable. Le peuple belge sera rayé de la carte du monde ! O ! soldats français sauvez, sauvez, sauvez le dernier lambeau de notre patrie !

Des obus éclatent dans l'air et des balles sifflent et des maisons flambent en face, à droite, à gauche, partout. Voici l'enfer. Voici le baptême. Le beau jour. Le jour terrible que, vraiment, nous ne redoutons plus. Les uhlans avancent. L'artillerie française tire sur eux éperdument. Une balle s'est écrasée sur le mur d'une maison, derrière nous. Je l'ai ramassée, décidé à la conserver, relique sacrée, car c'est la première.

Je hèle mon chef immédiat :

— Un coup de rhum, caporal, voulez-vous ?

— Du rhum ? C'est le moment, où jamais ! C'est la première fois, depuis les grandes manœuvres où nous attaquâmes un village, baïonnette au canon, après une marche exténuante.

— Tiens, on apporte des cartouches ! Ca va bien : mais, que diable, il est blessé, notre ravitailleur ?

L'escouade voisine est détachée pour défendre la route de Gozée à Marbaix-la-Tour et, nous, de nous porter sur la plaine, au milieu des trèfles et des dizeaux de blé pour attendre l'attaque ennemie. Des camarades reculent, là-bas, se préservant avec des gerbes. Nous nous précipitons encore en avant dans un champ de betteraves. Hélas ! nous sommes visés. Notre mission est interrompue. A six cents mètres, les mitrailleuses allemandes commencent leur fauchage précis. D'autres balles, tirées du haut des maisons de Gozée, s'enfoncent dans le sol, près de nous, font crier les fils de fer des clôtures, assomment une gamelle ou un outil, couchent à jamais, sans bruit, des hommes, font revivre la mort dans nos rangs — et l'avance se fait plus lente de notre part. Labat s'est dressé pour donner l'exemple du devoir et, chavirant comme si son pied eût trébuché, il s'est écroulé — et ses lèvres écumantes buvaient la poussière du sol.

Elles ne sont pas plus heureuses, les femmes qui portent sur leurs bras des bébés ! Je n'ose point les regarder mourir, étreignant leur cher fardeau, sous les rafales de mitrailleuses ! Trois cents mètres, et voilà l'ennemi, qui semble d'ailleurs respirer. A la faveur d'un uniforme qui se confond avec la terre, sachant se dissimuler, il tire, il tire toujours. Nous avons fait de même avec un ensemble parfait sur un groupe ennemi qui transportait vers un point stratégique toute une série de mitrailleuses. Malheur nous en a pris dans notre hardiesse. Car tous les tirs se concentrent sur la ligne frêle que nous formons ici. Un ordre nous est transmis par l'agent de liaison qui tombe à son retour : il faut se replier. Mais comment ? Les clôtures nous coupent la retraite. Tant pis. Ayant tiré encore une fois, le sergent Lavallée nous commande demi-tour. A l'appel du chef quelques-uns d'entre nous seulement s'agitent ; les autres sont morts. Pour un baptême, c'est servi.

Les bonds vers l'arrière sont saccadés, le sifflement des balles règle ensuite l'harmonie du rampement. Tanchet et Arduin restent suspendus comme des loques aux fils rigoureusement tendus des clôtures.

— Rassemblement au cimetière de Marbaix !

Alors c'est le pas de gymnastique dans le concert des balles et des obus. Au moment propice, nous déchargeons nos dernières munitions sur un peloton de uhlans qui perd quelques hommes et se disloque. Des patrouilles se précipitent sur nous et la section de la huitième compagnie, qui nous flanque à gauche, subit victorieusement le choc. Nous prenons nos emplacements de combat au cimetière où déjà des créneaux sont pratiqués par un groupe de réserve. Superbe promontoire d'où nous balayons la plaine grâce au copieux ravitaillement en cartouches que nous assure le bataillon. Mais point de mitrailleuses chez nous : là est l'infériorité manifeste. De l'héroïsme nous en avons à revendre. Et nous nous ferions tuer plutôt que de céder, sans ordre, un poste aussi bien choisi. A l'endroit où tout à l'heure nos éléments fondaient comme neige au soleil nous clouons sur place les lignes de tirailleurs ennemis qui préparent l'assaut du cimetière. Soudain nous recevons, la mort dans l'âme, l'ordre du rassemblement pour le repli. Avec cette insistance d'enfants qui n'obéissent aux injonctions que lorsqu'ils ne peuvent plus faire autrement, nous continuons à tirer vers la plaine. Et puis nous ajustons notre équipement, et, ayant, comme à l'exercice, passé la revue des armes nous nous dirigeons vers le sud-ouest, tandis qu'un fort contingent couvre, nous dit-on, notre repli, aux abords immédiats de ce lieu où les morts ont passé dans leurs tombeaux un bien mauvais quart d'heure.

Une voix amie qui dit « Présent ! » cela vous pénètre l'âme d'aise, mais les autres où sont-ils ? par qui seront-ils recueillis et ensevelis ? Pauvres papas, pauvres mamans ! Déjà la guerre... Un ennemi infiniment supérieur en nombre. Rien à faire, qu'à mourir..... Nos promesses à tous les habitants qui nous suppliaient de les défendre sont donc vaines ? Nous ne pouvons pas tenir. Ils sont trop et trop forts. Ils jouent sur un crime que nous n'avions pas prévu. Ils ont violé un doux pays qui ne demandait que la paix, comme nous. Ça n'est pas malin de gagner ainsi. Nous nous retrouverons, certes, — mais en attendant, pour nous, taratâta, c'est la retraite !

Et le corps ployé, les yeux dans le vague, nous cheminons vers la France, exténués, dormant à moitié sur nos jambes molles, écrasés par le poids de quelque chose que nous n'attendions pas.

La retraite !

De longues files désordonnées d'hommes plus morts que vifs....

La retraite.

La fin de tout.

Est-ce possible ?

Minuit. Le poteau-frontière.

La Belgique n'est plus.

C'est la retraite....

. .
. .

Le spectre effrayant de la mort, qui fauche la jeunesse à l'heure où elle criait son désir de vivre, m'est apparu cette nuit en un songe, dans le creux d'un fossé, où toute la compagnie s'était blottie. Au clair de lune on eût dit d'un amas de cadavres sur qui le fossoyeur n'aurait plus qu'à jeter la terre du talus voisin. Le combat de la veille nous a tués. Quand il faut reprendre la marche, c'est extrêmement dur. Et les gradés, eux-mêmes vidés, ont à peine la force de nous appeler aux faisceaux. Je sens l'épaisseur de la poussière durcie sur mon visage et la sueur y dessine des lignes rugueuses. L'artillerie, les convois de réfugiés, la cavalerie bordent, puis dépassent notre colonne. A chaque instant, nous prenons nos positions de combat. Une escarmouche éclate, puis, sous la protection de l'arrière-garde, nous repartons. C'est la retraite, irrémédiable, et chacune de nos tentatives est vouée à l'échec. Je crains de tourner mes regards vers tous ces villages que nous traversions il y a quelques jours à peine et qui retentissaient de frénétiques hourras.

Vivent les Français ! s'écrient les tirailleurs algériens à Civry, à Leissies, cités encombrées de troupes et de convois auxquels se mêlent les Belges chassés de leurs demeures dont ils ont enlevé un peu de mobilier, des matelas, un cochon, des poules, un chat, le perroquet. Grâce à une marche extrêmement longue, perpétuelle, nous nous sommes éloignés de l'ennemi et nous avons couvert trente cinq kilomètres, chargés. Enfin nous pourrons nous étendre dans une grange, nous laver, nous restaurer. Ciel ! un sous-officier distribue des lettres. Je ne suis pas appelé. Et je retourne plus las à mon escouade. Le privilégié qui lit un papier de là-bas ne se résoud plus à le quitter des yeux. Comme ce doit être bon une lettre, en campagne ! Le bonheur s'achève : en route pour la Capelle où un châtelain fait une ample distribution de lait qu'il ne veut pas abandonner à l'ennemi. Le château des Zoorées élance dans le ciel ses vieilles tours crénelées. Des femmes nous supplient de les renseigner sur la position de l'ennemi. Ce ne sont point les combattants qu'il faut interroger ; ils ne la connaissent que lorsqu'ils sont en face, à portée du fusil.

Elles nous disent qu'un gros succès de l'armée française en Lorraine se déroule...

Le château des Zoorées très loin, maintenant, brûle à son tour. La horde est vraiment immonde. Qui donc la punira, si tout fuit devant elle ? Le casque pointu que Garibey porte stoïquement dit lui-même : Dieu est avec nous !

Mais Dieu verra bien un jour, bientôt — je l'espère — tous ces convois de réfugiés, de malades, de paralytiques, toutes ces femmes, ces enfants, traînés par des ânes, toutes ces croix de bois qui déjà naissent sur le bord des routes, toutes ces flammes qui montent sans raison des foyers paisibles :

— Prenez cette faucille, je vous en fais cadeau, me dit un paysan, pour quand vous verrez un allemand !.....

J'ai retenu de cette apostrophe l'accent indigné du père dont le fils se bat quelque part ; qui, déjà, a expédié vers Paris ses objets de première nécessité ; qui doit consoler une épouse désespérée, un vieux père et qui n'a plus lui-même que ses yeux pour pleurer. Non, ne l'accusez pas ! Il y a des malédictions légitimes, quand on est meurtri, anéanti, détruit, après vingt ans de laborieux et quotidiens efforts !

Derrière nous le génie abat de grands arbres sur les routes, pour ralentir la marche de l'ennemi qui nous talonne. Quand j'ai raconté les combats de Belgique à cette dame de Nouvion, elle m'a offert du pain, du beurre et du fromage. La bonne aubaine ! Ça met du courage en soi, cela, surtout au crépuscule, au moment d'entamer une marche qui durera toute la nuit à travers la grande fôrêt ; marche monotone, lente, sans une lumière, sans une maison, dans le noir, sous la pluie qui tombe d'abondance.

Depuis longtemps le jour s'est levé et nous marchons encore quand on nous annonce que le ravitaillement n'a pu venir et qu'il faut attaquer les boîtes de singe. Il y a belle lurette que tout cela est consommé... sans ordre ! Alors c'est le ceinture ! Par bonheur une voiture brisée a déchargé sa cargaison de pain sur le bord de la route... mais les premiers servis nous ont galamment abandonné quelques boules enlisées dans la fange du fossé. Tant pis, on nettoiera la croute et ça ira quand même ! Pour remplacer la viande, des pommes que l'on croque dans un verger.... Une lettre de chez moi m'est arrivée. Fiévreusement, j'ai déchiré l'enveloppe, puis je suis allé m'asseoir dans la grange, et, là, j'ai pleuré comme un gosse... Les affiches de la campagne électorale Richepin-Ceccaldi ne suffisent pas à nous faire oublier la guerre ; le canon reprend son sourd grondement, derrière nous.

Il est cinq heures du soir quand nous pénétrons dans Ribemont, l'estomac aux talons, fatigués à ne plus tenir debout. Nous prenons immédiatement des positions de combat. — Ne comptons pas sur le repos. Cela c'est fini ! D'autres devoirs nous appellent. Nous croyons comprendre qu'un retour offensif de l'armée française va être tenté vers Guise. On dit ça... on dit ça... on dit tant de choses ! Nous avons poussé devant nous un wagon chargé de sable. A l'aide de poutres, nous avons complété la barricade. Je veille en sentinelle bien loin, en avant de ma section, le fusil prêt à fonctionner, seul, dans l'ombre, livré au hasard des rencontres, face au devoir qui ne rigole pas. Un bruit, et je trépigne. Mais les Allemands n'ont pas bougé. Nous irons vers eux, à notre tour, après le casse-croûte.

Un général de brigade à barbe blanche s'écrie sans préambule :

— Je vous connais et je vous aime ; j'ai confiance en vous !

Il fait claquer sa cravache sur le poitrail de sa monture et disparait vers Mézières-sur-Oise qu'explore un avion français. Notre artillerie est montée en ligne et tire déjà furieusement. Le bataillon s'installe, pour l'attaque, dans un ravin que les artilleurs ennemis ont déjà repéré. Les projectiles allemands s'abattent sans arrêt. Une ogive tombe à nos pieds en ronronnant. Un shrapnell entre dans ma cartouchière sans y causer de dommages. Des blessés passent nombreux et l'un d'entre eux de demander, gouailleur, au major qu'il rencontre :

— Pourrai-je revenir bientôt ? Qu'est ce qu'on leur passe !

Nous montons sur la crête qu'une violente rafale d'artillerie balaye, soulevant des tornades, ce qui ne nous empêche pas de continuer notre progression par bonds, au commandement. Lanbecq, Castagnet, Orhy s'écroulent sans un cri et Mauricet, le bacalanais, hurle de douleur avec une balle dans le ventre, tandis que cette tête brulée de Gorostoï s'élance, en entraînant ses proches camarades, aux accents gutturaux de « Emak Hor » !

Un kilomètre vient d'être ainsi franchi. A notre gauche, un peu en avant, le premier bataillon lutte férocement corps à corps, et nous laisse croire que l'ennemi est refoulé : nous allons l'appuyer et le soulager par une attaque nouvelle. Nous mettons baïonnette au canon. Nous tirons presque à bout portant, puis c'est le silence, le vide devant nous. L'assaut est suspendu. L'ordre d'arrêt arrive. Que s'est-il passé ? Je le répète : le soldat de l'avant ne peut pas comprendre. Alors, nous obliquons vers l'ouest, sans être inquiétés. Un bivouac est installé en plein champ, près de Ribécourt. Un peu de paille est étendu près du faisceau. Le temps s'est rafraîchi. On cause. On a faim. Il n'y a rien. Des voitures d'ambulance passent au milieu de la nuit.

On a faim. Toujours faim.

Dans ce décor, je pense au « Rêve » de Detaille, le drapeau, près de nous, reposant aussi sur des armes.

La retraite continue. Duel d'artillerie aux environs de Ribécourt. J'ai beaucoup de mal à expliquer à mes amis que le recul des armées françaises est une manœuvre ; que Joffre attend l'ennemi plus loin, en un point qu'il choisira ; qu'hier, à Guise, c'était une diversion, ce qui n'est pas, loin de là, un échec ; que la retraite est trop bien réglée pour être subie.... Je me donne ainsi confiance à moi-même.

Couvron. Deux heures de pause sous les arbres.

Ereintés : on ne parle plus en effet des haltes horaires et souvent nous marchons deux ou trois heures sans arrêt. Dieu veuille qu'on nous autorise à nous reposer ici, mais, soudain, il faut boucler les malles, le départ étant imminent vers Crécy. Sur les trottoirs de cette ville où nous nous allongeons pour sommeiller, les convois passent si près qu'un petit écart des chevaux risquerait de nous écraser. Lucas était à ce point déprimé par la fatigue et par la faim qu'il a dit :

— Si un 75 pouvait me passer sur le ventre, on ne parlerait plus de moi et je serais plus tranquille ! Il faut avoir tué père et mère pour souffrir ainsi.....

On nous annonce, dès le coup de sifflet, vers sept heures du soir, au moment où les flèches de la cathédrale de Laon se distinguent dans le lointain, que nous allons marcher toute la nuit pour desserrer l'étreinte

allemande. Puisqu'il le faut, allons-y ! Deux cents cavaliers nous ont dépassés et la plupart dormaient sur leurs montures. Je m'amusais parfois à tirer leur capote, à pousser un cri pour les éveiller. C'était comique :
— Eh ! quoi ! On ne dort pas les uns sans les autres !

Quelquefois c'est un véritable calvaire pour nous lorsque nous franchissons des hauteurs abruptes avec notre barda, et déjà accablés. Au signal, il faut, à pas de course, prendre position à quelques centaines de mètres, tirer sur des pelotons de uhlans ou d'éclaireurs cyclistes et ralentir l'avance ennemie pour permettre à nos convois et à nos forces de s'écouler. Dans ces cas là nous sommes sacrifiés. Une surprise est possible et nous serions submergés. Une grappe d'hommes qui reculent, contre des groupes importants de vainqueurs enorgueillis, assoiffés, qui crient : Nach Paris !... toujours, toujours, pour ranimer leur foi et s'exciter dans le délire... une grappe d'hommes, est-ce que cela compte ?

.•.

Si j'ai le bonheur de survivre à cette tragédie, j'irai revoir ce village planté au bas du coteau, sur les bords de la rivière sinueuse. Là, j'ai repris courage. Le soldat français n'est pas battu, quand il est abattu.

Au fait : hier, tout d'abord, tandis que, suivant une habitude prise, nous battions en retraite, un certain nombre de mitrailleuses allemandes se mettent à tirer à deux ou trois kilomètres. Les canons entrent en danse. Immédiatement la compagnie se déploie et nous apprenons enfin que l'ennemi a fait subir une attaque en règle au convoi du régiment. Nous avons des blessés. Des conducteurs sont tombés de leurs sièges. Les chevaux se sont cabrés. Il y a des pertes sérieuses. Les véhicules roulent dans un fracas épouvantable. Nous ouvrons un tir nourri sur les groupes ennemis qui disparaissent dans les bois et le silence relatif, coupé par le bruit des convois qui passent, s'établit maintenant dans la campagne. Puis nous apercevons une patrouille montée de chez nous qui s'élance vers un boqueteau. Elle braque une mitrailleuse, qui tire sans que nous puissions apercevoir les heureux bénéficiaires de cet envoi de cadeaux. C'était à Chéry-Chartreuve.

Toute la nuit — et ce matin — j'ai particulièrement goûté les douceurs de l'arrière-garde. Quand vous êtes là, en petit groupe, entre l'ennemi et le gros de votre régiment, fétus de paille que le vent du combat peut emporter !... J'ai tiré plus de cent cartouches.

Atmosphère de bataille aujourd'hui... Quoi ? ce dragon qui rentre dans nos rangs, il vient de perdre son cheval dans une échauffourée ! Son casque, même. Voici Jaulgonne déserte sous un soleil de plomb. Le génie attend le passage de l'arrière-garde pour faire sauter le pont suspendu. Il faut se presser ; l'ennemi n'est plus loin. Les pétards sont placés. Soudain le corps d'armée envoie un contr'ordre : le pont demeure. On combattra pour en défendre le passage. Le premier bataillon s'installe sur les crêtes, au sud de la Marne ; le deuxième sur la ligne Paris-Nancy. Quant à l'arrière-garde, dont nous sommes toujours, elle surveille à quelque trois cents mètres la sortie de Jaulgonne, vers le pont. De tous les sentiers qui serpentent sur la colline, au nord de la Marne, débouchent des uhlans et des patrouilleurs d'infanterie, dans un ordre impressionnant, pour converger, tous, vers l'unique vestibule.

Des batteries d'artillerie à peine dissimulées tirent sur nos deux bataillons, tandis que nos derniers dragons livrent aux uhlans l'ultime combat, dans la rue de Jaulgonne. Une masse grise déferle maintenant vers le pont. Comment s'est-elle constituée ? Je ne sais. Mais au moment où elle s'apprête à franchir la Marne nos feux subitement ouverts fauchent des rangs entiers. Des cadavres marquent en nombre l'acharnement de la lutte. Des cris s'élèvent, dans nos rangs, mais, là-bas, la colonne épaisse d'allemands s'est dispersée, laissant des morts, sur le pont, sur la route, dans les vergers, au milieu de tout ce riant paysage. Longtemps encore l'ordre est maintenu de diriger nos tirs sur les mêmes objectifs. Enfin, quand nous n'apercevons plus devant nous aucun mouvement offensif, nous plions bagages et gagnons les crêtes boisées et les fourrés. Nos jambes ne nous tiennent plus. Quand finira-t-elle donc cette retraite ?

Un dernier regard sur toutes ces formes grises d'hommes morts, là-bas, dans les fonds ; une pensée pour les parents qui attendront leur retour..... car ils ont des parents, aussi, eux, et qu'ils aimaient, et dont ils étaient aimés...

Minuit trente. La retraite s'effectue sans incident notable, avec ordre, mais avec quelle fatigue ! Est-il possible que nous soyons encore vivants ?

Le lendemain, dix heures trente du soir. Des renforts sont arrivés. Ces braves copains écoutent nos récits. Du sang nouveau va circuler. Sommes-nous à la hauteur, nous les vétérans ? Il faudra voir à ne pas flancher !

On parle d'offensive pour demain.

J'ai posé ma tête sur mon havre-sac, mon fusil à côté. Le ciel s'emplit d'étoiles. Verrons-nous l'aube d'un beau jour ? J'ai assez confiance. Toute la nuit, des préparatifs autour du bivouac. Je voudrais voir, mais je ne peux plus et pourtant j'ai tenu, malgré tout. Je suis à bout. Sans doute quelqu'un me secouera au moment du départ. Que m'importe, après tout, le réveil !

.˙.

Le beau rêve se réalise enfin et nous allons bientôt reprendre l'offensive, définitivement. Ce ne sera pas une manœuvre, une diversion, de la poudre aux yeux, ce sera la poussée gigantesque de tout un peuple décidé à faire reculer une armée puissante, outillée, disciplinée, ayant fait ses preuves. Le ciel rougeoie et, déjà, les compagnies formant le carré écoutent l'ordre du jour vibrant du généralissime qui nous intime l'ordre d'avancer, coûte que coûte, sans regarder en arrière. Maintenant l'on ne fait plus de différence entre les vétérans et les hommes de renfort. L'œil brille, chez nous, les traces de fatigue disparaissent sous la volonté de fer d'oublier le cauchemar et le honteux recul. Au petit bonheur !

Ah ! voir le soleil se lever, enfin, à droite et penser que Paris est derrière, que les fortifs vont se mettre en marche pour défendre Panam ! Quel jour merveilleux ! Les cadres, les effectifs au complet, la gaîté dans les rangs, l'ardent désir d'une juste revanche, la justice qui s'annonce ! 'On fredonne « Sambre et Meuse » « Le Chant du Départ » et cela n'est pas étonnant, car, somme toute, il s'agit de notre pays, de son avenir, de nos familles elles-mêmes, et rien ne pourra respirer à l'aise tant que la victoire, en chantant, ne sera pas venue couronner nos drapeaux. Aucune sotte ambition ne nous envahit certes, modestes soldats arrachés à leur foyer, à leur chambrée, sans l'avoir demandé. Notre désir c'est de nous rendre maîtres de notre sol et de revoir l'Alsace et la Lorraine, provinces, une fois pour toutes, françaises. Et puis, de faire notre devoir, sous les ordres de chefs loyaux, humains, sans peur. Et puis encore, d'agir en sorte que nos mamans soient assez fières de nous, de notre énergie, de notre persévérance. Voilà nos pensées, au moment où se déclanche l'attaque sur l'ensemble du front. En route pour la croisade !

L'allure est franche. Les fatigues sont oubliées. Un moral solide comme le roc. Et pourtant nous savons qu'elle sera rude, la bataille, car c'est un ennemi qui compte ; nous savons que les journées seront terribles ; qu'il faudra veiller la nuit ; que la faim tenaillera notre estomac ; qu'il faudra souffrir, gémir, pleurer, rager ; que plus d'un d'entre nous s'en ira hurler de douleur sur un lit d'hôpital, après avoir attendu sur le champ de combat l'arrivée des brancardiers et la consolation d'un chef, d'un ami, d'un aumônier ; que d'autres tomberont victimes du devoir... Nous savons tout cela. Or, douze jours d'une pénible retraite, douze jours de marches, de veilles, de privations nous ont laissés étonnamment alertes — et prêts à toutes les éventualités. Aussi bien l'ennemi doit-il comprendre que le lieu de la rencontre n'est pas ici, que c'était trop beau d'aller ainsi, très loin, en France et qu'il faut que les chances s'égalisent ; qu'enfin l'ordre qui nous est donné de se faire tuer sur place plutôt que de reculer ne peut être transgressé. Comment n'irions-nous pas en avant, d'un cœur léger, lorsque cent batteries d'artillerie de campagne tirent fiévreusement, semblant ouvrir une marche infernale en avant de nos pas ? A peine quelques patrouilleurs allemands risquent-ils quelques coups de fusil, avant le demi tour. Cependant des batteries lourdes nous causent des pertes. Et quand nous atteignons, le soir, une ligne choisie par le commandement, nous installons nos avant-postes avec d'infinies précautions, en raison de l'étroite distance qui nous sépare des Allemands dont nous entendons les déplacements et jusqu'au hennissement des chevaux.

Je revois ces meules de blé entre lesquelles se promenaient les sentinelles aux pas feutrés. J'en étais. La nuit se passait sans sommeil et pourtant la longue journée d'offensive nous avait épuisés. Nous avions dû traverser un ruisseau avec de l'eau jusqu'au ventre. Or, ce matin, au moment du départ, deuxième journée d'offensive, des cyclistes allemands, ayant mis pied à terre, ont tué l'un de nos patrouilleurs et disparu sans que nous eussions pu quelque chose contre eux. Nous avons déposé le corps de l'infortuné Lafarge dans la cour d'une petite maison silencieuse, en attendant le passage des brancardiers ; nous nous sommes répartis ses munitions, les quelques vivres qui lui restaient et maintenant il repose sur l'herbe fraîche, les mains jointes, les yeux clos, le visage calme, presque souriant. Les prières que nous avons dites tout à l'heure, il semblait les reprendre avec nous, mais la mort a accompli son œuvre avec tant de rapidité qu'à l'instant où je le quitte ses traits sont complètement changés. Ce n'est vraiment qu'un cadavre, un cœur fini, rayé du contrôle de la section — et d'un foyer où demain des pleurs vont

naître ; un cadavre que Landry regarde après nous,
en pensant tout haut à ses propres enfants :

— Terrible, tout de même, la guerre ! s'écrie-t-il.

.*.

Le moment n'est plus de regarder en arrière.... plutôt se faire tuer que de reculer... D'ailleurs nous repartons de l'avant, en patrouille, en inspectant chaque
repli de terrain, chaque maison, chaque ferme, chaque
bosquet, afin de ne point nous laisser prendre comme
Lafarge. Et puis nous n'y pensons plus et nous fonçons
à toute vitesse pour avoir plus vite fini. Voici un cheval
mort. Son cavalier — allemand — gît à quelques mètres. Un tout jeune homme blond et qui n'a pas l'air
méchant du tout. Pourtant s'il avait vécu, c'est l'un
de nous qu'il aurait peut-être abattu ? Lui ou moi :
voilà où tout nous ramène. Supprimer l'adversaire
par instinct de conservation ou : détruisons-nous les
uns les autres !

Les coups de feu se font plus rares et nous n'avons
plus besoin à chaque instant de nous allonger dans les
fossés, sur le bord d'une ferme pour exécuter une salve contre des Allemands qui fuient en résistant. Ici,
une maison à moitié détruite par un bombardement ;
l'intérieur saccagé, le piano dans la cour, des meubles
éventrés dans le jardin. C'est écœurant. Ce n'est pas
chevaleresque de la part d'un ennemi. Et tant d'autres
gestes que nous content les rares habitants demeurés !...
Nous n'aurions pas fait cela en Allemagne.

Aujourd'hui, quelque chose nous dit qu'il y aura lutte. L'ennemi est signalé prés de nous et résiste assez énergiquement à la poussée de nos avant-gardes. Il y a de l'enthousiasme dans nos rangs et malgré les longues journées de marche, les nuits de surveillance sans sommeil, la faim, la tension de l'esprit, notre démarche reste altière. Quelques biscuits, un peu de vin constituent le repas, à onze heures, et le régiment prend ensuite sa formation de combat à l'orée d'un bois où chacun devra se frayer un passage avec la crosse du fusil. A la lisière, une rafale de fusants nous accueille sans dommage alors que nous apercevons là-haut, en face, un village où se croisent, courant, se dissimulant, grouillant, des Allemands dont on ne sait s'ils prennent des positions de résistance ou s'ils battent en retraite. Mais au moment où les colonnes se dédoublent, une fusillade intense se déclanche d'un pâté de maisons. Nous traversons avec mille difficultés le ruisseau à méandres qui roule ses eaux claires. Dommage de la troubler, cette eau. Et pourtant ! Déployés en tirailleurs, dans un petit fossé, nous attendons l'ordre d'attaquer.

— Allons ! dit l'adjudant Cassagne dont la voix tremble d'émotion et qui n'a connu ni Marbaix-la-Tour, ni Guise, ni les escarmouches de la retraite ; allons ! il faut bondir ! Que chacun d'entre vous atteigne son tas de gerbes, en face, et l'utilise pour se préserver..... En avant !...

Alors on se précipite, baïonnette au canon. Balles et shrapnells sifflent autour de nous. Comme s'il dansait le fandango, Arrayet le hendayais a fait une pirouette en poussant un grand cri. Arrayet ne reverra plus la baie splendide où l'on se promène délicieusement dans une barque, ni Fontarabie avec ses vieux souvenirs, ni le calvaire de la Guadeloupe, ni les rivages de la côte d'Argent. Un éclat d'obus m'emporte une partie de mon équipement :

— Zut, je n'ai plus de cartouches !

Derrière ma gerbe, j'observe furtivement. Les Alboches sont là, à cent cinquante mètres, tirant de la lisière d'un boqueteau. La ferme voisine brûle. C'est à présent une pluie de projectiles dont on ne connait pas bien l'origine. Faute de chefs, Gatillon qui, hier encore, jouait à l'antimilitariste, prend le commandement de la section et lance l'ultime appel avec une fougue surhumaine :

— En avant ! En avant !

Oxoby sonne la charge. La minute est pleine de la vie d'un siècle.

Il y en a qui s'arrêtent, cadavres. Mais les rescapés, mais nous, nous devons continuer, jusque sous la bouche du canon qui crache la flamme et la mort.

... Sur le versant opposé, les survivants fuient, poursuivis par les nôtres qui tirent sans arrêt. Aux créneaux pratiqués dans un mur, nous reprenons le feu sur des groupes qui semblent se reconstituer. Ganchet, Henry et Lambert occupent la petite rue qui traverse Marchais-en-Brie et, fatigués de se tenir couchés, se dressent maintenant pour mieux tirer. Un homme s'avance chancelant : c'est Oxoby dont une balle a déchiqueté les lèvres au moment où il sonnait la charge pour la troisième fois. Son clairon est inutilisable. Oxoby, le bavard, ne peut plus parler.

Le calme renaît. Plus un ennemi ne se voit. D'ailleurs la nuit descend et l'on n'entendra bientôt, hormis quelques coups de canon très espacés, que la plainte des victimes de ce combat. Un prisonnier nous déclare :

— Avec nous, vous êtes les meilleurs soldats. L'Allemagne et la France auraient dû s'allier, et nous aurions conquis le monde.

Au même instant, un obus fracasse le préau de l'école et Abbadie, dont un poignet est sectionné par un éclat, accourt en hurlant :

— Les salauds !

Le prisonnier fait gros dos. Nous nous empressons autour d'Abbadie, et quand le pansement est terminé, Lambert de lui dire :

— T'as de la veine... La fine blessure.

Et Abbadie de gémir :

— Ce n'est pas ce soir tout de même que je chanterais la chanson de Bigorre...

Larronde arrive triomphant : dans la cave abandonnée d'un immeuble, il a découvert — le vandale — une bouteille de Bordeaux. Abbadie en a la primeur. Mais il faut faire vite, car des ordres arrivent qui nous assignent notre mission pour la nuit — et sous peine de mort nous interdisent le grapillage.

Mais qu'est-ce donc ? A l'extrémité du village, la lutte reprend ! Une importante fraction ennemie est aux prises avec l'une de nos compagnies ! C'est à n'y rien comprendre ! A la faveur de l'obscurité, l'arrière-garde allemande a causé dans nos rangs des pertes sévères. Nous apprendrons tout à l'heure qu'un corps à corps acharné s'est déroulé dans l'îlot constitué par les dernières maisons. Nous nous portons au secours de nos camarades. Il est minuit. L'affaire est réglée. Six canons et deux mitrailleuses traînent dans la boue. Il y a trente prisonniers.

Deux heures du matin. La pluie tombe sans cesse. Nous nous allongeons pêle-mêle au milieu des ruines, des débris de toutes sortes, d'hommes qui déjà reposent sans se soucier du combat qui vient de se terminer. Mouillés jusqu'à la peau, nous nous collons entre les copains. Les brancardiers accomplissent leur besogne salutaire. Les prisonniers sont parqués à côté, sous la garde de la compagnie de service. Une balle siffle, perdue.

Au réveil, trois heures après, je m'aperçois que mon voisin de droite est mort, qu'une plaie terrible, que mon poing ne pourrait combler, s'ouvre sur sa poitrine. J'ai dû l'étreindre toute la nuit pour me réchauffer, ce cadavre, mais il me souvient, maintenant, que j'étais à ce point exténué que je n'ai pas choisi la place, ni les camarades de dortoir et que je me suis laissé tomber... D'ailleurs est-ce que chacun de nous n'est pas un mort par anticipation ?

Nous faisons rôtir des pommes sur les cendres. C'est toute notre subsistance. Un général, du haut de son cheval, nous jette des cigarettes. Quatre prisonniers allemands sont fusillés dans un pré voisin, pour pillage, incendie et assassinat. — Deux heures de repos nous ayant été accordés encore, nous explorons le champ de bataille et recueillons des souvenirs. Là, parmi les morts — et il y en a — nous reconnaissons des visages amis. Arrayet n'est pas encore enlevé, mais j'ai peine à le reconnaitre, car il n'est plus que l'ombre de lui-même.

... Distribution de vivres que partagent avec nous les rares habitants de Marchais-en-Brie qui ne regrettent pas d'avoir vécu les heures les plus mouvementées de leur existence et se mettront immédiatement à l'ouvrage afin de reconstituer leurs habitations saccagées.

Quand j'ai quitté ces lieux historiques — Vauchamps Montmirail, Champaubert — toujours la Campagne de France — ma dernière pensée s'est attardée sur le souvenir des camarades tombés pour le salut du pays. Après cela, en chœur, nous avons attaqué la « Marche Lorraine », la ritournelle des « Trois Orfèvres » mais

Abbadie n'est plus ici, qui nous enlevait avec ses chants pyrénéens ni Arrayet, avec ses romances basques : tous deux sont perdus pour nous.

La cavalerie Hindoue qui traverse la Marne, en même temps que notre bataillon, joue, sur des instruments du pays, des airs que nous ne comprenons pas. J'ai volé dans le cantonnement un gros livre d'histoire signé : Comte de B...... Je le lirai au repos. Hélas ! pas ce soir, le bivouac n'étant pas l'ami de la lecture !

Dans toute cette partie du pays, qui s'étend de Montmirail à Fère-en-Tardenois, les Allemands n'ont pas conservé la dignité — qui est la gloire du vaincu. Oui, ils ont manqué de dignité. Leur principal souci, en fuyant, fut de causer le plus de dégâts possibles — sans nécessité. Des batteries de cuisine sont éparpillées sur les routes, dans les cours, dans les jardins, dans les prés avoisinant les maisons. Toutes sortes de malpropretés sont commises. Les affiches de mobilisation sont déchirées et les drapeaux souillés. Voici des matelas, des lits écartelés. Une vieille femme nous raconte que les Allemands se sont introduits en maîtres dans sa maison à l'heure où toute la famille était réunie autour du repas. Ils obligèrent les cinq personnes à sortir, se servirent, dévorèrent, et se couchèrent ensuite dans les appartements. Cela nous a écœurés. Mais n'y pensons plus et soyons généreux en mettant ces actes sur le compte du dépit et de la rage. Ecoutons plutôt, avec respect, avec émotion, cette proclamation vibrante que lance en ce jour de victoire — 12 septembre 1914 — le général Franchet d'Esperey, grand animateur s'il en fut, et qui nous demande que l'image de la patrie soit toujours vivante à nos yeux. Au sergent Cornet qui bondit à Marchais-en-Brie, dans une tranchée occupée, le colonel remet aujourd'hui la médaille militaire. Jour de fête que viennent troubler, un instant, des obus tombant sur les crêtes au nord du village. La musique du régiment fait oublier le bruit rageur qui suit l'éclosion de ces nuages gris.

Quelques quarts d'heure seulement nous séparent de l'arrière-garde ennemie. Enfin, immobilisés une demi-journée au nord de l'Aisne, dans un village charmant, nous apprenons que l'ennemi résiste intensément sur les hauteurs et qu'il cherche même, par des attaques partielles, à conquérir des points stratégiques. Toute blanche nous apparaît dans le lointain la colonne Napoléon érigée en souvenir de la campagne de France, non loin de la ferme Heurtebise. A Craonnelle la lutte est ardente. On se bat dans les maisons, atrocement. Par un déplacement nocturne, nous allons à notre tour nous porter au contact de l'ennemi, dans cette plaine boisée qui va mourir aux pieds du plateau de Craonne. Seulement, il y a des buttes qui seront sans doute l'enjeu de la bataille ce soir, demain ou les jours suivants. Sur Pontavert, les obus tombent et les balles s'évanouissent dans le bois. Nos 75 tirent sur Corbeny, la route 44 et Chevreux. Nous avons esquissé une attaque et des blessés nombreux constituent la rançon de notre tentative. Nous avons repris notre emplacement de garde. La pluie tombe, tombe, tristement bruissante, sur nos gamelles. Autour de soi des arbres, rien que des arbres ; la nuit, rien que la nuit.

Le chef de bataillon a dit au lieutenant Boerner qui commande provisoirement la compagnie :

— A trois heures, demain matin, nous poussons la charge sur le village. Votre compagnie en tête. Il faut, à tout prix, « les » en déloger. Je compte sur vous !

*
* *

Un coup de sifflet. Les sentinelles quittent leur poste. L'appel est fait à la lueur blafarde d'une lanterne d'escouade. Nous mettons baïonnette au canon et prenons immédiatement le pas de charge, bien décidés à remporter une nouvelle victoire. Ils sont là, dans le village, devant nous, les Allemands. C'est un village coquet, dit-on, avec son église au centre, de jolies maisons autour, un château, un parc, au sud le bois d'où nous débouchons, au nord des champs. La marche s'effectue silencieusement. Le képi est ajusté à l'aide de la jugulaire. On se met à l'aise. Cependant nous avons faim, toujours faim.

Le contact s'établit par une rencontre avec un poste ennemi dont le sort est immédiatement réglé, sans que l'attention de toutes les forces qui occupent le village soit attirée. Les premières maisons s'éclairent des premières lueurs du jour. C'est l'assaut au cri unanime de « En avant ! » ce qui a pour désastreux effet d'alerter l'ennemi. Notre lieutenant, sur qui un factionnaire allemand vient de tirer, sans l'atteindre, abat celui-ci d'un coup de revolver. Les rangs serrés pénètrent dans le village, par le côté nord. De nombreux coups de feu éclatent. Ce n'est plus du jeu. Les fenêtres, les lucarnes, les portes, grandes et petites, se peuplent soudain de défenseurs. Il y a des Allemands partout. Mon caporal est atteint au bras et quitte les lieux.

Alors commence l'attaque des maisons, chaque groupe ayant son objectif. Le lieutenant Boerner s'est précipité sur une échelle, mais au moment de plonger dans une lucarne, un coup de feu l'atteint à la tête. Il s'agrippe en vain à la toiture, il chancelle et s'écrase au sol. Sa conduite merveilleuse d'entraîneur sans égal, au sang-froid déjà réputé, reste un exemple d'héroïsme. Cette attitude de combattant nous apprend comment on se bat, comment on se défend, comment on délivre un foyer.

Les portes sont enfoncées avec des outils. Travail meurtrier en face de défenseurs résolus. Dans le château, nous surprenons des prisonniers que nous expédions vers Pontavert, sous bonne escorte, pour ne point être gênés dans notre action. Mais, sur la petite place, piquée de platanes, la lutte devient extrêmement sévère. Un cheval mort nous abrite, mon camarade Amespil et moi, et c'est là notre poste de tir. Des cadavres français jalonnent le chemin de l'attaque. A quelque vingt mètres, sur le parvis de l'église, un blessé tente désespérément de gravir la dernière marche et de se réfugier sous le porche. A l'instant même où ce malheureux croit pouvoir enfin respirer, une balle tirée d'une maison voisine l'achève et le voilà, qui, après s'être raidi un instant, roule au pied de l'église. Dans les immeubles les cris terrifiants des Allemands écrasés sous les décombres... Arnal a qui j'ai passé quelques cartouches est mortellement blessé à la tempe. La canonnade termine le spectacle. De la fenêtre d'une grange, un Allemand fait comprendre à nos soldats qu'il sautera, et il jette ses armes : les baïonnettes de toute l'escouade qui se tient debout, en dessous, tardent, selon lui, à s'écarter. Il s'élance alors dans une éclaircie et se casse une jambe. Les brancardiers l'emportent.

Ordre est donné d'organiser une résistance farouche dans le parc du château, car une contre-attaque est signalée. Nous abandonnons nos objectifs pour creuser avec fièvre des meurtrières dans le mur. Nous cueillons encore quelques prisonniers qui déposent docilement leurs armes. Dans une étroite dépendance du château on soigne les blessés. Mais bientôt la situation sera intenable. Tandis que certains de nos éléments s'attachent à réduire les îlots de résistance, toute notre attention se porte sur ces lignes d'uniformes gris qui s'avancent par bonds dans la plaine. Un tir à 800 mètres est exécuté tandis que le château, repéré, reçoit une volée de fusants. Quand je regarde, à la dérobée, ce qui se passe à notre droite, un spectacle inouï s'offre à mes yeux : à l'aide de poutrelles un groupe français s'efforce de pénétrer dans une maison qui retentit du crépitement de la fusillade. Quel drame poignant se déroule là ! Nos effectifs fondent et l'ennemi avance, mais lentement, car, là-bas aussi, il y en a qui demeurent pour toujours figés au sol, notre tir à travers les meurtrières étant extrêmement efficace. Ils vont monter à l'assaut de notre position, mais, sous nos feux continuels qu'alimentent les munitions des morts, un flottement se devine ; ils hésitent, se couchent à nouveau et attendent.

Partie remise, car ils n'abandonneront pas, croyons-nous, sans lutte, une position dont les combats actuels soulignent l'importance. En effet, des renforts arrivent du lointain et nous ne sommes plus que huit aux créneaux cependant qu'une ligne de tirailleurs ennemis tire de biais sur nous. Aurait-on abandonné le village ? Que se passe-t-il ? Tenons quand même ! Les salves succèdent aux salves et par chacune d'elles des pertes sont causées aux assaillants. Une section vient à notre secours et, tandis qu'épuisés nous nous retirons un instant pour lui céder notre place au poste de défense, nous voyons avec joie accourir d'autres sections qui réattaquent avec succès des parties de ce pauvre village qu'elles occuperont bientôt — presque en entier. Nous mettons le château en état de défense au rez de chaussée et au premier étage. Le grenier brûle. Un pan de mur s'effondre, sans causer d'accident, mais le bombardement fait rage et Sylvès, qui déplaçait un piano destiné à corser la barricade, reçoit une balle en pleine poitrine et tombe au milieu d'un chaos infernal. Et les flammes viennent maintenant lécher la partie inférieure de l'immeuble. A l'est, d'irascibles Allemands mènent la vie dure à nos sections. Décidément notre victoire est fragile. Au premier relâchement de notre tir nous sommes en effet menacés d'un assaut en règle. Mes amis disparaissent un à un dans la fournaise et la nuit qui tombe ne met pas fin au combat. L'enclos du château s'est garni de renforts. Nous allons tenir le village. Aucun assaut allemand ne touchera son but. Cette terre de France est vraiment à nous.

Plutôt mourir que de reculer.....

Mourir : il y en a, ici même, des centaines qui ont fait ça et vers lesquels va ma pensée au moment où je m'éloigne de ces lieux maudits ! Ainsi, sur de nombreux kilomètres, au nord de l'Aisne, notre armée s'est arrêtée. On piétine et l'ennemi, comme nous, organise la défense. Choisi comme agent de liaison, je cours, par les sentiers, transmettre des ordres à mes chefs. Tâche périlleuse entre toutes. Pensez : un homme seul dans le bled ! Les passages sont terriblement boueux et les randonnées à travers le combat sont accompagnées de projectiles. Un gros noir a éclaté, près de moi, mais un très gros !

L'élan est brisé. Qu'allons-nous devenir ?

Là-bas se dresse devant moi, apparemment inexpugnable, le plateau souverain. L'arme en bandoulière, cuirassé contre les intempéries, j'attends des ordres.

... J'ai pu atteindre mes vingt ans tout à l'heure.

Mais je suis environné d'éclatements intenses. Je baigne dans la poudre.

Quel est donc mon destin ?

CHAPITRE II

LE MUR

———

Elle est plus gentille que Maïtena, qui donne à peine
signe de vie, cette jeune fille dont le souci, chaque
matin au cantonnement, est de nous préparer du café
bien corsé, spécial — et qui parait m'en servir, à moi,
avec davantage de sollicitude et d'attention. Maïtena,
elle, me rabrouait quelquefois. Cependant, physique-
ment, elles se ressemblent toutes deux : de beaux yeux
noirs, un teint mat, un joli corps de femme, une chevelure abondante, la démarche dégagée, une allure qui
vous laisse rêveur. Et puis, tout à l'heure, à la tombée
de la nuit, courageusement, je me suis engagé — et
j'ai parlé. Elle admirait, naïve, à la clarté d'une lampe
posée sur un camion en arrêt, la blessure qu'une balle
tirée de la tranchée allemande m'a faite, l'autre matin,
au visage ; elle me demandait, après, de lui conter un
épisode agité de la guerre. J'évoquais machinalement
quelque obscure rencontre de patrouilles, un de ces multiples combats sans témoin, sans gloire, mais ce que
je cherchais à pénétrer en elle, c'était le sentiment que
je pouvais lui inspirer. Elle parlait de sa famille, de
son grand frère mobilisé, de son ennui, de son besoin
d'affection. Le départ du camion avait fait le vide
autour de nous et je hasardais maintenant, dans la
solitude noire, quelques questions qui la troublaient
un peu.

— Dans mon pays, lui disais-je sottement, les cœurs sont fidèles jusqu'à la mort. Le jour où j'aimerai quelqu'un, ce sera un attachement de toute la vie : chez nous on ne rompt que pour fuir aux Amériques quand par hasard on s'est trompé ou qu'une opposition inébranlable des parents ne laisse plus la liberté d'aimer au grand jour. Il est peut-être difficile de nous comprendre. Nous avons de la sensibilité. Le geste amical et le regard tendre que vous m'adressez tout naturellement prennent à mon sens la signification d'un penchant que vous auriez eu pour moi. Que sais-je ? Nous nous pensons aimés dès que l'on nous manifeste une certaine attention. Je vous quitterai demain, c'est entendu ! Seulement, nous ferons, voulez-vous, un concours de fidélité et ceci se terminera, peut-être, comme dans un roman de bonne famille — qui sait ? par un...

— Monsieur, m'a-t-elle répondu, je ne pourrai pas oublier tout ce que vous m'avez dit. Il y a déjà quelque chose entre vous et moi. Vous me plaisez... Mais si l'on nous voyait !

Ce soir, j'ai été désigné pour prendre la garde sur le pont suspendu... Or, au moment où j'allais me perdre dans les souvenirs tout frais de cette idylle, j'ai aperçu la même belle jeune fille, dans l'ombre, avec un caporal de la section voisine... Quand elle aura ainsi, d'un doigt rugueux et crispé, rongé un peu du cœur de quelques pauvres bougres, ceux-ci penseront enfin que nulle de ces hôtesses ne vaut la tendre enfant qu'on a laissée là-bas...

... L'alerte nous a surpris sur les rives de l'Aisne et nous nous dirigeons vers le plateau de Craonne d'où sifflent les balles en fauchant les buissons et les herbes. Quelques victimes. Nuit à la belle étoile. Le matin nous rend la gaité et nous montons en première ligne dans un élément de tranchée à peine commencé. Les brancardiers transportent Pierre Uhalde qui gémit à fendre l'âme. Trois balles l'ont traversé de part en part.

— Donne-moi un peu d'eau, par pitié, supplie-t-il.

Je lui ai préparé du café. Il m'a expliqué, entre deux hoquets, qu'il est resté longtemps dans l'inter-ligne, souffrant atrocement de ses blessures, au fond d'un trou d'obus. Blondel, le caporal mitrailleur, ayant perçu ses plaintes, s'est élancé dans sa direction et nous le ramène vivant.

— Je ne pourrai jamais oublier, soupire-t-il, tout ce qui a été fait pour moi. Je vais mourir.

Puis encore :

— Je vais mourir...

— Mourir ? Que racontes-tu là ?. Mourir ? A ton âge ? Et avec cette blessure ? Mais, si elle est doulou-reuse, elle n'est nullement dangereuse ? Mourir pour ça ? et que dirais-tu de Lenglais, de Trémil, de Gastambide, déchiquetés, qui sont partis vers l'arrière et qui nous envoient aujourd'hui les meilleures nouvelles ? Mou-rir ? Mais s'il fallait mourir ainsi, pour une blessure de rien, la guerre serait finie en quinze jours ? Tu ne mour-ras pas et je dirai à ta mère....

A ces mots une longue larme descend sur sa joue. Sa mère !

— Si elle me voyait, tu ne crois pas qu'elle aurait du chagrin ?...

— Mais non, mais non ! Elle dirait : c'est la fatalité, mais on le guérira, et il jouera bientôt au rebot d'Orè-gue.

Les mamans, jamais, ne verront cela, et ne le doi-vent pas voir !

Cependant qu'allongé dans une petite tranchée

je revoyais mes notes, un obus s'est écrasé non loin de moi, démolissant l'un des plus gros arbres du bois. Epargné, encore une fois. Jusqu'à quand cette veine ? Tous les arbres maintenant sont détruits. Comment résisteraient les hommes ? En voilà qui sont couchés dans le chemin creux, pour ne plus se relever. On les réunit après avoir exploré leurs vêtements et des brancardiers les transportent aux abords d'Oulches où des fosses sont préparées. Toutefois trois inconnus dormiront ensemble, dans le même lit : à la guerre comme à la guerre. Quelques volontaires se sont proposé d'élever un monument rustique à ces braves et, déjà, ils ont apporté à pied d'œuvre des rondins, des pierres, et tracé les limites de la clôture à l'intérieur de laquelle ils reposeront pour toujours. Peut-être est-il du nombre celui-là, tout jeune encore, qui, perdant son sang à flot d'une terrible blessure au bras, se tordait hier en injuriant ceux qui le soignaient :

— Ah ! vous n'aurez pas le courage de m'achever ! Tuez-moi donc, tuez-moi !... oh ! maman !

... Le premier aéroplane de toute cette période d'arrêt a été aperçu aujourd'hui, se hasardant sur les lignes ennemies et revenant ensuite encadré de flocons.

J'apprends en première ligne, avant l'attaque du moulin de Vauclère, au cours de l'une de ces conversations coupées par les obus qui ébranlent le sol environnant, que le monument aux morts des récents combats est terminé. Des couronnes de branches de pin, une grande croix de bois, une inscription « Morts au champ d'Honneur »... Ils méritent bien cela.

... Oh ! l'obsession ! J'ai honte d'écrire...

Oui, on nous a poussés à l'assaut, vers Vauclère, à trois cents mètres de la tranchée ennemie bondée de défenseurs. Les mitrailleuses ont craché. Un à un, nous nous sommes couchés, dans l'interligne, beaucoup pour la dernière fois. Un seul, oui, un seul — ce devait être Legras, le bat' d'af — s'est élancé sur le talus ennemi hérissé de baïonnettes. Nous avions nos uniformes bleu et rouge, les officiers leurs beaux galons-cibles. Ils y ont passé. C'est terrible à voir. Décidément, il faut que l'active disparaisse. C'est écrit.

Je m'arrête écœuré, détruit, et, pour me consoler, je couds, sur mes manches, avec du fil de fer, les deux sardines rouges qu'on vient de m'attribuer.

En cassant la croûte :

... — Que racontes-tu, Jaspy ?

— Y parait, mon vieux, que la guerre sera terminée à Noël. C'est certain : un tuyau que j'ai eu à Fismes.....
— Si ça pouvait être vrai ? Je rentrerais chez moi, fier, heureux de dire « J'y étais » Quelle fête ! quel réveillon ! On se réunirait pour reconstituer toute l'histoire de cette guerre qui ne devait durer que trois mois — et nous voici le vingt-cinq novembre. Comme ce sera bon, de parler de tout cela, de notre épopée, unique, incomparable !

— Ce pauvre Espelet ne verra pas Noël. Tu as vu la jolie photographie qu'il tenait sur son cœur quand la balle — perdue — l'a tué ?

— Te figurais-tu une tragédie aussi terrible, quand nous embarquions pour Berlin ?

— Et toi, Ouarnid, où t'en iras-tu, si cette longue guerre se termine pour Noël ?

— Moi rester touchours troiss'me cop'nie ! Jamais partir !

Ouarnid est un tirailleur algérien. S'étant égaré du côté de Pontavert, après un rude combat, il nous supplia de l'adopter. Ce que nous fîmes incontinent sans l'autorisation supérieure. Vaillant et dévoué, beau et fier, d'un sang-froid sans égal à la compagnie, Ouarnid revendiquait toujours l'honneur du premier rang. Infatigable, on le voyait sans cesse au poste de veilleur ou à la corvée des rondins et des cartouches. Il avait perdu le havre-sac réglementaire et portait sur son dos une grosse besace dans laquelle il enfouissait tout ce qu'il lui paraissait intéressant de conserver. Sa large ceinture s'ornait d'une pioche de parc dont il se servait la nuit pour améliorer la tranchée, percer un boyau et se mettre un peu à l'abri des brises fraîches qu'il redoutait bien plus que les balles.

Quand je l'appelle pour les besoins du service, il dresse sa haute stature, porte la main à sa chéchia et répond d'une voix forte :

— Vrésent, gap'ral !

A la tranchée il aimait demeurer debout, regarder, observer. Type très curieux avec qui l'on sympathisait facilement.

Hélas ! Ouarnid s'en va. Encore un souvenir qui fuit. Nous avons serré ses mains avec effusion. Le capitaine lui a donné un paquet de tabac. Au village, où je l'ai accompagné, un officier lui indique la route à suivre. Ouarnid s'en va. Une page du carnet que l'on tourne. Seules resteront les ruines que nous sommes.

— Bochour, gap'ral !

La silhouette disparaît, au tournant, près du Moulin-Rouge. Ouarnid est parti. Il n'était pas de notre race, mais il tenait sa place, comme nous, et il y mettait tout son cœur.

... On a dit que l'unique civil demeuré parmi les

vestiges de la vallée Foulon, où nous dégustions, il y a
quelques jours, l'un de ces ratas qu'on n'oublie pas de
sitôt, a été fusillé pour avoir fait des signaux aux Allemands d'Heurtebise. Quelque réduite que soit la distance qui nous sépare de ces lieux, nous ne pouvons
songer nous y rendre afin de contrôler les faits que l'on
raconte, en raison de la zone de mort qu'y établissent
les rafales continuelles. Je serais pourtant curieux de
savoir...

*
* *

Ainsi va ma pitoyable existence : quelques jours
de repos pour me remettre des fatigues de la lutte et
de la vie des tranchées...

Ici repose un village. Les lignes sombres des maisons se profilent dans la nuit. Nous cantonnons dans
des masures abandonnées. Et le lendemain nous allons
en masse à l'office religieux célébré à la mémoire des
morts des dernières semaines. Je ne savais plus que c'est
dimanche aujourd'hui. Nous avons perdu la notion
des jours, nous vivons complètement hors la vie. Maïtena m'envoie de temps en temps une carte sobre, mys-
térieuse, et ma famille quelques lettres. De mon côté,
ce sont des cartes imprimées, uniformes, avec les drapeaux croisés. Et puis il semble qu'on soit usé, vidé ;
qu'on n'ait même pas la force d'écrire, de penser. C'est
la première fois depuis le 2 août que je tiens une plume.

L'église est comble. Je trouve néanmoins à m'installer derrière une vieille colonne décrépie qui dissi-

mule l'autel à mes regards. Voici deux mois que je n'ai point pénétré dans une église, depuis Solre-le-Château. Que de disparus à ce jour, que de deuils et que de larmes, que de désillusions ! Ici la construction est plus petite, plus étroite et l'intérieur plus modeste. Il y a un murmure continuel. La prière, qui semble unanime, ne veut pas cesser. Accompagnée par l'harmonium, la chorale exécute des chants et nous vivons là de poignantes minutes. Les paroles s'adaptent à des airs patriotiques, à la «Marseillaise», au «Clairon». Beaucoup d'entre nous n'avaient pas l'habitude de se rendre à l'église, le dimanche, mais ici on réfléchit :

— Si ça ne fait pas de bien, ça ne fait pas de mal, dit Horny, qui rit jaune et n'a jamais été si démoralisé.

Et il s'est signé, comme les autres, en sortant, sous le porche vermoulu de l'église de Glennes.

Le repos s'est poursuivi quelques jours de la manière suivante : transport de gabions, de claies, de rondins, entretien de la route, réfection des abris jusqu'en deuxième ligne.

Le repos — le repos ! — est terminé et nous voici à nouveau à cinquante mètres de l'ennemi. Des morts ont marqué la ligne de résistance et il y en a qui sont ensevelis au devant de la tranchée. Nous avons de l'eau jusqu'au genou et nous devons installer des radeaux de branchages dans nos gourbis. Et puis, nous appuyons à droite, vers les tranchées de la Creute, au-dessus des grottes où logent, paraît-il, plusieurs compagnies. Ils sont bien là-dedans, les lascars, tandis que nous couchons en pleine première ligne, à portée de grenades !

Nous avons déblayé un élément de tranchée bombardé et nous en avons retiré des cadavres affreusement mutilés.

Tiens ! Voici un colis à l'adresse de Josse ! Du coup,

il abandonne sa gamelle et se précipite ! Quel miracle !
Les doigts fébriles emportent le colis, puis desserrent
l'étreinte du cordon de couleur. Il y a du linge au-dessus
puis du papier d'emballage, puis, encore, du papier
d'emballage. Décidément, c'est long à venir. Enfin
un petit magasin s'installe sous ses yeux. Voici un passe
montagne épais tricoté à la lueur fatigante d'une
lampe, très tard, la nuit ; voici un maillot élastique et
solide, bien haut et bien chaud ; voici une paire de mi-
taines doublées ; voici deux plaques de chocolat à faire
cuire tout à l'heure, dans un peu d'eau, au fond de la
tranchée ; voici encore un flacon de fortifiant, de stimulant pour les longues nuits d'hiver ; voici des fri-
andises, voici.....

— Dis donc, boucle ta malle ! s'écrie le philosophe
Donnie, qui, seul, sur la terre, n'attend rien de personne. T'en fais pas ! Moi j'aurai une marraine de
guerre. Tu sais ce que c'est qu'une marraine de guerre?

— Pas encore...

— Eh ! bien une marraine de guerre, c'est une femme... une femme qui est laide, ou jolie... on ne sait pas...
et qui te choisit pour recevoir ses générosités. Elle
t'écrit, tu lui réponds ; les relations se nouent ; qui sait,
plus tard, quand cette maudite guerre sera finie, c'est
le mariage ?... C'est peut-être une petite midinette qui
amasse sou par sou l'écot tout juste suffisant pour t'envoyer un colis consistant ; mais c'est aussi, sans doute,
quelque veuve, quelque maman, quelque orphelin
qui veut se donner l'illusion d'aimer celui qui est tombé
dans cet autre qui lui survit un instant...

5 heures du matin. L'eau n'a cessé de tomber toute
la nuit sur nos pauvres corps meurtris et nous frisson-
nions sous les bombardements ; nous étions des paquets
de boue immobiles et nous attendions la mort, nous

la souhaitions presque. Le fusil est inutilisable. Les larmes aux yeux, tout à l'heure, je cherchais à dégager dans la boue l'une de mes jambes ; j'étais anéanti ; puis, le jour lentement s'est levé, redonnant un peu de vie à cette lamentable situation. Les tirs d'enfilade venant d'Heurtebise gênent considérablement nos travaux et notre surveillance — et nous essayons d'y répondre.

La blessure que j'ai reçue l'autre matin sur le plateau s'est aggravée. J'avais oublié que le pansement était encore sur mon visage, tout noir, sale, plein de pus. J'étais remonté tout de même en ligne car cela m'attristait de quitter les amis.

— Grosse bête, va... me disait Carrère.

... Encore un nouveau secteur à occuper. Nous vivons à quelques mètres de l'ennemi, séparés seulement par des tas de sacs à terre.

Il faut ouvrir l'œil — et le bon. Et, sans arrêt, jour et nuit, c'est la lutte.

Un engin qui révolutionnera les méthodes d'attaque et de défense de l'infanterie vient de faire sa réapparition après bien des lustres de silence : c'est la grenade. Evidemment La Tour d'Auvergne s'en fit un jouet. Mais ici c'est par centaines, par milliers qu'on l'utilisera pour la destruction des hommes. Nous, cela nous connait, les grenades. Les pelotaris seront d'office commis au lancement, car c'est dans leur nature. C'est vrai : la lutte se modifie, les méthodes nouvelles sont plus terrifiantes mais en apprenant à faire la guerre nous nous entraînons à la maudire !

Pour la première fois, les Allemands nous ont expédié cette nuit des seaux à charbons: de grosses torpilles qui font un potin de tous les diables dans l'air et qui s'écrasent sur le sol en provoquant un ébranlement inouï. Ils ont également imaginé de lancer des torpillettes, grosses boules de fonte munies d'ailettes qui tombent dans la tranchée avec une certaine précision. Comme nous sommes petits — et peu de chose — au milieu de ce déploiement mécanique !

Notre frêle carcasse tiendra-t-elle longtemps encore ?

Nous nous reposons à tour de rôle dans la grotte de la Creute. Là, les obus ne nous atteindront pas ! Quelle volupté de s'allonger sous les voûtes et de s'endormir au son berceur des obus, des balles, des torpilles, mais aussi quel frémissement quand il faut remonter, par ce boyau à peine ébauché, que les tirs d'enfilade balayent continuellement ! La nuit, les fusées éclairantes — encore du nouveau ! — montent des tranchées, se promènent mollement dans l'air, me permettent de noter d'un mot une impression sur le carnet précieux qui ne me quitte pas, et finissent quelque part, bien loin, pour rendre à la nuit la royauté de son mystère — après l'avoir éblouie dans un ruissellement d'étincelles...

— Ben, on l'a échappé belle, mon lieutenant !

C'est Duclos qui s'exclame ainsi, en proie à une terrible émotion, en s'adressant au chef du peloton. En effet, il était couché avec moi, dans le trou qu'il a creusé hier ; une claie nous abritait. Nous allions nous assoupir, lorsque, soudain, sss....t !.... un obus tombe dans la tranchée à nos pieds, avec cette rapidité qui ne nous permet pas de percevoir le danger. Une seconde s'est passée. L'engin n'a pas éclaté. C'est un beau meuble, de plusieurs kilos, sans doute. La poudre d'escampette jusqu'au tournant de la tranchée est notre seule ressource. C'était pourtant une sépulture, toute naturelle, ce trou que la déflagration aurait aisément comblé !

De gros rats qui ne doutent de rien ont envahi nos

abris. Nous nous amusons à en descendre quelques-uns, le soir, qui se promènent le long du talus de la tranchée. Ils tombent au champ d'honneur, les malheureux.

Le monument de 1814 et la ferme d'Heurtebise sont complètement rasés. Pitié pour ces pierres éparses qui furent pleines de souvenirs ! Aujourd'hui le bombardement les a encore dispersées davantage. Horrible destruction des foyers, quand donc finiras-tu ?

Les villages, hier encore intacts, sont maintenant complètement détruits dans cette zone d'une profondeur de quatre kilomètres. Quand les habitants reviendront, quelle douleur ! Ils reculeront d'épouvante et d'effroi et la vie devra s'y refaire. Ils diront adieu à tous les souvenirs qui dormaient dans leur maison bien aimée. Les vieillards ne retrouveront plus leur foyer, les enfants leur chambre, la maman ses objets familiers. Mais il n'est pas possible que la justice ne s'exerce pas ! Combien cet amas d'équipements et de fusils représente-t-il d'héroïsme, de sang versé pour la défense du sol attaqué sans provocation ?... on ne saurait le dire ! Je voudrais crier ma douleur ! Voici des baïonnettes brisées au cours du combat, des havresacs éventrés, des cartouchières déchiquetées, des uniformes en lambeaux, du sang sur les armes détruites... Je voudrais crier ma douleur, mais ce serait en vain !

.·.

— Quelle idée d'installer une mitrailleuse ici ! s'écrie Bailloud. Ils vont nous repérer et alors, gare à la casse !

Les mitrailleurs ne répondent pas. Ils continuent leur travail. Puis ils s'en iront.

Et la mitrailleuse donne :

Deux cents, cinq cents, sept cents coups...

Attention : la réplique !

Rien dans la matinée....

16 heures : violent bombardement sur la Creute. Les 77, les 105, les 210 pleuvent sans arrêt. Les bouches à feu s'aperçoivent sur Vauclère. A peu près deux cents obus tombent ainsi dans les tranchées françaises. Un homme projeté de son poste d'observation est tombé sur les fils de fer barbelés et les chevaux de frise, comme une masse, et nous, inlassablement, nous arrosions les tranchées ennemis d'un feu d'enfer. Au mépris de la mort, un sergent, un caporal et un soldat se sont élancés au-dessus des créneaux et ont réussi à ramener la malheureuse victime de cette alerte :

— Maintenant, pour moi, c'est fini, me dit-il dans un soupir...

Et il meurt en descendant vers la Creute.

J'ai rencontré Jean de Larribar dans le chemin creux qui monte de la vallée Foulon au plateau de Paissy. J'ai déposé les bouthéons de soupe que je transportais avec peine à travers les fondrières, les trous d'obus et les débris épars des batailles d'octobre. Brave Jean ! Toujours son sourire, ses grands éclats de voix, ses jeux de mots, mais, aussi, dès qu'on évoque le pays, son air grave et mélancolique, la nostalgie...

— Les pastorales de Mauléon, de Domezain, d'Ordiarp, dit-il, refleuriront bientôt de tableaux modernes On y représentera la guerre ! De la mort de Roland on ne parlera plus, ni des aventures de l'évêque Turpin et les poètes auront autre chose à se mettre sous la dent ou dans la tête, que la chute de Napoléon ! La cloche, qui sonne tristement dans nos villages, marque l'ouverture d'une époque nouvelle. Cependant — je ne sais pourquoi — j'ai peur que ce combat de géants n'entraîne un jour la mort du pays basque. Tu ne vois donc pas comme nous sommes épars sur tous les champs de bataille ? Mais non, mais non, je divague ! Il restera toujours ce beau coin que nous avons parcouru en tous sens avec des ravissements bruyants. Quand les poètes s'assembleront ils auront des sujets tout neufs et les pastorales constitueront, en évoquant nos heures douloureuses, l'enseignement le plus fécond en faveur de la solidarité humaine et de la paix, en faveur, aussi, de la dignité et de la fierté nationales. Si nous avons un jour à rappeler ces périodes de malheur, nous penserons en même temps aux heures de gaîté, aux bonnes heures de camaraderie, et cela il ne faut pas l'oublier non plus ; nous penserons que la nation a failli sombrer et que, tout en maudissant le sort qui nous a jetés dans la fournaise, nous nous sommes complu à chanter « la Marseillaise » dans l'ultime instant de l'assaut ; que, blessés, nous avons eu la force de sourire au milieu de nos larmes et qu'une jeune femme de France commise à notre chevet a pansé nos plaies répugnantes et nous a servi de sœur ou de maman. Tu as raison de recueillir tes impressions. Conserve-les absolument intactes, une fois écrites, et n'y touche plus Le recueil de ces souvenirs est sacré. Je sais que tes feuillets avaient disparu dans la tranchée et qu'en huit jours tu les reconstituais. Tu tiens à l'avenir. C'est très bien. Moi je ne le peux pas. Je suis un décadent. Je n'en reviendrai pas.

— Oui, mon vieux, ai-je répondu, testament ou souvenir. Si je meurs, demande à Gonthier mes papiers. C'est convenu entre lui et moi qu'à l'instant même où l'un d'entre nous tomberait, l'autre sauterait sur son sac et le dépouillerait. Si je reviens — mais comment revenir ? — ces feuillets je les relirai moi-même à mes enfants quand ils seront en âge de comprendre !

— Et quand donc ferons-nous griller des châtaignes dans les padères chauffées à blanc, à la lueur des chandelles de résine ?

— Quand pourrons-nous cueillir les belles chevelures des têtes de maïs ?

— Quand aurons-nous la joie de lancer de colline en colline nos longs irrintzinas ?

— Quand ? Je ne sais. Mais que se passe-t-il, là-bas ? On m'annonce déjà que les fils de Uhart, Apetche, Charritte sont tués. Ce doit être triste. Les femmes, qui sont admirables, travaillent comme des mercenaires. Ma mère, toutes les nuits, après le dur labeur, s'agenouille, paraît-il, au pied de la statue de la Vierge et prie. Davantage encore par les soirs de gros temps. Et la vision de son fils encagé dans la pluie, la boue, le fer et le sang hante sans cesse son esprit. Elle prie. Pauvre maman ! Elle ne méritait pas cela et j'aurais dû mieux l'aimer.

— Chez moi, ce sont deux êtres qui s'observent du matin au soir et n'osent pas dire un mot touchant à leur fils. Les communiqués, qu'ils lisent avec dévotion, sont des coups de poignard quand ils traitent de notre secteur. Pense donc ! si je tombais, plus personne. Le désert. Enfant unique. La mort...

— Allons ! Passe-moi ton chahaco !

Une bonne lampée de pinard à la régalade a mis le point final à ce dialogue attristé :

— Au revoir et bonne chance !

... La section va loger dans une cave, au centre du village voisin des premières lignes. Un temps exécrable

Les vêtements sont dans un piteux état. Les armes sont recouvertes d'une boue épaisse. Nous arrivons exténués, les traits tirés, heureux pourtant, avec le mot pour rire, car c'est la relève. Contre le mur humide nous avons déposé notre équipement, notre fusil, notre sac et tout le matériel de brocanteur dont on nous afflige. A travers une cloison qui semble couper en deux parties égales cette cave que les bombardements ont épargnée, j'ai vu filtrer des rayons de lumière et j'ai appelé les camarades. Chacun de nous a regardé ce qui se passait de l'autre côté. C'était une vieille, très vieille femme, misérablement vêtue, la chevelure ébouriffée, sous un bonnet déchiré, des yeux quasi éteints, un visage las, fini, des mains qui tremblaient. Elle était assise sur des bûches. Une chandelle de suif se consumait à la tête du lit — un lit détruit dont il ne restait qu'un semblant de carcasse — et un grabat. Elle avait l'air de coudre, mais si lentement !

Surcout allait frapper, de sa poigne de forgeron, sur les planches, mais le sergent Laudet s'est intervenu :

— Laisse-là bien tranquille, ce soir. D'ailleurs, nous voici vidés, il est l'heure de nous coucher. Le temps d'aller au ravitaillement, de placer les postes, de faire le rapport et nous serons au petit jour. Or, ce soir, nous allons à la messe de minuit.

— Où ça, la messe de minuit, dit Carrignet, incrédule ; tout est rasé par ici....

— L'aumônier nous le dira tout à l'heure, quand il aura terminé les pansements.

Le sergent Manceau rêve tout haut de guerre, de mitraille, de patrouille.

Nous sommes allés voir grand'mère Bruneau-Delair dans son taudis. Et comme nous nous étonnions de sa présence en ces lieux ruinés :

— Ah ! mes pauvres enfants, dit-elle, écoutez-moi. Quand les Allemands se sont installés en face, j'avais ici, avec moi, ma fille, malade de la poitrine. Elle ne voulut pas entendre parler de départ, elle est morte dans ce vieux lit de misère, seul meuble retiré des décombres. Je reçus son dernier souffle et sa tête retomba dans mes bras. Et moi impotente, cassée, maladive, je lui survis. Ce n'est pas juste ! Ce n'est pas tout, hélas ! Ouvrez cette enveloppe. C'est l'avis de la mort de mon fils dans une tranchée comme celle-là. Alors, que m'importe de mourir, ici, ou ailleurs ; de préférence ici. J'attends que Dieu me rappelle. Je vis tristement. J'ai encore, là, derrière la maison, un coin de terre où je désire que l'on dépose mon corps.

Elle se tut, étant épuisée.

Or, je sais qu'avant de changer de cantonnement, notre section a accompli un simple geste, très touchant. Profitant d'un instant d'inattention de la vénérable maman les copains ont déposé sur son lit une couverture toute neuve, et dans une boîte de cornebeef la somme de dix francs ; puis ils ont accroché sur la cloison, au-dessous d'une croix, une branche de laurier brisée par une balle — comme symbole.

Nous l'avons entendue notre messe de minuit à deux kilomètres des premières lignes, dans une église au clocher défoncé.

Le froid est vif. Un beau clair de lune. Là-bas, la guerre continue. Une attaque se déroule, non loin de notre secteur, peut-être une reconnaissance, on ne sait pas. Les groupes se dirigent vers l'église par les chemins détruits. Une faible lueur se distingue à travers les derniers vitraux. Quelques candélabres ont été apportés de Pargnan et je ne sais où diable l'aumônier a pu découvrir un harmonium. Il a tous les vices. Evidemment l'assistance est entièrement militaire. Les officiers se tiennent au premier rang. Nous entonnons des cantiques et nos regards se portent toujours vers la pauvre crèche préparée en hâte.

A la sortie, un flot de pensées envahit mon cerveau. Là-bas, nos parents, nos amis se sont aussi rendu dans leur église ; ils ont chanté, comme nous, les cantiques de circonstance. Ils ont célébré Noël !

Noël ! Les foyers sont vides et le bon vin ne coule plus à pleins bords dans les coupes de cristal ! Noël ! Dans la tranchée le soldat attend une heure — une heure belle — si lente à venir ! Noël ! On pleure. On sourit. On espère. Noël ! A quand le rédempteur ?

.˙.

— Qu'est-ce que tu me racontes ! ? D'ailleurs si c'est vrai, c'est pas à nous à marcher ; le deuxième baton n'a rien foutu depuis un mois. Le colon ne voit que par le commandant Palier, alors, celui-ci, il a le filon. Notre commandant à nous, il dit toujours « Amen » ; alors, dame, on en profite, sur notre dos... S'ils m'embêtent, je lève la crosse !

C'est Andréhaut, qui est arrivé en renfort dans le courant de novembre. Il faut l'entendre dégoiser ! C'est vrai qu'il en a marre. Sa maison de Givenchy est rasée.

— Et puis, moi, j'ai pas envie de me faire casser la gueule pour deux ronds par jour. S'ils veulent qu'on en mette, qu'ils nous payent. Pas d'argent, pas de suisse !

Et le sergent, philosophe, de le reprendre ainsi :

— Mon vieux copain, ça va, ça va ! Tout cela, ça ne sert à rien ! A l'instant même, vois-tu, ça tape. Eh ! bien si les copains d'en face attaquaient, tu marcherais quand même ! Ne nous envoie pas de bobards ! Et, nous, crois-tu que ça nous sourit ? Notre section aussi est pistonnée. Elle marche toujours. Quand il faut descendre à la vallée Foulon, sous les canardages, ça y est : c'est la 3e ! Quand il faut faire une patrouille et ramener un Alboche en chair et en os — ou bien ses épaulettes, ça y est : c'est la 3e ! Quand il faut creuser un abri pour le capitaine, ça y est : c'est la 3e ! Qu'est-ce que ça fait tout ça, mon vieux ? En fin de compte les autres ne sont pas plus vernis pour ça. Nous, on nous distinguera, parce que nous n'aurons pas de citation. On dira : ils sont toujours dans le brin, on les voit pas ; ils font ça machinalement, par habitude, ne les embêtons pas avec des honneurs ! Et va-z-y Ernest !....

Mais Andréhaut revient à sa première question :

— Oui, on a fait des prisonniers à Paissy et alors ces prisonniers ont dit que le Kronprinz, qui doit être fusillé s'il continue à faire des bêtises, a décidé d'offrir en hommage au Kaiser, à l'occasion de son anniversaire, une victoire de derrière les fagots. Et ça se passerait entre Soupir et la Ville-au-Bois. Ils ont choisi. Tu comprends, ils veulent faire quelque chose de bien...

Sa voix s'est troublée. Il n'a même plus la force de tempêter contre l'injustice du sort, quelque chose lui pèse :

— J'ai trois gosses, tout petits... Malheureux tout de même ! Je peux y laisser ma peau et ma femme qui est réfugiée en Bretagne...

Et d'un violent geste, il jette son fusil dans l'épaisse gadouye qui monte jusqu'à ses mollets :

— Voilà ce que j'en fais de leur patrie et toutes leurs saloperies ! Maintenant ils n'ont qu'à me conduire au mur ! tant pis !

Et se croisant les bras, il fixe le parapet éboulé, grince des dents.

Un barrage roulant vient de se déclencher sur nos lignes.

— Tout le monde au créneau !... s'écrie l'adjudant Lastrec, révolver au poing. On tient jusqu'à la mort !

Haussant les épaules, Andréhaut :

— Et après ? M'en fous, je bouge pas !

Lastrec est rubicond.

— Comment ? Où est votre arme ?

— Là !

J'ai cru qu'il l'abattait d'une balle.

Une voix formidable monte du poste :

— Les voilà !

Ce sont les Allemands !

Alors, Andréhaut, dans le premier trou, à sa droite, a découvert un fusil, une baïonnette, a planté ses coudes dans la molle terre du talus, a tiré comme un fou tant et si bien que la patrouille allemande a reflué, laissant des morts.

Mais ce n'est qu'un début sans doute. On apprend que l'attaque allemande est en pleine préparation. Ils sont bien, ceux de la Creute, sous des voûtes de cinq mètres d'épaisseur, tandis que nous......

De grosses torpilles s'abattent sur nos positions déjà bouleversées. On court, on se croise, on se heurte, on tombe dans la fange en jurant les grands dieux. On relève les blessés, les mourants. Les tirs d'enfilade par mitrailleuse se précipitent. C'est la fièvre, c'est l'enfer. Un de nos avions paraît inquiet et cherche à repérer. Les fils téléphoniques sont coupés. On nous apporte des cartouches, des fusées, des grenades à cuillère :

— Voilà ! débrouillez-vous !

Et les ravitailleurs s'en vont.

— Ça va mieux... dit Andréhaut ; j'ai repris le dessus.

Puis se remémorant la scène du cafard :

— Et Lastrec ?

— Ben, Lastrec, lui dit quelqu'un, le lieutenant lui a fait faire demi tour. Il avait les foies. Ça ne l'a pas empêché de se faire descendre, bravement d'ailleurs.

Alors, Andréhaut :

— Je n'y comprends rien à cette guerre ; on est parfois des lions ; d'autres fois on est des lâches.

— Tu as vu ces nouvelles grenades boches ? Avec une poignée ? C'est bath ! Arragoit y en a relancé aux expéditeurs ! Ça dure plusieurs secondes, la fusion de la mèche !

— Mais qu'est ce qu'ils nous passent !

— Heureusement qu'il y a le communiqué : « Nous conservons l'initiative des opérations » ! Y sont pas difficiles ! Qu'est ce que ça serait si on l'avait pas, l'initiative ? Dans tous les cas, si on me demandait d'en acheter, de l'initiative, je me demande où qu'j'irais la chercher !

Cette conversation roule entre les trois malheureux survivants de l'escouade Lanterbey.

— C'est égal, ajoute Andréhaut, le Kronprinz aurait mieux fait de choisir un autre secteur ; de la Mer aux Vosges, dis donc, il y a de la marge, et, naturellement, ça tombe à notre bataillon, l'honneur ! Mince d'honneur !

— Un homme pour monter du matériel ? demande un sergent...

Celui qui a été désigné remonte en rouspétant :

— Avec ça les Allemands peuvent se tenir tranquilles.

Et il dépose dans un trou le paquet de fusées monumentales dont on vient de le charger :

— C'est le reliquat du dernier 14-Juillet, fait remarquer Andréhaut, qui pense au feu d'artifice.

... Ça craque de partout. La nuit s'achève dans la fatigue et la faim. Un froid terrible nous prend et la boue va geler. Nos doigts sont pétrifiés.

C'est pour bientôt. L'alerte atteint son paroxysme. Les munitions sont au complet. Il fait froid. On prendrait du bon café. Impossible. C'est l'attaque. Il fait froid. Le bombardement continue. Le jour se lève. Rien. Rien que le pilonnage incessant qui va finir par anéantir les sections. Il fait froid. Tant pis. On mourra. Puisqu'il le faut. Puisque c'est la fête du Kaiser. Puisqu'on a choisi notre secteur. L'aumônier passe et s'entretient avec Andréhaut. Çà fait une paire d'amis. Ce calme de l'aumônier est frappant, comme la sérénité de sa parole et de son geste. Pourtant il pourrait rester au P.C. du colonel. Il a distribué quelques cigarettes.

R...r...r.r..... ouâââ... Les formidables torpilles aériennes descendent, descendent, pulvérisant la terre qui gèle. La section de gauche vient d'en recevoir une. Quel grabuge ! Il fait froid.

Midi. Rien. Rien que la tempête de fer et de feu. Encore des munitions. La brume. Nos cous sont tendus vers l'avant. Il fait froid. On tremble toujours.

Des hourrahs !

Ils sont sortis !

Ils sont sortis !

— Tous au talus !

...Je veux essayer d'oublier. Je ne peux pas.

C'est terrible, un soldat français : ça se dresse comme un mur devant l'ennemi, ça tire, ça tire, ça jette des grenades, ça ne tombe pas, ça ne se laisse pas traverser, ça joue avec les balles, avec les obus, avec les fusées, ça crie, ça chante, ça rouspète, ça lutte à mort et, le calme relatif ayant enveloppé la nature, les choses et les hommes après le combat, ça se blottit dans un coin, ça se met la tête entre les mains, ça pleure comme un enfant, à grosses larmes et, sur du papier plein de sang, de terre et de poudre, ça écrit tout bonnement « maman, rien à signaler chez nous ».

...Ce fut extraordinairement farouche ! L'ennemi s'avançait en rangs pressés. Nous avons bondi hors de nos trous. Nous avons aplati nos adversaires et d'autres nous ont débordés. Le mélange des corps. Des cris. Des râles. Nous étions forts, parce que nous avions pour nous la justice et que l'on n'a pas le droit de spolier le foyer de braves gens qui ne demandent que la paix. La fête du Kaiser se noie dans le sang. Et nous, qui avons horreur de la guerre, notre devoir c'est d'arrêter l'envahisseur, c'est de sauver nos biens. Le sergent qui développait encore hier son sentiment à ce sujet, s'est écrié au moment de l'assaut :

— Debout ! c'est la haine qui s'avance ! Debout !

Ensuite :

— Debout ! quoi, il y a des morts ?

Et Andréhaut de son poste, et d'une voix cinglante :

— Ils approchent ! ils rampent : vite de la lumière ! ah ! les traîtres, dans la nuit ! alors que nous choisissons, nous, le grand jour ! Ah ! les voici !

Et répétant :

— Les voici !... Ça se chante sur l'air du « Rêve Passe »

Puis, dominant la mêlée :

— Escande à toi, à gauche ! tes grenades, Francis ! Lance ! Lance ! Lance à tour de bras ! A toi, Boyer ! Et toi, Declercq ! Cinq, six, dix grenades sur leur cafetière ! Eh ! bien, Dayoux, attends-tu le vaguemestre ou le cuistot ? Tu peux toujours courir ! Ni l'un, ni l'autre ! C'est à nous seuls, à nous les sacrifiés, à gagner —ou bien crever comme des chiens en Prusse Orientale ! Deloz, passe-moi la grenadière de Jourbaud qui pleure parce qu'il a une patte cassée !

Mais l'autre ne répond pas :

— Quoi ? tué, Deloz ? Imbécile ! Et toi, Garedon ? Mais, bon Dieu ! qu'est ce que vous pensez donc de vous faire tous descendre ? Des grenades, des grenades, Chambfort ! Champiat, jette celles qui te restent sur ce groupe qui nous torture avec son moulin ! Zi.... Zi.... Zi.... passez, muscade ! Ils ne m'auront pas, les reîtres ! Encore, encore, encore, Villenave ! Encore des grenades ! Des pierres, du bois, des outils, n'importe quoi ! Encore ! Encore ! Ah ! tu parles si je me fais les bras ! Point de fatigue ! Donne encore ! Martin, dévalise-moi Lémary qui fait sa prière parce qu'il va clampser ; apporte-moi ses grenades ! Un peu de patience, les blessés, je vais vous sauver tous... Vive la France !

Le temps de souffler :

— Ah ! ils reculent !... Je le savais bien qu'ils ne tiendraient pas ! Rio, des grenades !... Napoléon l'avait dit à mon régiment : l'ennemi ne tient pas devant toi ! Moi, j'étais dans les choux, en ce temps-là ! On aurait bien fait de m'y laisser ! Ils reculent ! Gareteau, mets un tampon sur ta blessure, fais-moi un pansement sur le mollet, n'écoute pas les éclats de grenades et donne-moi de quoi en décapiter quelques autres ! Mais dépêche-toi donc ! Nous ne sommes pas au guichet de ton bureau des postes, ici, sacrebleu !...

Des groupes d'Allemands gisent dans les réseaux et de longues plaintes montent des entonnoirs d'obus ; cependant une nouvelle attaque paraît se préparer :

— Vous me la payerez votre sortie de sept heures ! reprend Andréhaut ; noceurs avec notre champagne, bourreaux de nos femmes et de nos enfants, incendiaires ! Attrapez ceci, en attendant le reste ! Et aïe donc !

D'autres « gris » se préparent :

— Quoi ? Ils reviennent ! A moi, à moi, la troisième ! Des munitions ! Clic, clac, hip, hip, hourra ! Ça va barder ! Très bien ! Ça va ! J'en ai encore de ces petits joujoux d'enfants pour vos têtes carrées ! Ah ! vous avez dix départements et ça ne vous suffit pas ?

Les ravitailleurs ne viennent plus. Leurs corps sont mêlés à la terre du boyau effondré :

— Quoi ? plus de grenades ? Au compte-gouttes ? Tant pis, on visera mieux ! Une, deux, trois ! Une, deux, trois ! Une, deux ! ...... Ah ! .....

Il est touché :

— Oh ! maman ! Oh ! ma femme, mes gosses !

L'ennemi a été cloué sur le no man's land. L'attaque est définitivement enrayée :

— J'ai mon compte, dit-il ; laissez-moi ; allez leur dire qu'ils n'ont pas le droit, que ça n'est pas une guerre juste de leur part, que nous avons le droit pour nous !...

Quand la ligne a été reconstituée, je suis revenu auprès du moribond.

Tous nous voudrions le serrer dans nos bras, comme un frère :

— On m'avait promis la croix.... oui, je l'aurai.... la croix de bois...

Il saisit ma bretelle de cuir :

— Dis-moi, écoute, tout près : je crois que je suis mûr pour le grand voyage !.... C'est de quel côté ? Je ne sais plus.... ah !.. oui.... tout droit : mon père, avant de mourir, m'avait attiré vers lui, moi, son préféré et il m'avait dit, en effet «Va... toujours..... tout droit !.....»

Il me lâche maintenant ; on dirait qu'il voudrait être seul :

— Adieu, Pierre Basque ! Adieu mes amis... mon pays..... et ma petite maison..... J'ai tant aimé tout cela, sans en avoir l'air..... J'ai la fièvre..... Ne pleure pas, maman..... Je suis heureux, et tu seras heureuse, Magdeleine, aussi ; vous n'aurez plus besoin de vous saigner pour m'envoyer des mandats — ça me faisait plaisir.... Je pars.... rentrez.... laissez-moi franchir l'étape, avant l'averse... car.... voyez-vous.... il y a là bas de gros nuages noirs.... et lugubres.....

Nous nous étions promis de l'enterrer dans la Creute. Mais la Creute est déjà le tombeau d'une fraction qui a péri, emmurée, sous l'avalanche de gros projectiles. Nous l'avons péniblement traîné jusqu'à une excavation, taillée dans le roc, un peu à l'abri. Il y avait assez de terre pour lui. J'ai relu la lettre qu'il avait préparée pour sa femme : «... Je dis tout cela, mais n'y fais pas attention ; au bout de deux minutes, je n'y pense plus... Je ferai ce qu'il y a à faire. Pas de zèle, certes, mais je tiendrai ma place tout simplement. Embrasse les gosses... bonjour à tous.... Ce qu'il fera bon, hen !.... quand on reviendra !».....

Nous nous sommes assis, consternés, quelques minutes. Puis Moricet a donné subitement le signal du départ en se frappant les cuisses des deux mains, avec le ton de la résignation la plus complète :

— Bah ! remontons, advienne que pourra... demain.... qui sait... peut-être mon tour viendra....

— Faites passer : les brancardiers !...

— Attention au fil !

— Carapace !

La litanie se répète.

La guerre continue.

Et après que le bruit de la torpille s'est envolé au caprice des échos, nous repartons.

— Mon tour viendra......

Et, misérablement, nous gravissons à nouveau la Scala Santa où nous faisons l'apprentissage de notre douleur.

.

— T'es pas louffetingue ?

C'est à Laville que s'adresse cette apostrophe lancée avec colère par Pommier :

— Mais oui, t'es louffetingue !

Et il se pointe le front de son doigt pour se faire comprendre :

— Evadé ? Evadé pour revenir au front ? Tu sais pas que tu risques ta peau, alors que tu peux rester à l'arrière et que s'ils t'empoignent pour la deuxième fois, tu n'y coupes pas pour le poteau !....

Laville s'est assis dans le fond du gourbi et a déballé toute sa mangeaille :

— Bien sûr que je suis louffetingue, comme tu dis mais enfin, tout de même, mourir pour mourir, j'aime autant ici qu'en transportant des blessés !

— Et qu'est ce qu'ils disent là-bas ? demande le caporal ?

— Ce n'était pas brillant. Et tu sais que c'était vrai, quand on a été pris à Heurtebise. Ce devait être une grande victoire. Ils ont salement écopé aussi. Du côté de chez nous, c'est bête, on a été bien battu, sauf dans une partie. J'avais reçu un coup de baïonnette à la cuisse.

Et Laville pressentant une rigolade :

— Je vais vous faire voir la blessure, autrement vous ne me croiriez pas, avec tous ces bobards de corps à corps... mais ici c'est vrai !

En effet, une longue cicatrice descend jusqu'au genou comme une langue d'écorce arrachée.....

— C'est pas tout. J'ai été conduit dans une ambulance, puis dans un hôpital, enfin au camp de Munster. Après ma guérison, ils ont voulu me faire travailler aux munitions, et j'ai toujours refusé ; alors ils m'ont jeté à la cellule. Je me suis procuré une boussole et j'ai réussi à m'enfuir. Au bout de quatre-vingts kilomètres, j'étais ramené au camp par un groupe de civils armés. La deuxième fois, c'est un détachement de soldats à l'exercice qui me découvre à cent kilomètres du point de départ, cinq jours après. La troisième fois, je faillis encore être arrêté à la frontière hollandaise par des policiers. Miracle ! Je passai et me trouvai libre ! Et maintenant, me voici ! Mais quel cafard, là-bas !

— Tu veux nous en faire accroire.....

— Comment ? Ici, mes amis, dans les moments les plus durs, vous étiez tout de même à vous dire : « si je suis blessé, je me ferai soigner dans un hôpital, sur les bords de la Seine ou de la Loire, ce sera le filon ». Là-bas c'était la clôture de fil de fer barbelé, autour de laquelle se promenait une sentinelle avec un casque à pointe. Ici, c'était la fraternité, là-bas l'isolement forcé. Quand je voulais humer le grand air et me donner l'illusion d'être libre, tout de suite apparaissait la silhouette grise du soldat allemand. Ici c'était de l'angoisse, de la douleur qu'on noyait bien vite dans un éclat de rire, un mot cru, une pensée publiquement exprimée ; c'était une exclamation de colère, vite réprimée. Là-bas, avant de m'endormir, c'était le souvenir de toute une vie qui fuyait. J'aurais voulu saisir au passage tous mes parents, tous mes amis qui défilaient devant mon rêve. Une cloche qui tintait... ce n'était pas la cloche de chez nous ; c'était l'annonce d'une victoire allemande. Ici, dans les gourbis, à la lueur d'une chandelle, nous lisions quelques nouvelles du pays ; là-bas, un journal avec des articles terriblement sinistres et douloureux à nos cœurs. Une lettre, parfois, mais ouverte et censurée. Même pas l'idée de fredonner comme ici une chanson du terroir. C'était la décrépitude, le silence, la saignée lente et le supplice...

Profitant de quelques journées de repos, nous sommes allés faire une promenade à Barbonval, Serval, Merval, Villers en Prayères, Bourg et Comin. La tournée des grands ducs. Du haut des observatoires nous nous sommes amusés à contempler les tranchées de Vendresse, Noyon, Paissy, Heurtebise, Vauclère, Craonne que nous connûmes naguère.

Combien de nouvelles croix se dressent au bord des chemins sur lesquelles des noms familiers s'étalent auprès d'une cocarde tricolore ! Petites croix de bois, hautes comme des sabres d'enfants !...

Nous avons reçu des colis, des lettres de parents, d'amis, des cartes de marraine. C'est le paradis. Comment ? Nous avons même sillonné, avec une barque, l'étang de Villers en Prayères et, le soir, chanté, ri, crié, chez Goulet-Turpin, en sirotant du Chablis et du Sauternes. La vaccination a mis un temps d'arrêt dans cette éblouissante existence.

La guerre doit être finie ! A peine quelques coups de canon, et encore ! est-on bien sûr que ce soit le canon ?

Hélas ! j'ai été appelé à faire partir de l'équipe de reconnaissance du secteur.

De beaux ombrages rendent la vie à ce coin désolé des batailles ; le boyau est large, comme un chemin. C'est le boyau des Trois Pommiers. L'organisation défensive paraît soignée. Ça nous change du bois d'Ailly, d'Hébuterne et du Labyrinthe ! Les tranchées sont rigoureusement entretenues : on a le temps ici. Les abris sont assez solides. D'ailleurs le front est calme. Des caillebottis s'allongent dans le fond des tranchées, ce qui est un luxe et, au-dessus, du treillis, pour arrêter les grenades... On a pensé à tout.

Notre abri est infesté de rats. Toute la nuit, ils voyagent sans gêne, sur nous, sur la table ou sur les montants de nos couchettes. Ils jouent une musique insensée entre la terre et les planches de ciel. Impossible de dormir. Et puis, on frappe souvent. Il faut monter pour tenir compagnie aux jeunes soldats qui voient toujours des Allemands, et partout.

— Je suis certain d'en avoir vu au moins deux qui rampaient.

— Parbleu, c'étaient des rats !

— Pardon, caporal, des rats gros comme ça ?

Ah ! ben ?..... zut, alors......

C'est Fréchou qui descend à toute vitesse le raidillon qui conduit de la ligne des abris à la tranchée de première ligne.

Et il s'esclaffe :

— Ah ! ben zut, alors ! non ! Ah ! ben zut, alors !

— Dis donc, il te faudrait pas une permission de quarante-huit heures pour finir ta phrase ?

— Ah ! ben, m.... ! Figure-toi que les Boches sont à cinquante mètres ! eh ! bien, l'esprit militaire ne perd pas ses droits ! Sais-tu l'ordre que l'on passe ?

— Dis-le moi-le !

— Eh ! bien....

Et, solennellement :

— Rien ne doit traîner dans la première ligne. Pas un papier ! Il faut balayer et rebalayer, jusqu'à que ce soit net.. Les étuis de cartouches doivent être ramassés, recueillis précieusement et déposés dans un gourbi ad hoc. Si un peu de terre dégringole, il faut vite reconstituer la tranchée ! Ah ! non, alors ! Faut pas demander si les boches les laissaient tranquilles, les autres, quand ils tenaient le secteur ! Il ne manquerait plus que des pancartes imprimées, des grooms au coin des boyaux et des cognes de distance en distance !

Mais, nous, le général nous a fixés tout de suite et nous ne saurions que faire des ordres de corvées transmis avec les consignes par nos prédécesseurs. C'est au contraire la période des reconnaissances et des coups de mains qui va commencer, et, en attendant, il faut bien tuer le temps des hommes avec des travaux superflus.

L'abri de l'escouade a sept mètres de long sur trois de large. Une chaleur torride nous y étouffe. Une seule issue :

— On serait frais, là-dedans, s'ils attaquaient ! déclare un caporal.

Je me suis laissé choir sur ma couchette, car toute la nuit j'ai veillé, à l'écoute, au poste le plus rapproché de l'ennemi.

Ce soir à dix heures une attaque allemande s'est déclanchée après un tir extrêmement violent d'obus, de torpilles, de mitrailleuses. Le secteur n'est plus calme.

— Le brin, dit Graciette. Nous avons mis le brin dans le secteur.

Le commandant Declercq qui, la pipe à la bouche, inspectait la compagnie à ce moment-là, avait l'air de prendre ça à la rigolade. Il y eut des blessés. Le sang couvre une partie de la tranchée, car tout un groupe a été surpris. Les torpilles s'écrasaient avec un fracas terrible et les fusants jetaient des lueurs dans le ciel. La terre tremblait. L'adjudant, qui est sévère à l'arrière, mais redoute à l'avant les représailles allemandes a failli nous punir, Lucazeau et moi, parce que nous avons livré une bataille en règle, à la grenade, à quelques sentinelles allemandes, sans avoir demandé une autorisation écrite :

— Quand j'ai le cafard, c'est plus fort que moi, je

n'ai que ce moyen de me distraire, fait Lucazeau en esquissant un tour de valse.

* *

Quelques camarades du régiment — mon troisième régiment ! se baignaient tout à l'heure dans le clair ruisseau qui descend vers Vendresse. Calme sur toute la ligne. Vu un boche à barbe rousse, sur le parapet, en face. Il n'y est pas resté, car Lucazeau se tenait prêt. L'ami Fougeroue, au crâne chauve, nous raconte, en première ligne, ses impressions de guerre. Je ne crois pas qu'il ait conscience du danger. Cela se comprend, s'explique dans le feu du combat, mais, ici pourquoi braver ? C'est inutile et cela ne sert aucune cause. Fougeroue s'est dressé subitement sur la banquette de tir, explorant, sans se dissimuler, la tranchée ennemie. Une balle a passé. Il s'est écrasé foudroyé à nos pieds. L'un de ses camarades nous a dit que c'était sa marotte de regarder par dessus le créneau, de négliger les meurtrières d'acier et de montrer aux passants le secteur qui se déploie en face. La sentinelle ennemie le guettait, comme Lucazeau guettait l'homme à la barbe rousse. Nous avons vu partir Fougeroue dans une toile de tente. Sa tête était fendue et des flots de sang avaient coulé dans la tranchée. Il y en avait autant que sur le parquet de cet abattoir où, tout enfants, nous allions voir l'hercule Jean-Baptiste assommer le bétail avec son maillet.

Un bombardement insensé nous a tenus en alerte une
bonne partie de la nuit. Torpilles, grenades à ailettes
balles, obus, rien n'a manqué à la fête. La porte, les couchettes, les étagères de mon abri sont hachées. Puis, à
la pointe du jour, nous nous sommes couchés comme
des masses dans un autre abri. Un peu de gnole nous a
fait oublier ces incidents-là.

Tout à l'heure, après déjeuner, l'inénarrable Lucazeau me tenait compagnie dans la tranchée calme.
Nous riions. C'était charmant. Il appuyait ses explications, roulant sur je ne sais plus quel sujet, de gestes
de ses deux bras longs comme des jours sans pain. Un
bruit insolite : un départ de torpille, pour sûr ! A ces
moments-là on ne demande pas son compte. Chacun
s'arrange comme il peut et cherche son salut à sa manière. La torpille monte, monte, dans notre direction. La
voilà qui atteint le faîte de son envol et va descendre
à toute vitesse, et nous broyer, et nous anéantir. On
ne trouvera plus, de nous, qu'un pan de capote, une
boucle de ceinturon, quelques os dispersés. Je fuis à droite,
vers le boyau de mon escouade, tandis que Lucazeau
file à gauche. Je dégringole, sans le désirer, le talus,
mon casque retenu par la jugulaire qui me serre à la
gorge. Cela, comme un éclair. Un bruit sourd de chute,
comme un bidon de carbure tombé du cinquième étage,
avec plus de vitesse encore. Le bloc de fonte a pris
contact avec le sol, là, tout près, à cinq, six, dix mètres,
je ne sais... Une, deux, trois secondes... à cinq, elle écla-
tera. Vite mon testament... Je retiens ma respiration,
en fermant les yeux, pour ne vivre qu'un rêve. Ça n'éclate pas. Je remonte lentement... on ne sait jamais... fusée
à grand retard peut-être.... Lucazeau se dresse, saute
à mon cou ; son visage ruisselle de sueur. Tout pâle, craignant de s'exprimer, il m'indique de son doigt l'engin....
le train de marchandises qui s'est arrêté, là, sans ex-

ploser, sur la banquette de tir, à trente centimètres du caillebottis où, pour comble de malheur, le veinard s'est effondré tout à l'heure en s'échappant, son pied ayant été pris entre deux barreaux. La mèche retombe sur le bord, comme un venin. Lucazeau l'a échappé belle. Il s'en rend compte maintenant, en dodelinant sa tête :

— Tout de même, dit-il avec l'accent des paysans de Charente, tout de même, je croyais que j'y étais. La terre du parapet et les morceaux de claies retombaient sur mon dos et j'attendais la mort.

Ceux du régiment voisin qui en ont reçu un sur leur gourbi n'ont pas eu tant de chance : il y a douze morts et plusieurs blessés.

Mais déjà, tout est oublié. Les oiseaux continuent de chanter, la verdure est luxuriante et dans les sections on rit, on s'amuse. La vie est belle....

Des avions français et des avions allemands viennent jeter un peu de mouvement dans le ciel bas de Craonne. La guerre continue, monotone. La correspondance et les colis sont réguliers, les rats poursuivent leur ronde à travers les tranchées et les abris. Les ballons-captifs surveillent les canons ennemis. Un coup de fusil déchire l'air de temps en temps. Le soir, quelquefois, une escarmouche éclate. Alors l'artillerie entre en danse, les promeneurs se terrent et les sentinelles dressent l'oreille. Un crapouilloteur est écrasé par une torpille au moment où il sortait du tunnel de Mine. Un blessé à la onzième. Le brancardier Hys a été tué près du lavoir. Tout est calme.

Le Commandant a fait une ronde. Ariel, le nouveau caporal, s'était endormi à son poste. L'officier supérieur a dit alors au lieutenant Sartori qui l'accompagnait :

— Ne le réveillez pas, surtout : vous seriez obligé de le faire passer en conseil de guerre.

Alors, l'un des briscards a lancé une grosse motte de terre qui s'est écrasée sur le casque du caporal :

— Y va croire que c'est une torpille !....

Nuits longues pendant lesquelles il m'arrive de m'assoupir. La surveillance s'étend sur un vaste secteur et les effectifs sont réduits. Cela ne nous empêche pas de risquer notre peau pour explorer les lieux à la recherche d'un morceau d'aluminium où Legrand taillera des bagues.

Un combat d'avions de chasse. Un looping. Pas de résultat. Les cages à poules regardent prudemment de loin.

.˙.

Il était charmant, ce secteur du Tordoir. Les arbres feuillus s'agitaient sous la brise, la cloche de l'alerte aux gaz pendait au milieu du silence, le ruisseau coulait gentiment entre la cagna de l'adjudant et les feuillées de la section, les gabions superposés nous rappelaient certaines gravures sur la conquête de Madagascar, l'herbe était haute, des fleurs s'épanouissaient, une vache paisait derrière la tranchée. Seul, le coin Est était un secteur de guerre. Les chasseurs y avaient laissé des plumes, Roterley y fut tué en cherchant à ramener l'un des nôtres, Bertaud y trouva également la mort par l'explosion d'une torpille, la lutte s'y livrait intense chaque soir et nul ne pouvait s'aventurer de jour dans le boyau y conduisant. On entendait les horribles engins de mort fredonner dans l'air leur terrifiante chanson : flou.... flou... flou... flou... s'arrêter... Pouf.... et éclater... rrrrrouâââ. On eut dit que la terre s'ouvrait pour laisser passer les morts. Nous nous collions, frêles loques, contre les parois de la tranchée et des cataractes de terre, de poussières, de débris s'acharnaient sur nous. Elle ne finira donc jamais, cette tuerie ? pensions-nous. Ça finissait pour certains. Puis Sansoulet, Graciette et moi nous nous mettions à causer, à rire, à nous amuser. Lucazeau montait à la cime d'un arbre pour en décrocher le parachute de soie d'une fusée éclairante. Les Allemands l'entendaient et nous aspergeaient de balles pendant dix bonnes minutes. Lucazeau, perché sur une grosse branche, n'en menait pas large, mais cette aventure ne l'empêchera pas de recommencer. Ce type là, s'il n'existait pas, il faudrait le créer. Il entraînerait un bataillon, mais il a des moments de prostration aussi et, alors, il n'y a plus rien à tirer de lui, il est vidé. Et c'est le cas de beaucoup de poilus. Chacun de nous vit des alternatives d'enthousiasme et d'abandon.

... Landret, le bat' d'af, a répondu insolemment à un ordre de l'adjudant et l'a même menacé de la baïonnette. C'est grave. L'adjudant a porté le motif :

— Y n'y coupe pas pour les douze balles, disait Rouvière, qui est lui même une forte tête.

Oui, l'adjudant a porté le motif. Il a eu tort.

Il a eu tort, parce que Landret, le bat' d'af était un de ses copains, qu'ils se tutoyaient, qu'ils rigolaient ensemble. Landret confectionnait des bagues dont il faisait cadeau à l'adjudant. C'était la bonne vie entre eux deux. Mais un soir, avant la relève, Landret qui avait bu, a retrouvé son tempérament ; il n'a pas voulu se laisser faire et s'est permis une grave menace.

J'ai témoigné, un peu en sa faveur, car c'était un bon soldat. L'adjudant s'est vu administrer une violente semonce du colonel présidant le conseil de guerre à cause de sa familiarité avec son inférieur. Mais l'acte est là.... L'adjudant, la tête basse, a rejoint la compagnie. J'avais le cœur plus léger que lui et j'ai passé quelques heures dans Longueval où je retrouvais à chaque pas de vieux amis du pays, les terribles-toriaux.

... Des bruits ? Allons-nous attaquer ? Où ? Dans la Somme ? A Verdun ? Où ? Que font les Russes ? Le rouleau compresseur va-t-il nous sauver ? Les avions qui vont et viennent entre Fismes et Laon que préparent-ils ? Que cherchent-ils ?

C'est vrai, une offensive se prépare dans la Somme. L'heure H est imminente. Nous y serons expédiés, paraît-il. De ma plus belle plume je demande à mes chers êtres laissés au foyer de prier afin que cette existence de troglodytes se termine et qu'on aille de l'avant, comme naguère à la Marne, à Guise, à Charleroi. Quand ce grand jour ? Oh ! comme je voudrais le voir ! J'ai la conviction intime et profonde qu'il arrivera, que cette lutte de titans ne se terminera pas ici, en France, mais bien là-bas, chez eux. Oui, s'il y a une justice ; mais y en a-t-il une ? Tant pis, je garde ma foi, quand même — et au rebours des événements qui me flagellent.

9 heures du soir. Je n'ai pas dormi depuis hier midi.

Je n'ai plus rien dans ma cervelle.

... Dans une lettre où j'ai mis toute mon émotion, j'ai annoncé la mort de Bertaud à sa fiancée. J'ai raconté sa vie, l'amitié qui nous liait. C'était un frère, ai-je écrit. Je suis un bourreau, d'avoir osé jeter le deuil dans une maison tranquille de Vendée....

La patrouille offensive qui est sortie tout à l'heure a rencontré une vive résistance devant les postes d'écoute. Elle devait faire des prisonniers. Ce fut en vain. Elle a laissé des morts. Le sergent est allé rendre compte au capitaine, lequel a téléphoné au chef de bataillon, lequel a transmis :

— Je vous dis que c'est un mur, mon colonel !

J'ai ramené un cadavre qui allait être pulvérisé dans l'interligne. Ça fera plaisir à la maman.

... Encore une de faite. Elle a été particulièrement pénible, cette relève que les Allemands connaissaient avant nous, puisqu'ils ont arrosé l'arrière copieusement. Nous avons tiré vingt jours dans cette première ligne qui s'étendait de Beaulne et Chivy au plateau de Vendresse, en passant par le bois du Tordoir.

Le chef de la reconnaissance m'avait demandé si c'était dur :

— Pas trop, lui répondis-je.

Il était inutile en effet de le refroidir avec le récit des pilonnages intenses par obus et seaux à charbon :

— Tâchez de repérer le lance-torpilles. Surveillez le poste avancé. Attention au canon révolver qui tire d'enfilade. Explorez le bois. Ne buvez pas l'eau du ruisseau qui pourrait bien avoir été empoisonnée par les Allemands ; ne faites pas comme nous : nous en avons bu à tire-larigo, malgré la défense —et parce que c'était défendu. Ne vous montrez pas, en montant du bois au plateau. Pas trop de bruit et tout ira bien.

— Mauvais secteur, alors ?

— Au revoir, mon vieux et bonne chance !

Mais il a saisi Graciette par la manche :

— Eh ! là, dis donc, à combien de mètres qu'ils sont ceux d'en face ?

— Ça dépend : si tu sors par la chicane n° 1, à l'ouest du bois, tu risques de te trouver nez à nez avec un poste allemand ; ailleurs c'est 30, 40, 50 mètres.

— Ce doit être un bon secteur tout de même. On nous a dit, en sortant de Verdun : vous irez au repos — et c'est ici que nous échouons.

— On nous a dit la même chose en quittant Douaumont, répliquai-je... Et on nous a envoyés ici. C'est vrai : quinze pour cent de pertes au lieu de soixante ou quatre-vingts, c'est du repos.

Une torpille monte. Il remarque :

— Tiens ! En r'v'là une, il y a longtemps que ça ne m'était pas arrivé !

Le seau à charbon se met à floucfloucquer dans l'air.

Sansoulet nous tranquillise :

— C'est rien, il va tomber sur l'autre compagnie, en plein dans la relève, peut-être....

— Tu n'as pas d'autres renseignements ?

— Mon vieux, écoute, dit Graciette ; je ne peux tout de même pas passer la nuit avec toi ! Au revoir !

Et Graciette nous rejoint en faisant danser son barda.

La pluie, drue, s'est mise à tomber ; nous trottinons dans les boyaux qui finissent par se remplir de boue. Alors c'est dans un état piteux que nous avons atteint le cantonnement.

Je suis passé près du cimetière de Verneuil où repose le corps de mon cousin tué récemment. Avec ma

lampe électrique, j'ai pu lire son nom. Le tertre s'était
affaissé sous les averses et la croix de bois pleurait toutes
les larmes qui lui tombaient du ciel.

*
* *

On nous avait dit que les Allemands perçaient des
galeries souterraines dans le secteur. Les sapeurs
étaient venus dans nos cagnas, porteurs d'appareils de
précision. Ils avaient grommelé :

— Il n'y a rien.

Et ils étaient partis.

D'autres prétendaient que le génie était renseigné
mais qu'il ne voulait rien dire. Pourtant, il nous avait
bien semblé entendre ces jours derniers : toc, toc, toc...
en-dessous. Et puis, l'on avait oublié.

— Nous ferons des contre-galeries, pensions-nous.

Un immense bouleversement. La terre tangue et
nous sommes projetés. Le ciel s'abat sur nous. Le sol
se fend. C'est la fin du monde. De lourds paquets de
terre, de fer, d'hommes, s'écrasent partout. Du feu.
Les canons français font barrage. Tout est rouge. Puis
noir. Puis rouge à nouveau. On crie. On gémit. On râle.
On ne sait plus. On est fou. Qu'est ce ? Des explosisons
se succèdent qu'on n'a jamais connues. C'est encore
du nouveau ; on n'a donc point fini d'inventer ce par
quoi l'on pourra tuer toujours plus d'hommes ? Et
nous ne sommes pas encore morts ?

Alors, un ordre monte du ravin : on attaquera les entonnoirs ! Car cinq mines allemandes ont explosé, là, tout près, entre les lignes. Les postes d'écoute ont disparu, volatisés. Rembeau, de la deuxième, a pirouetté dans l'air et est retombé indemne, mais il est plus mort que vif, d'émotion.

— Vite des munitions ! On attaque pour prendre possession des entonnoirs et les organiser ensuite !

Tel est le langage que nous tient l'adjudant Vastier.

Le ravitaillement en grenades et cartouches se fait tant bien que mal. On part. Voici une lèvre d'entonnoir à deux pas de la tranchée où l'on enjambe les morts et que harcèlent les torpilles à ailettes. On attaque, sans bruit, sans clairon, sans cri, sans « Marseillaise » La nuit est striée de lueurs insensées, les mitrailleuses se heurtent et le combat à la grenade bat son plein. Nous avons roulé jusqu'au fond de l'entonnoir. Rémy se tue avec ses propres grenades dont la goupille a sauté. Dans ce fond, c'est comme une fourmilière qui semble attendre l'étouffement. Il suffira que les lèvres se mettent à cracher pour que le groupe soit enterré. Maintenant c'est le grand coup : il s'agit de remonter vers l'autre bord d'où tiraille l'ennemi — et, dans le noir, nous arriverons sur lui en rampant :

— On dirait des crabes, me chuchote Pommade en parlant de nous-mêmes.

D'autres suivent, portant des chevaux de frise, du fil de fer barbelé, des gabions, des cisailles, des pelles.

Il n'y a plus qu'une enjambée à faire pour être maître de l'entonnoir tout entier.

Bardant, touché à la tête, a dégringolé, pelotonné comme un hérisson. Tournez et Valette, qui glissaient une barricade en avant de la lèvre, s'écroulent sous des

balles. Nos grenades volent avec rapidité et la chaîne
s'établit par un ravitaillement continue. Lucazeau a
balancé son casque et ne fait qu'exécuter avec moi ce
mouvement d'horlogerie bien connu des grenadiers :
une, deux, trois ; une, deux, trois... Pendant ce temps,
autour de l'entonnoir, les sections organisent une tranchée. En avant, avec nos projectiles, nous continuons
à déblayer le terrain pour donner plus d'air à nos braves travailleurs.

Les pierres que nous plaçons pour former un semblant
de parapet volent en éclats sous les tirs adverses. Un
de ces éclats a labouré le crâne de Candaux.

— T'as la fine, lui dit Lucazeau.

Et Candaux a le sourire, pour la première fois depuis un mois qu'il est à l'escouade.

Bize et Ferrey transportent ensemble des chevaux
de frise :

— Planquez-vous ! leur dit le sergent, de l'observatoire qu'il s'est fait près de nous.

Aussi vite des balles ont ponctué cet ordre. Ferrey
s'est écroulé et Bize a roulé au fond de l'entonnoir.

Le jour pointe. Nous sommes exténués par cette lutte de tous les instants. Il y a des cadavres allemands
sur le bled, tout près de notre organisation, au ras de
notre ligne de tir. En risquant un œil, on peut les voir
déchirés par nos projectiles ; ils ont tous des grenades
au ceinturon.

Je ne veux plus voir cela. Ça me rappelle qu'il y en
a de chez nous perdus comme eux dans le bled.

Je m'assoupis sur les genoux de Graciette qui pose
sa tête sur mon dos. Pas pour longtemps. L'alerte nous
appelle tous au créneau et nous oblige à recommencer
le combat. Mon casque est traversé à un endroit où il

n'y a pas de crâne. Souvenir.... comme disent nos amis les Anglais.

— Ça va comme ça, mon vieux ! me dit Lucazeau, faut pas te plaindre !

Pour faciliter le repos, le sergent m'adjoint un camarade de surveillance : Pommade — le vaillant d'entre les vaillants — qui, jusque là, était occupé à la réfection de la tranchée de première ligne, à quelques mètres de la lèvre sud de l'entonnoir.

— Caporal, vous allez me faire le plaisir de vous allonger pendant un moment.

— Je ne pourrai pas, ça sent trop la poudre.

— Couchez-vous là, caporal ; il fait frais ce matin, voici ma couverture.

— Je ne pourrai pas, il faut que je voie.

— Par exemple !

Et Pommade déroule sa couverture tout le long de mon corps, la tête comprise.

Il n'y a rien à faire. Il faut que je me repose : Pommade le veut.

— Réveillez-moi dans une heure.

— Vous en faites pas !

Avais-je déjà fait un rêve ? Je ne sais....

Un claquement sinistre, qu'on entend souvent, qu'on identifie tout de suite, une balle qui touche un corps dur, un créneau d'acier, une grosse pierre, un poteau, un crâne de poilu.

Je suis étouffé sous un paquet informe et lourd ; difficilement je dégage ma tête prise dans la couverture. J'étouffe, j'étouffe ! Je voudrais fermer les yeux, mourir pour ne pas voir.

Dans mon pays, à l'époque bénie de la paix, un amusement populaire rassemblait des concurrents aux yeux bandés. D'un coup de bâton on cassait des pots de terre cuite, et le liquide qu'ils contenaient éclaboussait les premiers assistants, qui ramassaient les morceaux.

La tête de Pommade est ouverte, décollée, comme le pot de la fête, et le sang coule à flots avec beaucoup de mousse et une belle vapeur... La chair est moite. Pommade est mort pour son pays. J'étreins ses mains inertes. Et, pour une fois, je pleure sur un cadavre. Je voudrais qu'un signe du ciel mît fin à cette tuerie d'abattoir, à ce martyre de millions d'enfants arrachés à leur famille ; je me moque de la rançon et des charges ; je veux la paix, la paix, la paix !....

Fête nationale. Des cigares, des biscuits, du champagne, de la confiture, un plat supplémentaire. Magnifique ! Une soupe appétissante. C'est dans un chemin creux, à trente mètres de la première ligne. Il y en a qui fredonnent des airs connus. Et le soleil luit de tous ses rayons. On commence à oublier la terrible nuit, les mines, le dur combat. Deux brancardiers, aidés de l'aumônier qui prie, emportent Pommade.

Encore un coup de champagne, c'est la part des morts...

Nous n'avons plus de jambes et nous sommes sales, d'une saleté repoussante ! Les poux nous ont envahis et les rats nous suivent jusqu'en nos plus extrêmes positions. Les alertes sont fréquentes et le repos est impossible. Il faut faire carapace, se coucher sous le vol des torpilles, se serrer les uns contre les autres, fraternellement, et attendre ; puis se desserrer, dire « Ouf !.... encore un qui a passé sans mal ! » Il faut se glisser, cassé en deux, dans un boyau d'une hauteur de cinquante centimètres scié sans arrêt par la lame des mitrailleuses, et, là, il arrive que l'on pense souvent à la mort, à la famille, à la maison— et nous rêvons entre le ciel qui nous hante et la terre qui nous aspire.

⁂

... Mes babillardes...

. . . .

Révolution à la compagnie ! Nous avons créé un journal ! Et ce journal c'est : Cocorico ! On a dévalisé le doublard et les fourriers, pour le papier ; un cycliste est allé à Châlons, pour la pâte à copier. Le journal est prêt. On le lira tout à l'heure dans les sections. Le comité de rédaction est nommé. Cela nous a pris plusieurs soirées pendant le court repos que nous goûtons dans la vallée de la Vesle. Mais il faut se dépêcher de le distribuer car nous montons en ligne demain vers la Butte du Mesnil et Beauséjour.

Comme tout journal qui se respecte, sa naissance recueille l'appréciation d'éminentes personnalités. Il n'y a qu'un défaut, c'est qu'ici nous faisons parler les morts. En guerre, on n'est pas à ça près. Au-dessous du coq qui lance son appel, « cocorico, chant d'amour ; cocorico, hymne vengeur ; cocorico, cri de victoire ! », quelqu'un dit : « c'est un chant de... Haute-Cour » par allusion aux retentissants procès d'actualité. Attila déclare : « c'est la seule œuvre que je respecte ». Et Boileau « tournez la feuille, c'est toujours plus beau » ! Verlaine est lyrique : « chantez ainsi, soldats héroïques, devant le danger stoïques ! » Georges Sand, Alfred de

Musset, Napoléon, Victor Hugo, E. de Girardin, Madame
Récamier, Renan, Alphonse Allais ont quitté leurs tombeaux et sont unanimes dans la louange. Le patronage
est assez choisi pour que Cocorico vive. Mais vivra-t-il ?
On dirait plutôt que c'est un testament. Les rédacteurs
avaient le cafard en l'écrivant. Il y a par exemple, à la
4ᵉ page, les lettres de l'heure H. Nous les retrouverons
peut-être dans la poche des morts. Plus loin, quelques
réflexions revivifiantes de Cram : I. C'est dans la boue
des tranchées que se purifie toute une race. II. Il ne
suffisait pas de deux années de guerre pour régénérer
la nôtre, comme il ne suffit pas d'un coup de fouet pour
réveiller une monture. III. Plus tard si Fanchette a un
baiser pour Maurice Un Tel, réformé par protection,
elle en aura deux et bien plus doux pour Pierre Poilu,
par exemple, combattant de la grande guerre. IV. Moins
il y a de Boches, plus il y a de totos. Ça doit être la
revanche du vieux Bon Dieu allemand. V. Les civils
ont d'étranges réflexions. Entendu près de la gare de
l'Est pendant que je me reposais sur le trottoir auprès
de mes trophées : L'une, « il est blessé, votre fils ?
Quelle chance ! » L'autre : « votre cousin est à la guerre
depuis le début sans blessure ? quelle chance ! » La troisième : « Il est mort votre neveu ? Les autres souffrent
tant ! C'est tout de même une chance !... »

Du compte-rendu de la séance récréative donnée au
village : « Soirée très réussie. Un peu de brouhaha au
début. Il y avait du vent dans les voiles. L'«Espion» très
bien joué, quoique action un peu lente et, par moments,
imprécise. Guéry, Fouchart, Pinet excellents. Ténor,
violoniste, pianiste, très bons. Comédie admirablement
rendue grâce à Domen très applaudi. Grand enthousiasme. Refrains chantés par tous...... Philippe Fontaine
trissé dans les « Saltimbanques ».

Evidemment on était allé en chœur se ravitailler

à la coopérative. La salle des fêtes était bruyante, et l'on chantait :

C'est des p'tit's femmes qui nous manquent,

C'est des p'tit's femmes qu'il nous faut....

On agitait les ceinturons et les calots :

En avant le bataillon des andouilles....

Il y avait du vent dans les voiles....

. . . .

... On a bien ri hier soir. Nous avons traîné dans les rues de Fricamp le fourgon dans lequel dormaient Duquesne et Mazy. Nous avions, au préalable, bien fermé la portière. Nos deux prisonniers frappaient à coups de godasse pour nous émouvoir. Sous les tilleuls de la place, nous avons abandonné notre voiture et grâce au système imaginé par Girard nous avons pu nous dissimuler derrière les murs des maisons voisines, sans que Duquesne et Mazy enfin libérés aient pu nous reconnaître. Furieux, ils ébranlaient de leurs cris l'atmosphère tranquille du village endormi, tandis que de notre cachette fusaient des rires difficilement contenus.

. . . .

... De nombreux permissionnaires partent. Ils ont de la chance, eux ! Il est vrai que ce serait désagréable de partir en permission avec des vêtements hideux, déchirés et boueux ! J'aurais honte de sortir...

. . . .

... Nous avons pu, ce matin, nous nettoyer des pieds

à la tête. La vermine s'était installée en maîtresse. Ah ! si vous aviez vu ces totos que l'on brûlait à la flamme d'une bougie !... Je mettrai de beaux galons de sergent et un ruban de croix de guerre. On a fait un tas de tous les effets des poilus. C'était une peste !

．．．．．．．．．．．．．．．．．．．．．．．．．．．．．．．．．．．．．．．

.... La ferme dite « Maison de Champagne » est complètement détruite. La tranchée de première ligne est appelée : tranchée de Haraucourt. Elle est large, haute et sur la plus grande partie le fond est couvert de caillebottis. Les créneaux sont assez bien conservés. Certaines parcelles de terrain sont bouleversées par l'explosion des torpillettes. Un peu d'herbe a poussé entre les lignes. Vous pouvez être assuré que dès que les Allemands sauront qui nous sommes, l'herbe ne repoussera plus. Quelques vestiges d'outils aratoires reposent rouillés, démantelés, près de la tranchée. Les boyaux qui conduisent à l'arrière se numérotent de 1 à 12 pour le secteur du régiment. Le bureau de la compagnie est dans l'un des profonds gourbis du C 9 bis ; le boyau Maud conduit au petit poste (P.P.) 7, le plus dangereux du secteur parce qu'il est à quinze mètres de l'ennemi. Il y a une particularité ici : c'est que la région revêt un aspect d'infinie tristesse. Quand il pleut, on croirait que la mort y tombe goutte à goutte, et nous écrase tous sans rémission. Le désert s'étend, très loin, là-bas, sans variété, de la Main-de-Massiges aux hauteurs de Hans, de la Butte du Mesnil à Mesnil-les-Hurlus. La tranchée de Crévic, en soutien, est emplie d'une boue épaisse, mais dans la tranchée de Posen, tranchée dite de résistance, tout est convenablement entretenu. Elle est à l'abri des torpilles et c'est déjà quelque chose. J'ai visité tous les postes de la compagnie. Mais j'ai surtout passé de longues heures parmi les hommes de ma demi-section, dans la portion de ligne que nous aurions à défendre ensemble, jusqu'à la mort, si nous étions attaqués. J'y prendrais d'emblée le commandement d'un groupe de grenadiers et de fusils mitrailleurs et nous rééditerions l'exploit de Vendresse quand nous sautâmes sur les mines. Hélas ! ici encore des rats ! Il faut suspendre tout l'attirail et au milieu de ce fouillis on a de la peine à passer. Il y a une odeur de rats morts du côté de ma couchette.

... Je suis rentré à l'aube d'une patrouille effectuée avec quatre copains près de l'Arbre Isolé. Plusieurs fois, surpris par les fusées éclairantes, nous avons dû nous aplatir, en essuyant la fusillade.

— Et si qu'on mangeait ? questionne tout à coup Pajol.

Et nous avons mangé, assis en avant des réseaux, comme un défi aux Allemands. Mais il ne faut pas se répéter. C'est fou — et ce n'est pas reluisant...

La nuit était troublante. Partis de notre petit poste sous la protection des grenadiers et des fusils mitrailleurs, nous sommes rentrés par le P.P. 7. et déchirés jusqu'en notre chair, et saignant des mains, des joues et des jambes.

. . . .

Ah ! vous vous plaignez de l'absence de mes lettres ? Pensez-vous aux déplacements ? Soixante-cinq kilomètres dans les autos-camions conduits par des annamites ! Le lendemain une marche de vingt kilomètres, le changement d'effets, les corvées, l'embarquement en chemin de fer, une nuit et un jour de voyage, la descente en pleine nuit, une nouvelle marche de six lieues avec le chargement réglementaire, l'absence du vaguemestre, blessé ou indisponible, et puis encore une marche dure et pénible !...

Et maintenant, me voici dans la tranchée froide où l'eau coule à torrents, les pieds gelés, tremblotant comme une feuille — et ce n'est pas fini... L'hiver est long. Je pense à vous, toujours — et seul, à cet instant, je veille sur le repos des camarades dont j'entends le ronflement à travers une toile de tente posée là en guise de paravent. Le pied d'un mort dont la chaussure est rongée me sert de porte-musette. Je crois que c'est un Allemand. Il est bien tranquille, celui-là, et bien sage quand on lui enlève de temps en temps un osselet — pour se distraire...

. . . .

...Je sais que c'est monotone, les nouvelles que je vous donne, mais maman est curieuse ; qu'elle prenne patience je lui dirai tout un jour. La période est assez calme. Nous avons mis nos masques, mais c'était un lot de fusées qui avait pris feu dans l'abri du lieutenant et nous sommes descendus pour l'éteindre tandis que les Allemands alertés nous arrosaient déjà de leurs torpillettes. Nous avons répliqué avec des V.B. et le canon Brandt sans fumée...

Nous avons pris nos derniers repas dans l'escalier de l'abri principal, un poilu étant installé à chaque marche, comme une escorte. L'homme de soupe distribue les rations, le pinard, la barbaque et le rata, un fromage de camembert pour quatre. Et voilà !

. . . .

.... La mort finira par me prendre. Mon tour viendra.

Cette nuit un bombardement en règle par grosses torpilles a retourné la terre du secteur. Nous en étions
abrutis. Elles tombaient par groupes de cinq et nous
devons à des prodiges d'acrobatie d'être vivants. Tous
mes amis sont encore de ce monde : Maillet, Lignières,
Leclercq, Bouclet, Portenseigne, Picard, Carpentier,
Sansoulet, Graciette, Prioux, la bande des bons vivants
qui ne connaissent pas le zèle de l'arrière, mais qui
savent tenir leur place au talus.

J'ai fini ma nuit dans le poste blindé du guetteur.

. . . .

...Je ne saurai jamais assez vous remercier de m'a-
voir choisi comme filleul. Méritais-je cet honneur ?
J'avais écarté jusqu'à ce jour toute ambition de ce genre. Guéry m'avait dit : Ecris à la Revue Parisienne,
tu auras ce que tu voudras. Mais, mademoiselle, les circonstances donnent à notre rencontre un caractère
tout particulier. C'est moi, en effet, qui ai écrit « tué »,
au dos de l'enveloppe, au dessous de votre adresse.
Tué, ce vaillant Bonnet, tué ! Il m'avait dit toutes les
gentillesses dont vous le gâtiez. Vos lettres, il me les
lisait dans la tranchée ou dans l'abri. Vous mettiez
des fleurs, il en humait le parfum à n'en plus finir...
Il vous aimait déjà :

— Vois-tu... me disait-il, on peut s'en aller apaisé
vers la mort quand on a été bercé par tant de rêves !...

— Pourquoi ce spleen, mon cher ? lui répondais-je ;
au contraire, tu devrais espérer !

Il m'avait raconté sa récente permission dont quelques journées se passèrent chez vous. Votre papa, votre
maman l'avaient reçu à bras ouverts. Il leur rappelait,
avec ses grands yeux bleus, ses cheveux blonds, son air

assez timide, leur grand garçon disparu, votre frère.....
Vous étiez toute prévenante auprès de lui. La scène de
l'arrivée lui laissa une immense impression.....

Est-ce vrai — vous pouvez me le dire — est-ce vrai,
ce tableau de chez vous ? Une coquette maison, non
loin d'une belle forêt, des plantes grimpantes, un pota-
ger florissant, et, derrière, un parc. Vous êtes tout
charme dans cet ensemble déjà harmonieux. Vous vous
installez au piano, et, très discrètement, en souvenir
du disparu, vous jouez l'air qu'il aimait le mieux. Mon
ami Henri, dépaysé, explore la pièce, écoute et quand
votre papa le prie de parler de la guerre, d'expliquer un
combat, une charge à la baïonnette, Bonnet de déclarer :

— Je préfèrerai que mademoiselle m'accompagne
dans les « Fleurs du Front » la « Madelon » ou « On ne
passe pas ! ».....

— Mais, voyons, Henri, si vous ne parlez de rien,
les gens du village, eux, nous diront : votre filleul est
peut-être embusqué....

Et Bonnet bondit alors :

— Ben, ils n'ont qu'à me suivre et ils verront !...
l'endroit où je m'arrêterai sera la frontière, à dix mètres de l'ennemi ! Moi, un embusqué ? Zut, alors !...

...Vous le promeniez, Mademoiselle, partout où c'était
possible. Quel chanceux !

Je l'ai bien connu, allez, votre Henri. La première
fois, c'était au retour des tranchées ; il nous avait rejoint au poste de Posen. Nous arrivâmes à Laval à
deux heures du matin. Il avait plu et neigé. Il faisait
le temps le plus exécrable ! Quelle nuit ! Je ne sentais
plus mes joues. Henri s'était approché. On causa, on
fraternisa tout de suite. Son caractère me plaisait et
je ne lui paraissais pas trop farouche :

— J'ai trouvé un bon camarade de combat, pensais-je.

Combien en ai-je connu ainsi ? Beaucoup sont morts — mais j'ai leurs noms.

Quelle relève ! Par le C.9. bis nous débouchâmes au ravin du Fer de Lance puis au ravin du Marson. Les artilleurs et les états-majors étaient installés dans leurs abris et nous leur jetions des regards d'envie, nous qui traînions la patte sous la rafale.

— Y peuvent tenir, eux ! s'exclamait Lucazeau.

Au cimetière des coloniaux quelqu'un se promenait avec une lanterne et cherchait à déchiffrer les inscriptions.... Et puis c'était la grand'route droite, silencieuse, morne, noyée par les averses.

Nous vivions en popote. Pot-pourri, chant des montagnards, Toulousaine, P'tit Quinquin, tous les airs, vieux ou d'actualité, y passaient. Ciotti, Portenseigne, Picard, Leclercq, Bouclet, Prioux, Bonnet, ah ! je vous assure que le groupe était vivant !....

Et puis, nous sommes remontés en ligne, sur la Butte du Mesnil, à la tranchée Barbé, en avant de la tranchée de doublement Brunet où nous conduisent souvent les besoins du service. Les petits postes sont extrêmement rapprochés. Le boyau des Marraines — des Marraines ! — relie Barbé et Brunet et là se trouve notre abri, assez profond et spacieux. Un ennui cependant : c'est qu'on y entend à merveille les Allemands exécuter leurs travaux de sape. Et ça, ça vous fait quelque chose. On écoute au microphone. Et quand les quinze poilus sont certains d'avoir entendu, il y a un froid général et une tristesse infinie dans la caverne...

Nous avons déjà fait plusieurs patrouilles ensemble, dans le but de repérer les postes de mitrailleuses.

Une escarmouche éclate un soir ; Henri pousse un léger cri et il rejoint la tranchée :

— Attends, mon vieux, je ne peux pas te suivre, j'ai quelque chose, là, j'ai senti.....

— Ce n'est rien sans doute...

— Oh ! si, c'est quelque chose....

— Tu veux rire....

— Ils m'ont tué....

— Comment ? Tu es fou ?....

Le sang inonde sa capote. Nous sommes devant notre abri.

Ah ! c'est bête ! Nous étions sortis pour rigoler, histoire de leur montrer que nous vivions encore ! Et, crac !....

De marche en marche, nous l'avons conduit au fond et puis nous l'avons étendu sur une couchette. Il parlait, comme vous et moi, mais cette tâche de sang large, large.... Il se souvenait de vous, de vos parents, de votre maison, de ce nid...

Et ce fut tout. Il repose non loin d'ici, au pied d'une jolie croix. L'aumônier a pu recueillir son dernier souffle. Il ne croyait qu'au diable, mais l'aumônier l'appelait quand même « Mon enfant... » et lui, il jetait des regards malheureux vers le Christ....

Oh ! je ne peux pas dire tous les détails, je ne peux pas ; est-ce qu'il est possible de raconter l'agonie, la mort ?.... Ce paquet qu'on transporte, comme un impedimenta, vers l'arrière, est-ce que l'on peut en décrire la désolante et sanglante misère ?....

Conservez ses décorations, mademoiselle ; il les avait bien méritées. Elles diront son héroïsme. Observez la palme et les étoiles. Cela représente tout un drame impossible à traduire. Et puis, entre les étoiles, sondez l'espace, cherchez, pensez — et lisez, vos yeux fermés la vie continuellement agitée des tranchées, le labeur obscur qu'on ne décore pas....

. . . .

... Puisque vous insistez depuis ma dernière permission afin de connaître ma façon de vivre, je vais profiter d'un après-midi tranquille pour être prodigue de détails.

Nous avons eu des nuits très agitées. Le premier corps d'armée serait-il venu jeter — c'est coutume — la perturbation dans le secteur ? Les barrages allemands se multiplient. Quand je sors en patrouille sur la Butte-du-Mesnil bouleversée, je heurte des ossements que j'envoie promener dans les fils barbelés. Je retrouve des vestiges de 1914 et 1915, des lambeaux pourris, des gamelles écrasées, des armes cassées. De minces petites croix de bois dans le fouillis des défenses sont restées miraculeusement debout. Mais combien d'autres ont du être détruites et les tertres des morts pétris par les torpilles !

Mes occupations consistent à surveiller à mon tour, quelquefois plus souvent qu'à mon tour, l'interligne sombre peuplé de cauchemars, à ravitailler mes hommes en obus V.B.. en cartouches, en grenades de tous genres : grenade à main suffocante, grenade incendiaire et fumigène, automatique, grenade à calorite ; à faire des patrouilles avec quelques bons copains, volontaires naturellement.

Mais ce qu'il y a de plus fort, c'est que je viens de connaître tout récemment la composition d'une grenade la manière régulière de la lancer, son emploi tactique, le combat de l'unité de grenadiers, la place du groupe de grenadiers dans la section — alors que je lance des grenades depuis décembre 1914. J'ai pris de mauvais plis. C'est ennuyeux. Ainsi, je préfère, moi, les lancer à la manière basque, mais très loin, au lieu de les faire éclater à dix mètres en les lançant d'une façon réglementaire. Affaire de goût et de tempérament. On ne changera pas le sauvage que je suis.

Mais si vous saviez comme c'est intéressant, le rôle de grenadier ! On est là dans l'attente de l'attaque ennemie, l'émotion est intense et s'ils sortent, les Allemands, on y va de toute la force des poignets pour défendre la terre sacrée. On est au poste le plus périlleux. On se distrait quand même. Et puis, maintenant, les poilus, au combat, ont de l'initiative. Ce ne sont plus des machines. Il y a progrès !...

A l'aide de photographies aériennes que nous passe le commandant, les points ennemis à surveiller ou attaquer sont profondément connus de tous. Les artifflots sont prêts à nous aider. Au signal des fusées, leur matériel se met en branle. Le téléphone nous suit, les pigeons ne sont pas moins utiles, les signaux sont nombreux ; on a des poignards, des revolvers, tout. Evidemment, cela ne nous empêche pas de rester sur le carreau, le cas échéant.

Ce qui est très ennuyeux par exemple, ce sont les gaz. Ah ! c'est terrible ! On étouffe dans le masque. Quelle invention tout de même ! Comme si l'on avait besoin de ça !

... Chef de patrouille, la vie des camarades est entre mes mains ; il faut serrer les dents, savoir ce que l'on veut, et le vouloir puissamment. Je ne veux pas rentrer en laissant des morts : les morts m'appartiennent et mon devoir est de les ramener chez nous. Je ne suis imprudent que quand je suis seul.

Quand nous rentrons au cantonnement, après un séjour aux tranchées, nous nous laissons choir sur nos couchettes, tant est grande notre fatigue. S'il a plu, les effets se collent à la peau. La cravate fait un cercle

bleu autour du cou. La chair est humide, flasque, sale.
On court à la citerne et l'on prend une douche en plein
air. Puis c'est l'exercice, les jeux, les concours de sauts,
les courses, une revue théâtrale, les coups de main sur
la ville voisine.

Je traîne toujours mon fusil allemand que j'espère
vous apporter à la prochaine permission. Écrivez-moi
souvent, souvent. L'heure des lettres est délicieuse.
Il faut écrire au poilu. Ça le console, ça l'encourage.
Continuez d'être forte, maman. Je crois que j'en sor-
tirai.

... Cette lettre ne partira pas.

. . . .

... C'est vrai, mademoiselle, le communiqué a raison
C'est ici. Ce fut dur, en effet. Je rentrais de permission
ployant sous le fardeau de dix kilos d'huitres, de deux
bouteilles de cognac et de paquets de toutes sortes.
Ainsi de Somme-Bionne au ravin de Minaucourt où
je m'endormis. Les fusées montaient et s'éteignaient
dans le ciel. Un froid de loup. Dès l'aube, j'enfilai le
grand boyau, avec toute ma charge. La compagnie
étant en réserve je pus réunir les bons amis.

— Qu'est-ce qu'ils disent les civelots ?

C'est Picard qui a parlé.

Et Leclercq répond à ma place :

— Ils disent qu'on les aura et qu'on y mettra le
prix. Moi, ils me demandaient tous : « — voyons, tout
de même, si vous êtes vraiment au front, dites-moi
ce qu'est une bataille ? » Du coup j'avais la langue pâteuse : impossible de rien articuler. C'est bête. « — C'est
à dire... voilà... on ne peut pas le dire, ce qu'on fait... ce
qu'on a fait... on ne nous croirait pas... mais il y en a

là-haut — n'est-ce pas, Pierre Basque ? — qui, à toute heure du jour et de la nuit, écrivent notre histoire. Ainsi, peut-être saura-t-on qui nous étions... Et si, dans la misère des temps à venir, on s'en indifférait encore, eh ! bien... ce serait pour nos enfants...

— Tu parles comme un livre, observe Picard.

La bande est assise en cercle dans le fond d'un petit ravin. Duquesne chante maintenant des couplets de Desrousseaux, et Beauquis « Le temps des cerises » mais doucement car l'ennemi est à trois cents mètres.

La permission est terminée. Il faut penser à autre chose. Les événements s'en chargent d'ailleurs.

Nous occupons les tranchées de Maisons de Champagne où l'on patauge constamment. Je retrouve une partie du secteur occupé en décembre — il y a trois mois. Voici les points où furent tués Escande, Jacquet et tant d'autres. Je reconnais le poste d'écoute d'où je partais en patrouille...Voici une tranchée entièrement retournée. Il a fait chaud ici...

Je suis arrêté, dans ma promenade, par Bousquet et Lamiot qui transportent un cadavre allemand. C'était un patrouilleur qui a été descendu par un homme de garde. Une lutte s'était engagée et plusieurs Allemands ont essayé de reprendre la victime. C'est Bousquet qui a gagné. Des poches, l'on a retiré quelques marks, des lettres, des photos, dont deux obscènes ayant quelque rapport avec les habitants des régions envahies.

Une violente attaque a eu lieu, à gauche et nous en avons subi les à-coups. Le communiqué l'a dit : « l'attaque a été enrayée. » Ah ! il n'est pas bavard, le communiqué ! Il faut voir ce que supposent ces quelques mots : l'attaque a été enrayée ! Voulez-vous que je vous le dise, mademoiselle ? Un bombardement effrayant, anéantissant la terre, les choses, les hommes ; la violente riposte française, car les Français veulent rester libres et défendre leur sol ; des camarades tués ; les torpilles qui ébranlent la terre ; des avions qui repèrent et tirent des coups de mitrailleuse ; une vaste fumée qui vous prend à la gorge, vous étouffe ; le découragement dans la ligne des veilleurs ; puis l'espérance, l'ardeur, le courage ; les chutes à travers les boyaux, sur les cadavres... Que sais-je encore ? Et alors, à la minute de l'attaque ennemie, l'homme dressé pour la lutte, le choc suprême et affreux des corps et des armes.... Puis, le silence ; un brouillard qui enveloppe les lieux du combat ; des croix que l'on fabrique — encore et toujours — des noms que l'on mute du contrôle de la section à ces croix, des galons nouveaux et des décorations... « L'attaque a été enrayée ». On ne passe pas, sauf la mort !....

. . . .

... Mon meilleur frère d'armes est tombé. Je n'en peux plus, c'en est trop. Ils s'en vont tous, dans leur toile de tente. Mon tour viendra aussi. Comment y échapper ? Nous sommes condamnés à mort :

— Au mur !...

CHAPITRE III

●

COUPS DE BÉLIER

———

L'auto-ambulance nous a transportés, Graciette et moi, jusque Dormans où, après une piqûre anti-tétanique, on nous a couchés dans des lits de soldats, des lits en fer, comme à la caserne. Dans ce baraquement peu confortable, trente blessés attendent sans impatience l'heure du départ. Quand nous nous plaignons du sort qui nous est fait, notre voisin dit :

— On est toujours mieux ici qu'en première ligne !

— Nous sommes des blessés à la noix! dit un autre. D'ailleurs quand on passe ici c'est qu'on est blessé léger, avec l'étiquette rouge. On en rote avec les infirmiers qui sont polis comme des ours ! Ils feraient bien de faire un tour là-bas pour apprendre à fraterniser.... Pas moyen d'avoir une petite douceur, un journal.... mais, par exemple, ils ne s'oublient pas eux, ils engraissent à vue d'œil... C'est pas possible qu'ils soient tous des auxiliaires, ces gaillards là !....

Mais, en voilà un...

— Fermons-là, eh ! s'il m'entendait, il me ferait f... le camp, et tout de suite !

De fait, ça ne ressemble en rien à cet hôpital de Tréloup, non loin d'ici, où je fus soigné en 1915, ni à celui de Pont-Croix, aux confins de la Bretagne. Là-bas les sœurs de charité faisaient de l'hôpital un paradis. On attendait leur entrée comme un événement. Elles étaient la joie. Et les blessés souriaient tous quand elles parlaient. J'ai commis le crime d'oublier leur nom, mais je reverrais avec plaisir à Tréloup ou à Pont-Croix les lieux où j'ai promené mes pas vacillants après mes sanglantes rencontres avec le fer et le feu aux tranchées. En Bretagne, la convalescence passa comme un éclair avec les promenades à la baie d'Audierne, sur les côteaux baignés de la pâle clarté d'un soleil de printemps et l'aimable invite à causer sur le pas des portes dans les bourgs. Douarnenez et ses pêcheurs, et la rentrée à l'hôpital, dans la vaste salle où geignait ce pauvre soldat atteint d'une blessure grave au bassin.... Je souffrais quand il se plaignait et Vanoutrive priait pour lui parce que madame la supérieure lui avait dit à l'oreille :

— Mon petit, pensez à lui, il souffre beaucoup et c'est très grave....

Le major qui nous examinait semblait monologuer le diagnostic, mais ma ame la supérieure avait déjà tout dans la tête, et c'était extraordinaire cette faculté d'assimilation, cette mémoire, ce don de comprendre ce que l'autre mâchonnait ! Le dimanche, les valides descendaient dans le cloître et se rassemblaient pour l'office.

Mais dans ce baraquement de Dormans c'est le traitement à l'emporte-pièce. Avec une jambe cassée, ce serait mieux, certes. Mais une balle, au bras, dans le gras, sans fracture, fadaise !

L'avant-dernier jour, j'ai réussi à atteindre Jaulgonne où je me suis plu à parcourir les lieux du combat d'arrière-garde — bataille rangée — d'où je revins miraculeusement en 1914. Il n'y paraît plus grand chose. Un pont de fortune a été établi sur la Marne et la nature a conservé alentour la fraîcheur de jadis. Je revois la

ligne de chemin de fer qui nous servit de ligne de tir,
les sentiers parcourus pour la retraite ; je crois reconnaître même les points où l'on s'arrêtait pour tirer
quelques cartouches — les dernières — sur l'assaillant
victorieux.

Je suis rentré par Tréloup où j'ai visité la salle d'école
— toujours chambre de blessés — où j'ai renoué connaissance avec la cuisinière qui préparait alors — à
mon goût — le menu ordonné par le médecin. C'est là
que le général d'Amade était venu nous serrer la main
et nous adresser quelques bonnes paroles. Ça nous faisait plaisir. Les trois mineurs de Harnes, de Liévin et
de Bully-Grenay m'ont fait comprendre là quelle puissance anime cette race invincible du Nord, et, de ces
jours-là, les Boyaux-Rouges ne m'ont plus fait peur.
Nous étions des frères. Ils restaient des heures entières,
près de moi, à me raconter les beautés de la ducasse de
village avec le combat de coqs, le concours de fléchettes
et la course à vélos...

.... Quand j'ai quitté Dormans et son hôpital je n'ai
éprouvé aucun regret et Graciette m'a suivi. Par les
coquettes avenues ombragées, nous sommes descendus
vers la vallée, avec notre baluchon, avec aussi la nostalgie de notre bonne compagnie — compagnie de fer —
restée là-haut, à Vendresse.

— Il avait raison, l'autre, de dire que nous étions
des blessés à la noix ! Une blessure, dix jours d'hôpital,
sept jours de convalescence et puis en route vers la
première ligne ! Les   retrouverons-nous   au   même
endroit ?... Pourvu qu'ils y soient... tous... encore !
Avec ces mines, on ne sait jamais — et puis, c'est si
bête, la guerre....

Ainsi parle Graciette au moment de pénétrer dans le compartiment bondé de poilus :

— Ne dis pas cela, Graciette : t'as gagné vingt kilos, depuis que tu la fréquentes, ta guerre !

Et je le pousse violemment vers l'intérieur — par la portière que remplit son vaste embonpoint — au milieu d'un gros éclat de rire.

.*.

Non, non, jamais, au grand jamais, je n'oublierai cette relève ! Verdun qui fut le sommet de l'épopée française va-t-il être égalé ici ?

La colonne d'infanterie traverse plusieurs camps, après le bois Billon et les multiples feux, assez discrets, décèlent des troupes nombreuses. Les voitures, les attelages, les dépôts de fourrages couvrent d'immenses superficies. C'est la nuit, très noire. Des canons tirent à droite et à gauche. Nous doublons un convoi anglais à Maricourt, qui est défoncée. Là, commence la marche pénible à travers le champ de bataille que les troupes du vingtième corps d'armée ont vaillamment conquis en juillet. Comment expliquer dans ses détails navrants cette marche à travers un pays qui n'a plus ni chemins, ni sentiers, ni poteaux indicateurs, où tout est généralement nivelé et douloureusement égal ! Affreux calvaire de boue et de sang que l'on franchit de glissade en glissade avec cette consolation exprimée en passant par un poilu qui en avait marre :

— Je les plains, les pauv's copains qui remontent !

Ces « pauv's copains »... c'est nous !

Un mince ruban, qui fut blanc, nous conduit vers l'avant, au milieu des ténèbres ; sans lui, on serait perdu et cela ne ferait pas le jeu de ceux qui attendent là-haut, des frères qui ne méritent pas que l'on trompe leur attente. Toujours de la pluie, et les chutes dans les entonnoirs d'obus ont quelque chose d'horriblement tragique. On ne rit plus de tomber, comme naguère : on en pleurerait. Les fusils s'enfoncent dans la vase, on s'enlise, on s'épuise. Des fusées montent dans le ciel, là-bas :

— Nous devons être près du front, maintenant ?

— A quatre kilomètres, réplique un soldat qui descend.

— Malheur !

Les fusées jalonnent toujours la ligne des combats et je comprends alors l'étendue de l'attaque récente, enfoncée dans les lignes allemandes comme un coin.

Nous voguons dans une mer de boue jusqu'au ventre. Le barda est lourd. Et la pluie ajoute à la charge. Les petits, style Mitteau, ont toutes les peines du monde à s'arracher de cette glu du champ de bataille. Ils grognent. D'autres rivent leurs mâchoires et continuent, rageurs. Je me suis étendu littéralement dans un entonnoir. La boue liquide a circulé dans mes culottes et dans les manches. Nous avons, pour décorer la fête, des lueurs incessantes qui sont des éclatements d'obus, devant nous, à cinq cents mètres, au point que nous traverserons pour continuer notre marche vers la tranchée d'Anderlu. A la lutte qu'on mène contre la terre qui semble nous absorber, il faut joindre la lutte d'adresse avec les obus ennemis. Entr'apercevoir ainsi l'heure cruelle constitue une de ces angoisses qui ne peuvent être analysées.

Il paraît qu'ici c'est Hardecourt : c'était Hardecourt. Plus une pierre. Rien. La dévastation.

Il est onze heures, dit-on, peut-être minuit, peut-être une heure ? On ne sait. Toutes les montres sont arrêtées. Mais les fusées se rapprochent. Les Allemands sont inquiets, car ils éclairent beaucoup.

Ici, c'est Maurepas : c'était Maurepas ; un monceau de débris, des arbres détruits, des pierrailles éparses. La dévastation, la désolation et la mort. Il faut enjamber ces ruines douloureuses et ça sent mauvais auprès des cadavres qui sont entassés à l'entrée des abris. Quelquefois une frêle lumière dans les fonds : un P. C quelconque :

— Ils sont bien là-dedans ! crie Boniquet.

Et nous passons toujours péniblement. Voici le cinquième cadavre que je piétine : ça fait « floc » quand on pose le talon... Un sursaut de frayeur, et puis ça passe, c'est vite oublié. Un autre, ici, dont la tête se promène à deux mètres, ainsi qu'un bras. Les effets sont en guenilles. Je pense à eux aussi, soldats allemands, qui sont des braves, qui savent se battre et qui sont victimes de l'impérialisme. C'est toujours là qu'il faut remonter pour rechercher les responsables. Les trous d'obus sont tout frais, ici... Ah ! oui : c'est que nous sommes dans la zone entrevue tout à l'heure !

L'abbé Perrin est tué, en transportant des blessés, près du calvaire de Maurepas. La compagnie s'est disloquée sous le déluge des obus. D'ailleurs, comment suivre, à la file, dans un pareil terrain ? Il faut compter avec la force, l'énergie, la volonté, le courage de chacun, et ces qualités ne furent pas distribuées également aux hommes. Une odeur de sang, de poudre, de pourriture est dans l'air. Courage ! Mais quelle vie ! Montrons-nous à la hauteur ! L'autre jour, au sanctuaire de Chipilly nous avons fait le serment de remplir utilement notre mission. Ne mentons pas à ce serment. Au surplus, il faut arracher encore cette parcelle du pays à l'ennemi qui la détient à tort. L'iniquité doit être châtiée par nos soins puisque le bon Dieu que nous implorons nous oublie.

Enfin, à quatre heures du matin, nous sommes arrivés à la position de première ligne. Vivement, il faudra prendre les consignes afin de permettre aux troupes relevées de gagner Maurepas, qui est à trois kilomètres avant le grand jour ! Sinon, il y aurait décoction de 77 et de 105 et ça ne ferait plaisir à personne.

A la compagnie l'on compte quelques tués et quelques blessés. Deux sections, dont la nôtre, occupent la première ligne qu'il faut immédiatement organiser. Tous les gradés et tous les hommes au travail !

A grands coups de couteau on taille dans la capote qui est trop lourde de toute la boue recueillie pendant la relève. Un nettoyage rapide au fusil :

— Tu fumes, dit Cabennes à Bouthemy qui pioche de grand cœur....

C'est un peu de vapeur qui sort du col ouvert :

— Comme qui dirait la pluie qui sèche, interrompt Lucazeau.

— Mais tu sens salement mauvais, reprend Cabennes.

— J'allais dire la même chose que toi, répond Bouthemy.

— C'est vrai que nous sommes tous logés à la même enseigne !

Maintenant les hommes commencent à s'assoupir. Depuis hier matin pas un d'entr'eux n'a pu se reposer.

— Encore un coup de collier, mes enfants ! demande le lieutenant.

— Je n'en peux plus, dit Bonnaud, Eh ! Blondel, tâche de creuser pour moi, va... Je te remplacerai à la première patrouille. Pour crever quand même, ça me dégoutte de faire un trou. J'aime autant le plein air.

— Il vous manque dix centimètres encore, mes enfants ! fait le lieutenant, creusez, creusez ! Vous serez bien contents de vous dissimuler tout à l'heure quand les avions boches vont passer !

Mais voilà que les retardaires — ceux qui se sont perdus pendant la relève — rentrent un à un, en plein jour. Alors nous bondissons hors de nos trous :

— Mûchez-vous, bande de c...... Vous allez nous faire repérer !

— Qu'est-ce qui va nous tomber ? fait Bondois qui est recroquevillé dans son trou. Ils se promènent dans le bled, les idiots ! Avec ça que les Boches les voient pas et qu'ils les laisseront faire !

Les agents de liaison courent sur le glacis.

A l'heure du casse-croûte, le lieutenant Sartori partage ses conserves avec Lucazeau qui, faute d'argent, n'a rien pris dans sa musette. Garnetier, Lacotte, Cozette se sont enfouis dans leur trou, à ne plus pouvoir remuer. Avant de m'installer à mon tour, j'ai voulu explorer du regard ce champ de bataille nouveau pour moi. A droite, un peu en arrière, Le Forest détruit. Plus loin, la ferme de l'Hôpital, sur la crête où se devine Bouchavesnes. En face, le bois d'Anderlu, à trois cents mètres. Des trous individuels couverts par des toiles de tente marquent l'emplacement des guetteurs allemands. Les lignes sont toutes fraîches; l'attaque française nous a conduits ici. Cela ne suffit pas, il faut attaquer encore. Il faut soulager les poilus de Verdun, après y être passés nous-mêmes. L'artillerie ennemie nous adresse quelques messages explosants. Ce n'est qu'un réglage sur de nouveaux objectifs. Après cela, nous serons pilonnés sans doute. C'est notre lot, jusqu'à la mort.

*
* *

Le froid fut intense toute la nuit et la pluie est tombée très souvent. A onze heures l'artillerie française commence un tir écrasant sur les positions ennemies. Les Allemands y répondent par des barrages soignés qui s'échelonnent de notre ligne à la position de soutien occupée par la dixième compagnie. Ah ! ces accroupissements extrêmes dans le fond de la tranchée ! Nous sommes tout petits devant la mort qui vogue dans l'ondée à travers les trajectoires. La nuit est interminable. Nous exécutons des patrouilles vers Anderlu et, là, des coups de feu sont échangés éveillant l'attention des artilleurs qui se mettent immédiatement de la partie.

A l'horizon, je vois la crête de Rancourt et la ferme Le Priez me paraît être derrière le bois d'Anderlu. Le lieutenant Sartori, splendide dans son courage — et dans son amitié pour les hommes — se tient toujours près de nous, dans le petit élément de tranchée. Partout de la boue, et les obus éclatent même dans la boue ! A droite se tient la liaison avec les chasseurs de la 45e division d'infanterie. Ils sont charmants — de bonne humeur et d'allant. La chaîne se maintient impeccable entre l'avant et l'arrière, malgré les pertes. Car de braves jeunes gens tombent à chaque instant, peut-être au moment où le pli arrive à destination. Ces coureurs sont des héros. Ils zigzaguent sur le glacis pour échapper à l'enveloppement des balles et des obus ; ils tombent, se relèvent, le sourire aux lèvres, et nous suivons, angoissés, cette course effrénée. Quelle belle jeunesse est fauchée dans l'accomplissement d'une si haute mission ! Ce petit chasseur que j'admirais en la dextérité de sa course vient de s'écraser foudroyé, alors qu'il avait déjà un pied dans la tranchée — dans la tombe ! Nous nous sommes partagé ses boîtes de singe, ses chaussettes, ses cartouches — et nous avons regardé d'autres frères mourir...

... Quand ça bombarde, quand ça barde, quelle souffrance est la nôtre au fond de la tranchée ! On donnerait tout pour aller de l'avant et pourtant le choix ne serait pas meilleur. Ici, ou là, c'est le même risque. Il faut attendre que les artilleurs ennemis se fatiguent et quelquefois ça peut durer longtemps. Il nous arrive de couper ces heures si tristes de rires, de saillies, de réparties. Comme il est aimé le poilu qui trouve la force de blaguer pendant un pilonnage soigné ! On se rapproche de lui, instinctivement, quand c'est possible et l'on est tenté, alors, de penser que la mort ne viendra pas, que la mort a peur du rire ! Et s'il meurt celui-là qui répandait la confiance et la joie, oh ! alors c'est l'accablement chez les survivants. La citation portera sans doute : « Faisait monter le sourire aux lèvres de ses camarades, dans le plus fort de la bataille », mais lui n'est plus avec nous. Et dans la chambre de l'absent cette phrase encadrée mettra du baume au cœur de la maman......

A la suite d'une reconnaissance que nous avons faite vers les lignes ennemies, à grand renfort d'obus V.B, de 37, de Brandt, de mitrailleuses, les Allemands ont exécuté un arrosage en règle de notre position. Les 88, les 77 éclatent tout près, très près, plus près.... Devillers est tué. Picot tué, tué Gillet dont la musette et le bidon ont volé au diable, avec des morceaux de fusil. Leurs cadavres sont alignés sur le parapet. Je les ai enjambés pour porter un pli au capitaine près de qui l'on enterre des morts : Soubrié, le footballeur de Pont de Metz, Soubrié l'audomarois, Soubrié, dit « tout p'tit », et Bory et Moline et Fossart...

Godret, l'ordonnance, m'accueille en ces termes :

— On nous avait dit que tu étais mort !....

— Non, mais sans blague !.... fais-je

— Cet après-midi, c'était pas difficile d'en finir, reprend-il.

... A la liaison les zouaves ont succédé aux chasseurs. Joli début : un obus, un 88 est tombé, là, dans la tranchée, à quelques mètres. Nous bavardions avec eux. L'obus a déchiré l'air tandis qu'ils souriaient tous. Le parapet s'est effondré, nous ensevelissant à mi-corps. J'ai entendu des cris et j'ai vu une tête qui pendait, sectionnée, d'effrayantes plaies, et j'ai senti une âcre odeur de sang brûlé. Ils sont tous morts ou agonisants, les zouaves de la liaison. Et nous nous mettons à l'œuvre, afin de les dégager ; tâche surhumaine dans une terre pâteuse qui veut garder jalousement sa proie.

Lucazeau à qui, naturellement, pèse ce régime d'immobilité sous l'écrasement, a demandé à faire partie du groupe de ravitailleurs. Il est agréé.

— Ah ! mes aïeux ! ce départ ! crie quelqu'un.

Je me suis levé :

Ce départ ! Cinq, dix, quinze, vingt poilus attendent l'heure du saut dans l'espace, et, bondissant ensuite entre deux dégelées de marmites ou de balles, glissant sur le découvert et puis se dressant pour s'applatir à nouveau ! Ils emportent nos vœux et nos espoirs. De point en point un coureur plus expérimenté leur indique les passages les moins repérés. Ils ont disparu mais les mitrailleuses allemandes tirent longtemps encore.

Alors, nous :

— Plus un quart de pinard...

— Plus une sardine...

— Et toi, le famélique, tu dois soupirer après la boule... et la gnole ?...

— Moi, je suis tranquille, du moment que Lucazeau est allé à la gnole, je n'ai pas peur, on sera servi.

— Qu'est-ce qui a le pinard ?

— Carpentier.

— Ah ! ben, il y aura du pinard aussi !

— Alors tout va bien ! On les aura... les pieds gelés !

— T'as pas vu ce grand escogriffe de Lucazeau avec sa capote déchirée au bas : il avait l'air d'une danseuse ! Il disait ce matin : « si je pouvais attraper la fine blessure... là, à la main.... » n'empêche qu'il se planquait rudement quand ça sifflait !

— On dit ça, mais on préfère ne pas saigner.

— Ah ! si... tiens... un doigt, comme ça, au-dessus du parapet... ça n'est pas très dangereux.

Sssstt..... Une balle, bien au-dessus :

— Non, mais des fois... oh ! zut... cochon de Fritz...

— Sans compter qu'il aurait pu te casser ta phalange...

— J'aime autant pas... c'est bientôt la relève... et puis le grand repos... alors !

... C'est un enfer chez les Allemands vers la tranchée de l'Hôpital. Le bombardement français y fait rage et nous nous amusons à l'observer, debout dans notre petite tranchée, la tête et les épaules dépassant. Nous savons bien que les guetteurs ennemis ne nourrissent pas, en ce moment, l'envie de tirer sur nous.

— C'est la guerre, dit le nouveau caporal. Ils doivent la subir !

Mais les Allemands ripostent.

— Ça, c'est plus la guerre... remarque le même.

Fruittier, Boitteau et Roturier ne s'en font pas dans leur trou.

Mais Boniquet :

— Ils s'en foutent, nos artilleurs, c'est pas eux qui recevront les marrons.

Nos ravitailleurs rentrent.

Voilà Lucazeau tout seul :

— Dites donc, les copains, je regrette pour vous, mais Carpentier est tombé !... je lui en ai pris deux litres, c'est autant.

Son torse est entouré de bidons. Il est exténué et s'abat dans la tranchée :

— Qu'est-ce que nous avons pris ! N... d.. D.... près du calvaire, ils nous ont démoli la moitié de la corvée : moi j'ai dit : « non, non, il faut que j'arrive au but... je peux pas laisser les copains sans picter et sans bouffer !

On s'est réuni pour la distribution. La ration est imposante, compte tenu des morts.

Un ébranlement. Ensevelis, Boniquet et Mutteau ont disparu. Nous suffisons à notre propre sauvetage et sautons sur la masse de terre qui recouvre les deux infortunés camarades. La mort est passée, tout près. Un canonnier du 37 est blessé. Le commandant, qui est un as, a failli trouver la mort dans son petit abri. Des avions ont survolé notre position et le tir ennemi a été plus précis encore. La nuit qui tombe mettra une sourdine à cette tempête effrayante. Et dans le calme relatif, ce soir, nous veillons sur les morts qui peuplent cette nécropole à ciel ouvert.

— Cette fois, je suis servi !

— Une plaie à la cuisse, faites passer les brancardiers de la part du lieutenant Sartori !

— Non, mais des fois... s'écrie Lucazeau, vous pensez que je suis fichu ?... Je n'ai besoin de personne... ça ne va pas trop mal...

De fait, notre grand ravitailleur tient droit sur ses jambes. Cozette a pansé la blessure. Et maintenant on rit :

— Je vous aime bien, dit Lucazeau, mais j'aime autant partir.

— Dis donc, tu ne vois pas ce qui tombe !

Un barrage roulant, s'exécute sur l'arrière, à la compagnie de soutien.

Un obus dans la section. Kernevez et Bondon, tués, Restouex et Clacaux blessés :

— Je reste plus dans ce bazar, dit Lucazeau.

— Tâchez de penser à nous, quand vous serez là-bas...

Et le lieutenant glisse un billet bleu dans la main de Lucazeau, le miséreux, le sans-le-sou.

Et celui-ci de franchir le parapet, vers l'arrière et, de trou en trou, de fuir, de fuir, pour la première fois.

Cela nous a fait quelque chose, le départ de ce brave, héros de Vendresse, du Tordoir, toujours fauché, souvent content, jamais las....

Une explosion. Lucazeau s'est couché. Et le voici, dominant à nouveau le glacis de sa haute taille.

Il se retourne et semblant s'adresser à toute l'armée allemande :

— Dites donc, bande de chameaux, est-ce que ça ne vous suffit pas ?

Et dans un geste plein de rage et de pitié à la fois,

il prend tous les morts à témoin du crime qui s'accomplit sur la terre française.

Puis il s'en va, clopin-clopant, vers l'ambulance.

... L'adjudant Vastier est venu casser la croûte avec nous. Un éclat d'obus vient de lui déchirer la capote. C'est le sixième depuis six jours.

— Un tuyau, mes amis... mais... secret !... On est relevé ce soir !

Ce soir ! Est-ce un songe ?...

C'est officiel. La relève est pour ce soir.

— Moi je te dis qu'on va près de Paris !

— Mais non ! Briday a entendu le colonel lui-même parler au lieutenant Derville du camp de Crévecœur !

— Moi, reprend Bras, je m'en fiche !... Le repos c'est le repos partout où ça veut... le principal c'est de fiche le camp !...

L'escouade, amochée, attend le moment du départ. Les éléments du 8e sont annoncés. Dans une heure, ils seront là.

Soudain, un coup de feu part de l'un de nos postes avancés.

— Alerte ! crie-t-on sur toute la ligne.

Et nous voici sur le parapet tirant à perdre haleine vers un ennemi invisible.

C'est une reconnaissance allemande qui a tenté une incursion par surprise dans la tranchée de la compagnie voisine.

— Ils devaient être nombreux, nous dit Leflocq qui s'est replié du poste isolé qu'il occupe depuis hier ; ils faisaient des feux de salve sur une longueur de cent mètres au moins !

Et d'ajouter :

— Je voudrais bien que le 110 vienne me remplacer !

Alors le lieutenant :

— Leflocq, pas de bêtises, je t'en prie : retourne à ton poste. On te rappellera au moment de la relève !

Il a mis bien plus longtemps à rejoindre son poste qu'à aborder la tranchée tout à l'heure.

C'est vrai, que dans le noir, tout seul, c'est triste. Et la relève est annoncée. Si d'ici là... on ne sait jamais...

*
* *

— Tu parles d'un repos !

En effet, notre cantonnement est composé de gourbis, de boyaux et comme distractions des batteries d'artillerie qui tirent sans arrêt du ravin de Maurepas...

En effet, nous creusons jour et nuit nos abris afin de les rendre plus confortables.

En effet, un soldat anglais, agent de liaison vient de se faire tuer par un gros noir qui recherchait une batterie.

— C'est le petit repos, dit Bru qui chahute avec Cohou Bourrit et Sansoulet.

Vastier donne l'ordre de manger :

— Il y a longtemps que nous n'avions pu nous asseoir en rond autour du fristi et raconter des histoires à faire rougir une vieille rombière en dégustant une bonne bouteille !

Mais, Cohou :

— Toi, mon vieux, je croyais bien que tu y passais avant-hier quand tu as voulu poursuivre la patrouille allemande !

— Sans compter que c'est peut-être plus dur qu'à Verdun. La position est entièrement exposée à la vue des Boches.

— Moi, j'ai vidé toute la caisse à V.B. C'est amusant ce truc là !....

— Oui, mais si tu veux recommencer, je te préviens qu'il ne faut pas de représailles ou je te flanque une beigne. J'aime bien être tranquille chez moi.

Le fracas assourdissant des 75, 90, 120, 155, 220 est venu troubler notre quiétude. Toute une musique qui nous crève la tête.

La messe a été dite dans la tranchée par l'abbé Vitel, aumônier du régiment dont les encouragements sont si précieux au moment des combats. Sa présence nous réconforte :

— C'est un type, c't aumônier, déclare Bru.

— Il est toujours là où qu'ça chauffe! répond Cohou.

Et Vastier :

— Si tous les curés étaient de ce calibre-là on aimerait beaucoup mieux la religion !

La controverse s'étend sur ce chapitre !

L'aumônier s'entretient affectueusement avec plusieurs d'entre nous. Son légendaire sourire et son remarquable allant sont un stimulant à ne point dédaigner — quoiqu'on pense...

... La marche en avant va reprendre et notre régiment, nous dit-on, est en réserve. Nous savons ce que parler veut dire. Il suffit d'être en réserve pour se retrouver quelques heures plus tard, en première ligne, comme par enchantement. Nous dépassons Maurepas dont les ruines fument encore. Pitié immense des foyers détruits ! De combien d'Allemands le destin en a-t-il fait la demeure dernière?... Car on s'est terriblement battu à Maurepas en juillet et en août. La position du village est d'importance.

D'Hardecourt à la Somme nos batteries tirent sans répit. Ça donne confiance. Et nous avançons. L'artillerie aussi avance à grands renforts d'attelages et les pièces à peine installées tirent furieusement. Des prisonniers passent, dont la plupart blessés légers. Maintenant la marche s'effectue en lignes de demi-section, colonnes par deux, au pas accéléré. Les artilleurs nous regardent passer et leur visage reflète une sorte d'affection ou d'attendrissement. Et nous leur disons « Mettez-y-en » !

Nos avions survolent le champ de bataille. Une saucisse descend rapidement. Toute la ligne d'attaque monte là-bas, sans pertes apparentes. Comme ils sont beaux les poilus du 8e qu'enveloppe un gros nuage de fumée ! Les blessés qui se groupent autour des postes de secours finissent par s'entasser car le bombardement ennemi atteint maintenant nos arrières. De gros obus consomment la destruction de Le Forest. Les crêtes de Bouchavesnes et de la ferme de l'Hôpital sont littéralement embrasées. Et nos amis les Anglais, à gauche, là-bas vers Combles, on les devine aux prises avec l'ennemi à la vue de cette nappe grise qui se promène sur les collines...

La nuit va tomber et nos troupes coucheront sur la position conquise. Nous nous retrouvons alors sur la ligne quittée l'autre jour, où Devillers, Soubrié, Gillet et tant d'autres ont trouvé la mort dans l'accomplissement modeste de leur devoir. Ce sont en effet les mêmes lieux, mais combien bouleversés ! Des cadavres tout frais, qui ne sont pas de notre régiment, jalonnent cette position.

Nous interrogeons les soldats de la division qui cheminent vers l'arrière. Ah ! si je connaissais leur nom à tous, blessés ou non, et si ma destinée me conduisait vers eux, plus tard, de quels bras fraternels je les étreindrais ceux-là qui partirent de nos tranchées, avec crânerie, au milieu des tempêtes, afin de conquérir des foyers !

Au revoir, braves bataillons, et à demain !... Je crois que nous attaquerons ensemble le Priez et Rancourt !...

... Bouchavesnes serait pris. Nous aurons, paraît-il, confirmation de la nouvelle par les journaux de Paris, alors que — ironie — Bouchavesnes est à quelques kilomètres !

— Nous avons des œillères comme les rossinantes, dit Bru. A droite et à gauche de notre compagnie, pour nous, c'est le mystère. Nous bêchons notre jardin — ou notre cimetière — et nous ne connaissons rien de la vie du voisin...

Dans un moment, l'heure H annoncée par les chefs sonnera au fond de nos entrailles.

*
* *

Un coup de sifflet :
— Debout ! s'écrie le lieutenant.

— Hep !

C'est Sansoulet qui accourt porteur d'un billet.

— Ça va, je comprends... voici le mien...

C'est l'adresse de son père... s'il tombe... Argentin, volontaire pour la durée de la guerre, il a interrompu toute relation avec sa famille lointaine et s'est jeté dans la fournaise « J'aime la France » dit-il souvent. Et les pires heures ne détruisent pas son sentiment.

— Ligne de colonnes d'escouade ! commande le lieutenant. Objectif : la tranchée de l'Hôpital, puis Rancourt En avant ! En avant !

Et il plonge dans le néant.

— En avant ! Se transmettent les hommes...

Nous avançons sur le terrain où la mort essaime ses victimes. Des obus sifflent dans l'air, sinistrement. A droite, les zouaves progressent aussi, en bon ordre, comme à la parade et en agitant leurs armes. Plus loin, un corps à corps. Quelques-uns des nôtres paraissent faits prisonniers. Mais les prisonniers ne sont pas des lâches.

Nous nous sommes arrêtés dans les trous, par ordre, en attendant le résultat de l'attaque déclanchée à gauche par le premier bataillon. Ils sont admirables de courage tranquille tous ces braves du premier baton ! Et nous reprenons la marche, baïonnette au canon. De gros noirs éclatent sur le bois d'Anderlu et vers la tranchée de l'Hôpital — française depuis quelques instants. Le premier bataillon qui avait exécuté magistralement son opération est refoulé par les feux des mitrailleuses. Les hommes chavirent dans ce terrain où ils disparaissent. Les cris sont innombrables et inintelligibles dans les fils de fer barbelés imparfaitement détruits par l'artillerie française et dans les trous d'obus. Le lieutenant Perrier vient de perdre une jambe. Nous nous collons dans le petit chemin qui mène du bois d'Anderlu à la tranchée de l'Hôpital. Au moment où un groupe imposant du premier bataillon se rassemble pour reprendre l'attaque suspendue, une formidable explosion l'anéantit et quand la fumée s'est dissipée ce sont des hommes qui se tordent comme des vers que l'on aperçoit à la même place, et toujours un plus grand nombre de morts.

La conquête de la partie encore résistante de la tranchée de l'Hôpital nous échoit. Les mitrailleuses qui la gardent sont infatigables et les obus français et allemands qui l'écrasent sont impuissants à les faire taire. Renforcé par nos compagnies, le premier bataillon, hélas ! bien entamé, remonte à l'assaut. Nous voici au milieu des défenses, soumis au tir effrayant d'une mitrailleuse que nous avons dépassée et négligée. Elle s'acharne sur nous et de mes dix compagnons d'armes, il ne subsiste que Cozette, Mitteau et Fruittier. Nous sautons dans la tranchée et menons à travers les pare-éclats où les Allemands se défendent un combat sans merci à la grenade. Un groupe, que je ne peux identifier, s'est élancé sur les mitrailleurs allemands et la lutte s'arrête faute de combattants. J'ai été renversé par la déflagration d'une grenade.

Dans la tranchée c'est le nettoyage en règle et dans le fond des abris des cris et des râles montent avec l'odeur âcre de la fumée des grenades qui y explosent par lots. Je retire de cet enfer un blessé allemand dont les lèvres sont pleines d'écume et je veux oublier qu'ils ont tiré en traîtres, par derrière, tout à l'heure, à la mitrailleuse, pour lui donner un peu d'eau, avec une goutte de pinard. Certainement lui non plus ne voulait pas la guerre.

Les ruses ont réussi aujourd'hui aux Allemands en plusieurs points du secteur. Aussi redoublons-nous de vigilance au retour des tranchées ou boyaux. Nous nous méfions des morts.... et les armes sont prêtes à fonctionner. La victoire est à nous, de Bouchavesnes à Anderlu. Mais à quel prix !

Encore un petit effort d'ailleurs. Nous installons nos postes de guetteurs en avant, à quatre cents mètres. Et maintenant Rancourt est là qui nous observe de ses yeux masqués par la nuit.

... Par le boyau du Trentin la section prend de nouvelles positions de combat que repèrent d'ailleurs deux albatros venus aux renseignements à la suite des opérations d'hier. Bozzon, qui était accoudé à la paroi, est blessé d'un éclat d'obus à la nuque. Ça commence bien et il n'est que huit heures du matin.

Je deviens l'esclave d'un cafard monstre. Impossible de m'en défaire. Il est plus fort que ma volonté dont je n'ai pas lieu pourtant de me plaindre depuis que je combats. J'ai peur. Je me jetterais dans le premier trou et me laisserais brûler la cervelle plutôt que de marcher. J'ai honte de moi-même, mais j'ai peur, j'ai très peur. Qu'est-ce qui me fera redevenir un homme ?

Le groupe de ravitailleurs envoyé hier vers Maurepas n'est pas revenu :

— On demande des volontaires !

Tout le monde lève la main.

Cet après-midi, nouvelle attaque sur le Priez et peut-être sur Rancourt. L'ennemi, qui a dû apprendre quelque chose, exécute des barrages. Les zouaves sont près de nous, mais épuisés et découragés.

— Nous refusons de marcher, me dit l'un d'eux.

Et les autres approuvent :

— Et nous ferons mieux : nous vous empêcherons de marcher !

— Comment ça ?

— Nous en avons assez !... et vous n'attaquerez
pas non plus... Il faut qu'ils changent leurs méthodes.

Alors, l'un, un gaillard que la boisson excitait, me
saisissant violemment le poignet :

— Si tu sors, je te brûle et tes copains aussi !

Or l'attaque est générale. Il ne suffit donc plus que
les peuples s'entre-tuent ? Serait-ce le tour des enfants
d'une même patrie ?....

Notre résolution est prise. Nous sortirons quand
même. Nous avons parlementé pendant des heures.
Puis nous apprenons que l'assaut est remis au lendemain

Mais à l'heure H, ce soir, les zouaves auraient fait
leur devoir, ainsi que leur tradition le commande, et,
comme des lions, ils auraient bondi vers l'ennemi.

... Départ général. Dans un enfer indescriptible
la ferme Le Priez est prise et nous allons mordre sur
Rancourt. Une reconnaissance des zouaves atteint la
Maisonnette, péniblement, avec de fortes pertes. Les
petits soldats tombent un à un. Mais le but est atteint.
Les Allemands reculent et nous abandonnent une nouvelle position. La terre est labourée sans cesse. Un arbre seul demeure, qui prendra, évidemment, sur les
cartes, le nom d'Arbre Isolé. C'est là notre secteur. Le
petit arbre, frêle, balance orgueilleusement la cime.
Notre emplacement est immédiatement voisin. C'est
tout ce qu'il faut pour être repéré et arrosé. La corvée
de ravitaillement partie ce matin n'est pas encore rentrée. Qui est-ce qui tombera aujourd'hui ? Le poilu
au pain ou le poilu au pinard ?

Une aube attristée s'est levée. L'adjudant Six est
tué près du P. C. du capitaine. Nuques et moi nous

creusons notre trou qui nous a toutes les dimensions d'un cercueil. Le lieutenant Fouet a été mis en pièces par un obus. Nos gros canons tirent sur Rancourt et le village que j'ai vu intact avant hier sera ce soir peut-être un amas de décombres.

Encore des morts et des blessés.

Comme elle est longue la bataille de la Somme !

.˙.

Pendant trois jours les sections améliorent leurs positions ; la première ligne est rectifiée chaque soir ; les brancardiers transportent des morts et des blessés. Il me reste deux biscuits complètement mouillés, couverts de saleté et un cataplasme de pâté de foie peu engageant.

Morty, le ravitailleur, qui est rentré de Maurepas, était mûr. Il y avait plus de gnole dans son estomac que dans son bidon.

Il a cuvé son alcool dans une quiétude absolue, même sous les bombardements :

— Y a bon ! nous glisse le sergent observateur : la relève, ce soir !

Le capitaine Desaint qui est crâne sous la mitraille et qui a hérité du chef de bataillon, évacué, ce sang-froid indispensable dans les combats pour inspirer confiance aux unités, a réuni tout le bataillon à l'est du bois Billon et, après avoir rendu un légitime hommage aux victimes des luttes récentes, a fait appel à notre esprit de sacrifice pour les luttes de demain. Dans un mouvement d'éloquence toute naturelle, avec l'émotion la plus sincère :

— Soldats du troisième bataillon ! s'est-il écrié, tous, vous êtes des héros et je vous salue !

Ce faisant il porte la main à son képi.

A ce geste nous répondons par une rigidité indomptable, les yeux dirigés vers lui, farouchement. Nos cœurs battent à tout rompre.

Ayant compris que nous sommes avec lui, tout entiers :

— Soldats des provinces françaises, pensez à ceux qui, des crêtes de Rancourt, pourraient apercevoir les flèches de la cathédrale de Cambrai, si votre effort de demain était victorieux — comme il doit l'être — et qui retrouveraient leur village et leur foyer !

A ces mots des larmes ont coulé :

— Vous êtes tous des enfants de la France et vous combattrez unis pour ramener la victoire finale sous nos drapeaux !

Ce coup de fouet reçu, nous allons en promenade dans les environs, à la rencontre de quelqu'ami, en exploration dans les batteries d'artillerie, auprès de la saucisse, en curieux.

Mais l'événement qui nous laisse admiratif c'est la création de ces « tanks », comme on les appelle et que nos amis les Anglais ont manœuvré sur leur champ de bataille. Machines-massues qu'occupent de rares hommes, qui avancent sur les terres bouleversées et sont destinées à protéger l'avance de l'infanterie par la destruction des îlots de résistance...

— Si nous avions eu ça à la tranchée de l'Hôpital, dit Vastier, les vaches ne nous auraient pas assassinés par derrière.

Il partage ma couchette, à la belle étoile, avec Bru et deux soldats. Un peu de paille dans le fond et au-dessus de nos têtes, une toile de tente accrochée à des baïonnettes. Avec ça les 420 peuvent venir ! C'est un paradis ! Et l'on peut enfin s'allonger et faciliter la circulation du sang. Pas un rhume n'est venu me rappeler que nous étions restés là-haut pendant dix-huit jours. La carcasse est solide. Tâchons de la soigner. Aussi nous dirigeons-nous fréquemment vers la coopé où, sur des tables dressées à l'orée du bois, nous avalons des verres de bon vin et des victuailles. Le soir, par contre, commence notre misère. Les Allemands ne manquent pas de nous envoyer des obus asphyxiants. La cuvette de Billon garde longtemps la nappe traîtresse moins dangereuse cependant depuis que nous nous sommes résolus à observer la discipline du masque.

La foule s'est assemblée à la messe célébrée par l'abbé Vitel, assisté de plusieurs prêtres brancardiers, devant une chapelle érigée par nos soins au creux du bois Billon A l'élévation, tout le monde s'est mis à genoux. Nos morts semblent errer dans nos rangs, car leur disparition est toute récente. Combien manqueront à la prochaine messe ? Mais, ceci est une autre histoire. Essayons de n'y point penser et vadrouillons dans la contrée, le cœur léger et la mine insouciante, et poussons jusque Bray, bourgade privilégiée, rêvée, derrière la colline, bourgade où se trouvent des civils et des femmes.

— On ira chez la belle Eugénie pour rigoler, déclare Leclercq, tout pimpant.

J'ai croisé le capitaine de la compagnie où j'entre

comme sergent. Le lieutenant Sartori m'a entraîné vers lui :

— En vous passant Pierre Basque, dit-il, c'est un peu de moi-même que je laisse partir. Je vous le confie...

L'expression de ses yeux voilés achève sa pensée.

Biave lieutenant Sartori, héros de nos attaques et de nos résistances, conseil de nos jeunes espérances, et lumière de nos sombres jours, mutilé, volontairement revenu au front, vous demeurez pour nous l'exemple du devoir et du sacrifice. On ne peut pas vous respecter et vous aimer seulement, — on vous vénère !

J'entre sous d'heureux auspices à la IIe, — nouvelle compagnie de fer.

... Sansoulet m'a dit en s'éveillant :

— Pierre Basque, nous montons demain soir !

— Oui, mon vieux, ça ne change pas !

— Qu'est-ce que nous pourrions bien faire pour marquer la dernière journée ?

— Notre testament, parbleu ! Ça sera dur.

— On va demander à Graciette.

— Dis donc, eh ! acout'chi !

— Je me disais précisément : quel est ce complot ? répond Graciette.

— Voilà : c'est bien simple. Il faudrait rire un peu, se refaire une santé, quoi ! On est abruti maintenant. On ne sait plus ce qu'est la vie. Organisons quelque chose de pas très méchant : un bon gueuleton.

— Avec quel pèze ?

— Ah ! zut ! c'est vrai ! On est à sec !

— Sale blague, dit Sansoulet en découvrant ses longues dents en un large rire, et sonore.

Il a plié la « Naçion » qu'il reçoit régulièrcment de Buenos-Aires et l'a fourré dans sa poche.

— Qu'est-ce que nous pourrions bien réunir à trois ?

Tout compte fait, après un minutieux raclage, il n'y a pas quarante sous.

— C'est maigre !

— Tu parles !

Mais le vaguemestre apporte un pli :

— Une lettre pour Sansoulet ! annonce-t-il triomphant.

Et celui-ci de regarder au soleil :

— On dirait un mandat !... Ça y est ! c'est un mandat! « Cher filleul, vous m'avez dit que le temps est affreux et que vous rentrez des tranchées trempé jusqu'aux os. Quel malheur tout de même ! Aussi ne voulant pas vous laisser souffrir davantage des intempéries voici cent francs pour acheter un imperméable... Soignez-vous bien... »

Nous nous regardons tous les trois, médusés, les yeux agrandis à l'aspect de ce papier d'un genre tout spécial. Dans les yeux de Sansoulet brille une flamme, comme l'annonce d'une jouissance ineffable.

— Il faudra tout de même l'acheter, cet imperméable, lui dis-je.

— T'as raison, fait Graciette.

— Pour sûr, fait Sansoulet. Mais ce qu'il y a de rigolo, c'est qu'il fait beau et que ce n'est pas un jour à acheter un imperméable ; ça suffirait pour faire tomber de l'eau. Et puis, il n'y a peut-être pas de magasin ici. Qu'est-ce que nous allons faire ?

Et Graciette, opportunément triste :

— Nous, on n'a plus grand chose à dire ; nous sommes des pouilleux et toi t'es un nouveau riche.

Alors, il a un grand éclat de rire — Sansoulet — et

il nous prend par le bras, et nous partons comme des hommes ivres, tant sa joie expansive lui donne de puissance en nous entraînant, en nous véhiculant presque.

Au bureau de la compagnie, on lui a avancé le montant du mandat :

— A présent, en route, les gars, on y va !

— Où ça ? où ça ?

— J'sais pas, moi, mais la cagnotte tient toujours, ça fait cent un franc et douze sous.

— Non, on ne peut pas faire ça, dis-je à Sansoulet.

— Non, on ne peut pas faire ça, reprend Graciette d'un air affecté.

Ces palabres nous ont amené devant l'auberge du lieu.

— Supposons, dit Sansoulet, que nous entrions dans un magasin de nouveautés... Suivez-moi bien... Je dis : — « Monsieur, c'est pour un imperméable ! — Bien militaire ! qu'il répond. — Alors, monsieur, celui-ci, quel prix ? — Cent francs, militaire ! — Voici cent francs, Monsieur ! — Mais, militaire, je ne veux pas de votre argent ; vous défendez notre mère la France, prenez ça et gardez les cent francs...

— Ça, mon vieux, c'est des suppositions comme qui dirait invraisemblables ! retorque Graciette.

— ... Alors je garde l'argent et nous l'utilisons ensemble !

— Oui, mais, en attendant tu n'as pas l'imperméable!

— Ah ! ça par exemple, je m'en balance ! La guerre va bientôt finir et si je dois y rester, je n'ai besoin de rien. Je me ferai ronger par les vers.

Dans la pièce réservée où nous faisons ripaille nous

sommes assez tranquilles, mais la grande salle est pleine, les serveuses disparaissent dans les bras et les jambes des poilus. Il y a des hommes qui montent et descendent à la file indienne par l'escalier qui s'ouvre près
de nous. Ceux qui reviennent ajustent leur cravate et
s'arrêtent sur les marches pour remettre leur ceinturon.
Une femme à peine vêtue annonce du premier qu'elle
arrivera pour siroter du champagne. Et quand elle
remonte elle est poursuivie par une bande de poilus
qui mettent leurs mains n'importe où.

— C'est égal, dit l'un quelques instants après, deux
thunes pour grimper et tomber dans les pommes !

— Pour le même prix, fait Graciette, t'aurais pu t'en
mettre plein la lampe, comme nous.

Un autre glisse et culbute dans l'escalier. En bas,
assis à nos pieds, il dit :

— Je n'ai plus de jambes ! Mais c'qu'on s'est gondolé
quand même ! On était à cinq et on faisait la pyramide
sur le plum' !

Le patron semble ne pas entendre et surveille son
grand chaudron à frites.

... Il paraît qu'ils ont traîné la petite laveuse de l'auberge dans la cave qui les abrite, au château. Elle était
saoule du mousseux qui coulait à pleins bords ; elle
les a suivis, en chantant, écartelée par cette bande de
combattants qui furent privés de tout plaisir pendant
plusieurs semaines de première ligne. Elle s'est trouvée
au milieu de la section, dans la nuit et l'orgie a continué
sans mesure. Ils y sont allés violemment. La petite
boule roulait sur les corps trépidants. La collecte a
rapporté pas mal de pièces de deux sous — pour sa
peine et pour son plaisir.

Carpentier est venu me secouer dans la grange :

— Pierre Basque, il faut sauver le capitaine, les officiers et tous les gradés. C'est le conseil de guerre, viens ! viens ! Pour l'honneur de la compagnie !

Je me suis foulé le poignet en me précipitant vers la cour. ·

De la cave aux mille vices, le relent monte et écœure ; il y en a qui rient, d'autres qui ont honte — ou peur. La boule noire est dans un coin, blottie, comme folle, sans un mot, ses vêtements piqués de brindilles de paille. Elle ne sait rien, ne se souvient de rien, ou ne veut pas se souvenir. Il vaut mieux cela : un cauchemar. Mottez et Dauchesne, que j'ai appelés, s'empressent d'atteler la voiture de la compagnie pour reconduire la laveuse dans son village. Dès que « Fend-l'air » est installé entre ses brancards, elle monte, pareille à un épouvantail avec ses habits qui pendent en désordre et qu'elle n'a plus la force d'accommoder le long de son corps. C'est une orpheline, dit-on. Elle a son pécule, maintenant. Aussi, pourquoi jouait-elle avec le feu, hier soir ? Pourquoi allait-elle au devant des instincts réveillés ?

*
* *

... A travers un tir serré de gros noirs, accompagné de Nuques, Fruittier, Cozette et Michel, je suis allé à Maurepas chercher du matériel d'attaque. La pluie fine ajoute à la tristesse du pays.

A l'entrée du village — de ce qui fut le village — un homme, absorbé, semble-t-il, par un bricolage sur des morceaux de bois, murmure une sorte de chant très doux sans se soucier des barrages qui se précipitent dans le ravin proche, vers les batteries anglaises.

Il taille avec insistance. Veinard de poilu qui peut ainsi se distraire loin du poste de veilleur, loin de la première ligne !

Nuques l'interpelle sans aménité :

— Quand tu auras fini, mon brave, tu tâcheras d'en remplacer un de chez nous au brin d'Anderlu...

Et, à nous :

— Y en a qui sont cocus !

L'autre lui a jeté un regard triste et las :

— T'en fais pas, dit-il; j'irai demain avec mon bataillon. Je ne suis pas exempt... Mais je peux bien faire une croix... pour mon frère...

— Ah ! ton frère ?...

Nuques est tout contrit :

— Je ne pensais pas que c'était ça... Les vaches !... Ils ont tué ton frère...

— On était dans la même compagnie. J'ai donné un coup de main aux brancardiers pour le porter ici, tout près. Le capitaine m'a autorisé à m'occuper de sa tombe, ce soir.

Après un temps :

— Sale guerre ! On y crèvera tous.

Il est natif de la Meuse.

— Je vais — puisque j'y suis — en faire une aussi pour moi. On ne peut pas en réchapper. On est sacrifié ! Voilà ce qu'on gagne dans les régiments de choc...

— On en sait quelque chose, dis-je.

Il me raconte sa vie, le départ, sa guerre... je suis

tout cela. Mais je me plais à l'écouter. Il y a plus de malheur chez les autres.

Il achève la deuxième croix. Il l'a clouée au petit bonheur. Il mettait plus de goût à confectionner la première — celle du frère...

Il se lève :

— Et maintenant, on y va...

Quels pauvres hères ne sommes-nous pas au milieu de cet horrible désert ! Les fils d'une même famille tombent un à un ; les parents vieillissent, pleurent — et meurent. On disparaît ainsi pour toujours. On enterre son voisin, son ami ou son frère — en murmurant un doux air d'autrefois — et l'on attend son tour — qui vient. Si cela continue, nos peines, nos douleurs et nos fatigues n'auront servi à rien. La guerre aura peuplé les cimetières de nos innombrables corps vidés.

... Le convoi a déchargé des outils et des armes. Les chevaux effrayés par l'éclatement des obus se cabrent et les véhicules s'enfoncent dans les crevasses d'où on ne les retire qu'à grand peine. Nous devons démêler l'amas de matériel.

— Dites donc, eh ! tas d'andouilles, vous pourriez placer votre fourbi un peu mieux que ça ! Vous vous en foutez ! Vous dormirez, vous autres, pendant que nous coltinerons tout ça !

C'est vrai ce que dit Michel. Tout à l'heure, en ahanant on montera « tout ça » vers la première ligne. On passera par le ravin d'Hardecourt. C'est moins repéré.

La corvée est terriblement arduc. Nos positions sont en ébullition et les Allemands arrosent les tranchées de soutien. Il fait bon, ici, malgré tout. Qu'est ce que nous réserve le retour ?

On fait des haltes fréquentes : c'est dur de se remettre

en route, avec la perspective de ce qui nous attend là-haut. On crie, on hurle, on maudit le sort, l'ennemi et le temps... Rien à faire : il faut arriver au but.

Un officier transporte l'un de ses hommes dont les bras sont coupés.

— Nous y sommes bientôt, va, mon petit... prends patience... ça ira... Les brancardiers vont venir !...

L'autre gémit :

— Oh !... c'est trop... c'est trop souffrir... qu'ai-je donc fait pour avoir tant de mal ? ... Ah !....

Les pansements sont rouges. Il est pâle. Il semblerait qu'il n'ait plus peur de la mort qui rôde...

— Patience... patience... mon petit... tu vas te reposer...

— C'est trop... c'est trop....

Nous marchons plus vite vers l'avant — pour ne point entendre....

***

De cet observatoire unique la vue embrasse un vaste horizon. Tous les lieux parcourus depuis un mois se reconnaissent de cette position allemande devenue française après avoir été occupée pendant quelques heures par les Anglais qui ont accompli ici des prodiges de bravoure.

Réserve des régiments qui eurent pour mission d'enlever Combles, nous avons parcouru sous les tirs de barrage la région, complètement anéantie, de Miraumont, Longueval et Morval. La lutte fut extrêmement dure sur tout le front et l'honneur de la prise de Combles revient à notre division. Les Allemands qui se réfugiaient dans les caves et les souterrains ne reculaient qu'en tirant sur les assaillants.

Quant à nous, nous pensions nous reposer en quelques lieux enchanteurs de l'Ile de France, terre promise à nos efforts — et l'appel fut au contraire pour le front. Quand nous avons traversé les bivouacs anglais, nous avons admiré et envié le tranquille bonheur des tommies autour des feux — qui n'étaient nullement discrets. Les musiques et les danses animaient ces lieux sanglants et la sévérité du moment se noyait dans la joie commune de nos amis, relevés.

Nous avons remplacé d'autres troupes anglaises sur le plateau de Frégicourt. Ce ne sont plus des paquets bleus que nous enjambons dans notre marche. Les morts sont anglais maintenant. Et l'on en compte des quantités sur les pentes de Morval où git un tank atteint par plusieurs explosions d'obus. L'odeur du sang et de la poudre, qui nous est maintenant bien familière, nous prend à la gorge, âcre, piquante, comme l'autre fois au Priez, comme l'autre soir à Maurepas, comme tout à l'heure dans Combles. Les bois sont hachés par la mitraille et la petite ligne de chemin de fer de Péronne à Bapaume est saccagée. Des wagons renversés, criblés de balles, attestent la chaleur de la lutte en ces lieux.

Il a fallu remplacer des troupes sans connaître ou comprendre les consignes. Peu d'entre nous, en effet, ont appris la langue anglaise. De sorte que nous voilà complètement isolés dans l'épouvante de cette terre noire d'où montent comme des cris d'enfants qui cherchent leur maman.

Peut-être l'ennemi est-il là, dans un creux, à quelques mètres, qui nous épie et, connaissant les lieux pour les avoir occupés pendant deux années, attend l'instant voulu pour nous assaillir ? Que sais-je ?

C'est le silence à présent, à l'exception du cliquetis des outils et des armes sur les hommes qui rejoignent leur unité en première ligne. Quelques coups de canon, une courte fusillade de loin en loin, une fusée toute confuse d'être seule sur l'immense désert où pataugent des guerriers...

Le silence. Ici et là, amis ou ennemis, on ramasse les morts. Les derniers soldats anglais sont partis la cigarette ou la pipe aux lèvres, en sifflant entre deux bouffées.

Pas de tranchées, mais de petits trous que chacun doit agrandir s'il veut s'abriter un peu.

Je suis abattu :

— Moi, je n'en fous pas une ramée, j'en ai trop pris dans les jambes... Dis donc, Nuques, fais-le assez large ton trou pour que je puisse y entrer... Je te donnerai ma gnole...

J'ai été détaché — amoureux de ma liberté — avec deux camarades — en patrouille de liaison — sur les pentes de Frégicourt. Nous rampons puis nous nous redressons et marchons avec assurance dans les chemins silencieux. Chacun d'entre nous a pris possession d'un trou sur la distance qui nous sépare du régiment voisin. Mais voici qu'une sourde détonation se fait entendre. Je suis seul. L'autre est à plus de cent mètres. Je m'étais légèrement assoupi. Qu'est-ce ? Une attaque ? Une patrouille ennemie ? Mais... c'est là, tout près !

Des cris montent lamentables dans la nuit noire. J'ai sauté hors de mon poste et je me trouve en présence, à l'entrée d'un petit abri, de trois hommes qui se tordent de douleur. Une mare de sang déjà se devine, s'étend, là, près d'eux. Je finis par comprendre. C'est une patrouille de liaison, analogue à la nôtre, qui venait reconnaître ses emplacements.

J'ai expédié les moins blessés au poste de secours et conservé près de moi le troisième qui porte une large blessure au ventre. Il implore ma pitié pour obtenir un peu d'eau, puis s'accroche désespérément à la courroie de mon bidon vide. J'ai tourné et retourné mes mains dans le sang et j'ai pansé la plaie, dans la nuit, le mieux qu'il fut possible. J'ai ensuite couché mon malheureux camarade à ma place. Il paraissait soulagé.

J'ai voulu me renseigner. Ce sont des grenades allemandes que nos hommes ont heurtées. Voilà les armes du crime ; des éclats partout et des manches déchiquetés.

— Ah ! la guerre, me soupire le blessé, c'est affreux s'pas !

— La guerre !

Puis il laisse retomber sa tête sur mon sac bourré de linge que je lui ai glissé comme oreiller.

— Si mes parents savaient cela !

Ses parents ne sauront peut-être jamais cela.

Il a poussé des cris de fauve quand les brancardiers, que je suis allé au pas de course chercher dans les bas fonds, sont enfin venus l'enlever.

Et je me retrouve seul, tout seul.

Debout, la tête dans les poings, le regard dirigé vers ce que je crois être la ligne ennemie, j'attends, je surveille et j'écoute.

Mais, ce matin, je reconnais mon domaine : ici, c'est bien le plateau de Frégicourt. En face, la ligne ennemie et le bois de Saint-Waast et Sailly-Saillisel ; à droite,

Rancourt, le Priez ; derrière, le bois d'Anderlu, Combles, Morval et toute la portion de terrain conquise depuis quelques semaines. Le tank sommeille toujours à la limite du bois des Bouleaux et le bois de Leuze tend vers le ciel des moignons suppliants.

Comme elle est dure la bataille de la Somme, avec ses nuits constamment agitées, ses pertes, ses attaques répétées, ses contr'attaques, ses surprises, ses patrouilles, ses bombardements, sa fusillade de tous les instants, la faim, la fatigue, la soif — et la certitude pour chaque poilu jeté dans cet enfer que son tour viendra de mourir ! Mais cela ne suffit pas : l'artillerie allemande recommence son pilonnage sur nos tranchées et la nôtre prépare la nouvelle attaque sur Sailly-Saillisel. Il vaut mieux le dire tout de suite : nous n'attendons plus le repos que de la mort !

De ma compagnie, je suis resté seul jusqu'à deux heures du matin pour passer les consignes aux successeurs Et puis, j'ai dévalé par les pentes, tandis que ces admirables brancardiers achevaient leur dur labeur avant de s'en aller, eux aussi, au repos.

Les effectifs du régiment logent dans quelques baraques au camp Bronfey. J'ai vu, dans les coins, des tas d'hommes, avachis, à la mine de cadavres, et puis tout cela se remuait, grouillait sous l'action des poux impitoyables.

Pas de linge de rechange. Et l'autre, je l'ai jeté dans un fossé !

Les yeux sont hagards. On y lit l'angoisse, l'éternelle angoisse. Et j'ai le cafard, comme les autres, quand je fais l'appel sur mon contrôle d'escouade. J'épie les nouvelles, les renseignements et j'essaie par là de me consoler et de m'encourager.

Autour d'un foyer immense qui éclairait nos visages patibulaires, nous avons écouté des tommies qui chantaient des airs de chez eux. Nous avons repris en chœur ceux qui nous étaient déjà assez familiers, et quand nous avons entonné « la Marseillaise » ils se sont dressés d'un bond, et puis, ils ont fait une ample distribution de cigarettes. La musique du régiment a donné un concert. Je crois que la fraternité anglo-française n'est pas près de finir, si l'on veut ne point oublier les terribles heures vécues ensemble dans le charnier de la Somme. J'ai été frappé du sang-froid de ces braves et de l'organisation de leur armée. Je les admire. Mais eux, quand ils évoquent nos faits d'armes ils sont tentés à leur tour de nous saluer — pourquoi donc ? — képi bas.

... Plus de chemise, plus de çalecon, plus de chaussettes et le linge n'arrive pas.

Après avoir grillé les parasites — opération exécutée par les trente occupants du baraquement Z à l'aide de bougies soudées à des baïonnettes — le torse nu, les souliers défaits, les jambes enveloppées dans la couverture, nous nous sommes abrités contre le froid avec notre capote et notre pantalon. Puis la longue file des camions nous a enlevés de cette contrée maudite et nous avons enfin été dirigés vers l'arrière sans demander notre reste.

Trente kilomètres ont été couverts en six heures. Au petit jour, les femmes en peignoir, les yeux gonflés de sommeil, nous observaient, curieuses, de leurs fenêtres ou balcons. Antoine se grattait la poitrine avec désespoir pour montrer aux civils que dans la Somme il y avait autre chose que des Allemands et des rats.

J'ai revu Pont de Metz et j'ai pensé que beaucoup de ceux qui furent de nos beaux jours d'août, de la fameuse retraite aux flambeaux — comme c'est loin, déjà ! — sont maintenant couchés dans leur tombe et auréolés d'une éternelle gloire ! C'était alors leur dernière chanson, le dernier sourire aux femmes, le suprême quadrille avant la danse macabre de là-bas !

... Sur l'aire argileuse de la ferme, j'ai soigneusement parqué un peu de paille, une toile et, au-dessus de ma tête, j'ai suspendu mes cuirs et mes armes. J'ai couru au train régimentaire et j'ai pu mettre la main sur mes feuillets, mes lettres, mes souvenirs, mes livres. Mon trésor est là, près de moi. Et j'ai les adresses des parents qui apprendront dans quelques jours les détails de la mauvaise nouvelle. Quand le vaguemestre est venu, tout à l'heure, les rescapés de la compagnie se sont assemblés. Et le vaguemestre n'en finissait pas d'écrire au dos des enveloppes : tué, tué, tué, disparu, tué, blessé, prisonnier, blessé... Cela, c'est le triste retour de nos chevauchées. Et quand les vides, jamais comblés dans nos cœurs, malgré les apparences, le sont par des renforts, nous repartons vers de nouveaux combats. C'est notre destinée. Qui est-ce qui pourrait y changer quelque chose ? Qui est-ce qui nous empêchera de mourir en pleine jeunesse ?

Et j'ai déplié mon calot que j'ai enfoncé jusqu'au cou, car il passe du vent sous la porte. Le sommeil ne veut pas venir. Je songe. Je veux fermer les yeux. C'est la première nuit tranquille depuis six semaines. Je ne peux pas.

Je revois — et j'ai l'enfer dans mon crâne :

— le bois Billon, son camp de prisonniers allemands,
le ballon captif affalé sur la terre glaise et strié de cor-
dages,

— les canons endormis et les canons tonnant, ceux
qui jetaient le tonnerre et la foudre,

— les avions qui livraient là-haut des combats héroïques et qui risquaient une sortie fatale dans la brume
ou dans la tempête,

— le chemin de Maricourt rempli de trous et de fondrières et réparé, de ci, de là, avec des rondins, des claies,
des débris et des ruines,

— l'à-jamais tristement célèbre... la relève du 4 septembre, sous la tempête de pluie, de fer et de feu, où
l'on heurtait tant de cadavres que c'en était une habitude — comme on disait — torturante,

— les journées d'Anderlu, de la tranchée Lafayette,
de la tranchée de Brody, de la tranchée Robinson, de
la tranchée de l'Hôpital, de la tranchée du Trentin, de
la tranchée de Frégicourt, du Priez, du Cimetière de
Rancourt, de la route de Combles, de la tranchée des
Portes de fer,

— l'attaque des fermes, des positions dites inatta-
quables de Morval, de Combles,

— les montées en secteur, les descentes, les courses
sous la mitraille,

— les soins aux camarades blessés qui nous écriront de l'hôpital ou nous béniront de leur tombe,

— les héros, ceux qui n'ont pu articuler une phrase, qui n'ont poussé qu'un cri et fermèrent les yeux pour toujours.

— l'assaut à la grenade, à la baïonnette, la tuerie, le choc de deux nations concentré en deux hommes aussi éloignés l'un et l'autre, peut-être, de l'esprit de conquête et de haine,

— l'enlèvement des moribonds pendant l'échauffourée, parfois consolés par le Christ que l'aumônier présente aux lèvres désséchées,

— le sommeil de bête, dans les trous, ou le travail acharné pour se défendre contre la mort — qui en rit,

— les larmes de rage devant une organisation ennemie incomplètement détruite et la résistance farouche à quoi répond notre farouche entêtement,

— l'inquiétude des nuits, l'énervement des aubes,

— les luttes de ruines, des îlots, le manque de secours,

— la petite tape à la joue, quand le blessé se lamente, le « T'en fais pas : on les aura ! »,

— le regard envieux au blessé léger qui s'en va vers l'arrière, le regard angoissé sur les hommes de corvée, la distribution des vivres dans les trous,

— le mélange à la terre et au sang des morceaux de pain, de viande, de fromage que, tout de même, l'on avale gloutonnement,

— l'annonce subite d'une catastrophe, le fameux « l'on demande des brancardiers ! », l'étude des points de chute des obus, des zones battues, la recherche des fusées pour l'identification des calibres,

— la fouille des cadavres, la garde des lettres, des portraits, d'un testament écrit à vingt ans,

— la surveillance anxieuse, dans la nuit,

— la patrouille offensive ou défensive, la lutte par petits groupes et le retour... «France!...où est le passage? chuchoté aux sentinelles qui se méfient,

— le sourire quand le barrage a pris fin et qu'on peut parler dans la tranchée ou dans les trous, l'attente de la relève, la reconnaissance du secteur à occuper, le retour à la débandade,

.... Et je pense à tout ce monde : brancardiers, officiers, sergents, caporaux, soldats qui ont fait magnifiquement leur devoir, d'envolée ou à contre-cœur !

C'est comme une colonne qui monte — fantassins, artilleurs, sapeurs et, plus haut, aviateurs — colonne bleu sale qui poursuit sa marche vers l'avenir en cet enfer qui l'enveloppe, tandis que le peuple extasié contemple, applaudit, s'incline et pleure.

Mais comme elle fut longue la bataille de la Somme !

CHAPITRE IV

LAMBEAUX D'ESPÉRANCE

— Ce secteur est trop calme : il n'est pas fait pour nous... on s'est trompé !

— Tu l'as dit, mon vieux, c'est pour cela que nous sommes relevés ce soir et que nous attaquerons bientôt entre Reims et Soissons... quelque part...

Nous allons donc quitter cette position de rêve, — Auberive — généralement tenue par les Russes et où nous avons échoué en suivant depuis trois mois la ligne du front partant de l'Argonne vers l'ouest.

— Vu, un train ! dit l'un.

— Un train ! répète l'autre.

Et le troisième qui traîne la patte et se plaint :

— Taisez-vous, eh ! sauvages !

Un train, quand on quitte la sombre nature d'Argonne, un train, mais c'est la vie, la jeunesse et l'espoir qui renaissent ! Un train, avec son épais panache blanc qui laisse des mots dans le ciel clair, mais cela prouve que nous effleurons les régions bénies où l'on n'est plus ni des troglodytes, ni des fantômes !...

... Les collines de l'Aisne nous reçoivent après six mois d'absence. A pied, par Livry-sur-Vesle, Canal, Vaudremont, Isse, Condé, Jâlons, Athies, Mardeuil,

Plivot, Chouly, Epernay, Ramponneau, Damery, La Cave, Port-à-Binson, Largerie, Léry, Romigny, Olizy, Brouillet, Savigny, Jonchery, Les Venteaux, Carrières de Romain.

Le froid nous a poursuivi, implacable, terrible et le pain, qu'il fallait couper à la hache, sautait en copeaux sur la route. Les cheveux gelés formaient, hors du casque, comme des stalactites. Impossible d'arriver à se chauffer dans les cantonnements sans se coller les uns et les autres, les courants d'air nous faisant l'effet d'une aspersion d'eau glacée sur le visage et sur les pieds. Comme nous sommes loin du bon lit de la maison que notre maman bordait le soir après avoir baisé notre front et décrit sur nous le signe de la croix ! A jamais soit maudit le froid qui nous plonge ces jours-ci dans une telle misère !

Il faut donc revoir notre vieille connaissance : la tranchée du chemin des Dames ! 1914 : le bois des Buttes ; 1915 : Heurtebise-Vauclère ; 1916 : Vendresse-Tordoir ; 1917 :...

Nous revenons toujours à nos premières amours. Et c'est vrai. Mais nos amours maintenant ce sont les abris passés en consigne à d'autres poilus ; ce sont ces pans de murs que nous garnissons de dédicaces ; ce sont les tombes fleuries par nos soins ; nos amours ce sont ces carrières profondes qui n'existent qu'ici, carrières où peuvent se tenir des bataillons entiers, mais qui s'effondrent aussi — et servent de sépulture aux malheureux emmurés !

Nos amours, c'est la nuit de relève dans les carrières, quand on enjambe, non sans les heurter parfois, des corps, non sans se faire couvrir de toutes les apostrophes imaginables ; c'est la petite femme qui dit invariablement « je vous aime » à tous les poilus qui l'arrêtent ; c'est l'Aisne, Beaurieux, Maizy, le bois des Buttes et ses champignons, le Moulin Rouge et le Beau-Marais, Craonnelle et Blanc-Sablons ; c'est Glennes, c'est Morval, c'est Longueval, c'est Villers-en-Prayères et son parc et ses chalands et son Chablis et, sur les tables des bistros, les romances jusqu'à satiété... Nos amours !... quelle misère !...

C'était tout de même le bon temps, parce que l'on croyait que la guerre finirait tout de suite et que Noël d'abord... puis Pâques serait fêtés chez soi, dans son petit pays. Rêves insensés que la réalité a étouffés chemin faisant. Les années passent — et la guerre nous tient au collet.

J'ai le rare bonheur de retrouver Larralde, Faisans et plusieurs autres soldats de la territoriale, dans leur cantonnement vers lequel la pluie battante et les ordres contraires ne m'ont pas empêché de marcher pendant quinze kilomètres, sur les routes défoncées. Oui j'ai voulu les revoir avant le grand coup qui s'annonce — et me saturer avec eux des ombres de mon pays et de mon enfance.

... De cet immense filet de boyaux et de tranchées montent mille souvenirs qui me sont chers et chaque point du front est une page de mon carnet, un joyau de mon reliquaire que je veux examiner autant pour haïr la guerre que pour rêver de ma patrie et lui souhaiter la victoire par le sacrifice, déjà considérable, de ses héros.

Quand je chemine vers Roussy, Ventelay, la ferme du Faité, Concevreux, en corvée, je ne peux m'empêcher d'observer, du haut des collines, le champ de bataille où nos armées triomphantes s'arrêtèrent en 1914, après la Marne. Je passerais des heures à rechercher de loin dans le bois des Buttes l'endroit où Boerner fut assommé, où je défendis avec quelques soldats, aujourd'hui dispersés au vent des batailles, le parc du château que convoitaient les Allemands. A peine est-il possible de suivre la fameuse chevauchée nocturne autour du bois pour déboucher ensuite à l'entrée nord du village qui n'existe plus...

Si je vire vers l'ouest je revois le Decauville, l'emplacement des batteries, mais les arbres sont rapetissés. Il y a du nouveau : le camp Boucheron, le camp Lerrède, le camp Kitchener ; la route de Beaurieux au Moulin Rouge est carrossable et, là, demeure, à mi chemin, toujours fréquenté, le croisement, où, blessé, j'attendis, un soir, ma compagnie pour m'y glisser, rejoindre mes amis et, fiévreux, les suivre. Oui, il y a du nouveau : le communiqué est affiché à un arbre. Et il relate aujourd'hui une grosse attaque allemande à la Butte du Mesnil et Maisons de Champagne. Les Allemands ont atteint le ravin du Fer de Lance, mais des contr'attaques menées sous une tempête de neige ont ramené l'ennemi non loin de sa position de départ. Son demi succès provient de l'explosion de mines. Et cela me rappelle les coups sourds que nous entendions du fond de notre abri :

— C'était vrai, voyez-vous, ai-je dit tout de suite au lieutenant qui n'avait pas voulu me croire.

La lutte fut sans doute atroce, là-bas.

.˙.

Au pied du plateau de Craonne, j'ai retrouvé la tombe de Lavigne, de Carty et de plusieurs de mes camarades. Oulches est détruite, mais Vassogne est plus triste encore. L'église est rasée. La maison d'école, où nous logeâmes en 1915, n'est plus que ruines. Je reconnais au passage les points de chute de certains gros noirs qui nous effrayèrent le soir de Noël. Voici le lavoir où le 25 septembre 1914 je lavai pour la première fois ma chemise salie, usée et rongée par la Lorraine, Charleroi, la retraite, la Marne et l'Aisne.

Et toujours de la neige. La lutte à coups de boules. Les soldats sont des gosses. Tout à l'heure, ils descendaient à toute vitesse, sur des wagonnets, la voie qui mène au Moulin Rouge. Des gosses.

... La foule, toute militaire, quitte l'église de Beaurieux où Monthuis a prononcé un joli sermon. C'est un beau ciel que celui d'aujourd'hui. La neige a disparu sauf le toupet blanc, là-bas, sur les hauteurs de Pargnan. Nous continuons nos travaux en deuxième ligne, dernière étape — avant le coup de chien.

J'ai quitté à regret la ferme du Tordoir où je commençais à oublier la guerre. Toutefois, je me suis rendu compte une fois de plus que partout le poilu est vulnérable puisque l'obus qui a pénétré dans la cour de la ferme a blessé le caporal Vandenbrouck, Larrouy, Sansberro et Dumay, surtout Vandenbrouck dont l'œil était arraché et le bras cassé en plusieurs endroits.

En avançant dans le bois de Beaumarais, signalés peut-être, un tir de barrage nous accueille. La ferme du Temple est l'objet d'un bombardement intense.

Ici les Allemands sont à huit cents mètres. J'ai déjà visité le boyau Hesdin, la tranchée 520, le Poste de Nemours, où se trouve ma section, avec Vandenostende arrivé récemment, Cohou, Bourrit, Bru. Nos patrouilles quotidiennes circulent entre Nemours et le bois du Bonnet Persan. Le passage est très dangereux et, en raison de l'éloignement, il y a lieu de craindre les embuscades. On y va quand même, en faisant pirouetter la canne, histoire de donner confiance et courage aux bleus qui complètent les effectifs. Dans le marais, du bois Triangulaire au poste d'Annecy, il a fallu donner la chasse à une patrouille ennemie. La nuit, les pistes sont visibles ; on abandonne les boyaux, mais il faut avoir l'œil fin pour ne point culbuter dans l'épais réseau de fil barbelé.

Bru, ne s'est-il pas mêlé de chanter dans le bled « Quand nous reviendrons de la grande guerre » ? Je lui ai adressé une verte semonce et, à mon tour, désarmé par son irrésistible gaieté, j'ai repris sur le même air, mais moins fort « Et quand viendra Mai, ô ! ma tendre amie... ! » Ainsi, nous étions quittes. Cela nous écarte du domaine du cafard. D'ailleurs, plus loin, Fournier, Beauquis, Vandenostende, Mazy, Prioux sont en fête dans un abri de quat'sous couvert de tôles.

Nous découvrons la plaine de Corbény, le bois de l'Enclume, la route 44 et la côte 108 de célèbre mémoire. Pontavert, derrière nous, gémit par ses mille plaies sans cesse mises à nu. Les Allemands ont exécuté sur les éléments voisins un coup de main qui fut précédé d'un très violent bombardement. Nous nous attendions à ce qu'il s'étendît jusqu'ici, en raison de l'acharnement qu'ils mettaient à démolir nos tranchées et nos réseaux de défense. La liaison a fonctionné pour les mesures préventives par le truchement de Lecointe, Méranc, Pelé, Pentavy, des as de la transmission.

Des incendies s'allument en région ennemie vers Laon, vers Juvincourt et Amifontaine :

— Ils vont partir, vous verrez ! dit un nouveau.

Mais Beauquis, avec son flegme :

— Pour qui les connait, c'est une ruse de guerre !

— Ils ont bien battu en retraite à Ham et Nesle... Si on les menace ici, pourquoi ne s'en iraient-ils pas ?

— Compte là-dessus !.. et regarde le plateau !...

Tout de même, à part nous :

— Si c'était la retraite, nous n'aurions pas besoin d'attaquer... quel filon ! marcher, marcher, sans combat, quelle chance !

Un barrage salé nous rappelle que les Allemands sont encore là !

Quelqu'un me dit alors :

— C'est peut-être les derniers coups avant de mettre la batterie en route pour la retraite... de la poudre aux yeux, quoi !

... Les préparatifs importants que notre armée exécute ont éveillé l'attention des Allemands qui depuis quelques jours font des barrages sur les routes, les carrefours, les P.C., les dépôts et les voies étroites.

Sannier rejoint la section après douze jours d'absence :

— C'est pas intéressant d'être à l'arrière. Ils viennent de tuer des civelots à Maizy. Pour un retour de permission, c'est fameux !

— Mon vieux, tu tombes bien ! dit Beauquis. Tu vas prendre la garde, ce soir, au poste d'écoute du Bonnet Persan.... Ça te changera !...

— Je veux bien... la permission c'est déjà de l'autre histoire... Ça me remettra les idées !

De nombreux canons sont placés sous les camouflages. Des escadrilles vont et viennent essayant d'interdire l'accès de nos lignes aux avions ennemis. Les ballons captifs émergent de l'horizon. Ce déploiement de force nous aguerrit. Toutes les armes se mêlent dans les bois, les canons se heurtent et les wagons de Decauville déversent des quantités d'obus de tous calibres.

...Par ce beau jour de printemps les jeux de carte vont leur train, sous les arbres. Un ruisseau chante son éternelle chanson. Là-haut un avion allemand vient d'être mis hors de combat par l'un des nôtres et le voilà descendant comme un paquet de journaux en flammes.

*
* *

Chaque soir, chaque matin, des reconnaissances s'élancent vers la tranchée ennemie. La lutte est permanente Il faut ramener des prisonniers, mais les Allemands sont inquiets et lancent aussi des reconnaissances et ce qu'ils ont à maintes reprises tenté ici, ils l'ont hélas ! réussi vers la côte 108 et l'échec fut cuisant pour nous.

Que nous réserve demain ?

Arrivés au bout des préparatifs, ce sera l'assaut. Tout y conduit : les téléphonistes qui placent leurs poteaux et leurs fils ; les artilleurs qui installent leurs pièces ; les territoriaux qui créent des voies étroites et élargissent les chemins ; les sapeurs qui confectionnent des passerelles et des échelles de départ ; les régiments de réserve qui creusent des boyaux, ouvrent des pistes...

Du centre de Poitiers au centre de Toulon et à la côte 120 c'est la même fièvre, et si forte qu'on ne pense même plus à s'abriter pendant les barrages. Maillet et Bélard sont tués, Rose et Ambroise sont blessés. C'est un seau à charbon qui a fait cela. Je l'avais vu monter de la plaine de Chevreux dans la direction de notre tranchée, et nous nous sommes tous jetés à terre. L'inévitable est arrivé. Or cet ouvrage, dit du chemin de fer, est le point de mire des Allemands parce que plusieurs boyaux y convergent et que des munitions y sont entassées en vue de l'attaque prochaine. Soixante-six de nos lance-torpilles garnissent la première ligne. Alors ?

— Tiens un arbre ici ?

C'est un observatoire, un arbre en fer, camouflé. On pense que les Allemands le connaissent.

... Dantel s'est arrêté souffrant à la piste 2 :

— Tu peux tout faire, va, tu n'y coupes pas pour la voltige ; tu vas venir boire la goutte là-haut avec les copains — et avec ton clairon encore !

Bru ne change pas ; mais il était moins fier hier soir quand il a été surpris sans arme par une patrouille ennemie, dans l'interligne. Et tout à l'heure encore, il fallait l'entendre jurer les grands dieux et déclarer que si le Kaiser était là !... je vous fais grâce des supplices qu'il lui infligerait... s'il était là !...

Le secteur est inondé. On a dormi dans l'eau. Le ravitaillement est rendu très difficile par les tirs de harcèlement que les Allemands ne manquent pas d'exécuter sur les arrières. Aux points de concentration, on compte de nombreux blessés. Dès que la nuit tombe, la surveillance redouble. De gros mortiers ont fait des essais sur Chevreux, auxquels d'ailleurs un lance-torpille allemand a répondu vingt-six fois sur l'ouvrage du chemin de fer, pendant que nous réparions les dégâts de la journée.

Oh ! cet ennemi toujours prêt à la riposte, jamais las, jamais surpris !... Comme il sera cruel le combat que nous devrons mener de notre initiative quand l'heure H aura sonné !

Voici encore un barrage sur la piste de Calais où les fils téléphoniques enchevêtrés ralentissent notre acheminement. Au champ d'Asile, même aspect. A Guizy, on respire. Il est cinq heures du matin quand nous débouchons à Romain dont nous occuperons les carrières en attendant le grand jour !

Cinq heures du matin. Où donc est la discipline des heures ?

... Le lieutenant Derville, de l'état-major du colonel, officier fort sympathique, nous a dit :

— Bonne chance !

— Mauvais cirage ! dit tout bas Larpant.

Et l'on remonte vers le bivouac de Meurival, la tête basse. Dans la cuvette fourmillent les voitures, les chevaux, les hommes, dans un complet mélange ! La sauce est à point. Quelle catastrophe si cette armée était l'objet d'un bombardement !

De la côte 189, nous observons le pilonnage préparatoire sur les lignes allemandes, des hauteurs de Soupir à la plaine de Reims. La grande offensive est proche. Nous le savons. Ce sont de gros nuages au mont Doyen, à Juvincourt à la ferme du Temple, à Corbény, sur la route 44, à Vauclère, à Craonne, à Oulches, à Heurtebise, à Vendresse, à Soupir. L'enfer a visité la terre. Et nous le verrons demain. Dieu veuille que les organisations ennemies — qui sont extraordinairement perfectionnées — soient assez chambardées pour ne plus nous opposer de résistance. Ce serait un beau jour si toutes ces longues théories de voitures qui vont se tasser vers le front pouvaient poursuivre leur marche en avant et remonter vers le nord ! L'avion défend le ballon captif, prospecte et attaque.

Les Allemands ne sont pas moins actifs. Ballons et avions se communiquent des flammes. C'est enfin la distribution de panneaux de jalonnement, de poignards, de grenades, de cartouches, de linge, de sachets de vivres, de potage en conserve, de pâtés, de sardines, c'est l'ajustement des cuirs, l'inspection des armes, la revue en tenue d'attaque, sans sac, toile de tente et couvertures roulées.

Un mot sur la carte officielle : « Baisers. Souvenir. En avant ! »

Aussi loin que la vue peut s'étendre c'est le feu, le feu qui prépare la poussée d'une armée et d'un peuple vers la délivrance. Les tanks français avancent. L'espérance renait, puis nous abandonne. Pourquoi cette crainte ? Pourquoi ces ressauts ? On nous ordonne de foncer : fonçons ! Et c'est pour recouvrer la liberté !

***

Les quinquets posés le long de la piste nous ont conduit sans incident jusqu'à nos positions, au sud de Craonnelle. Une pluie fine nous harcèle sans pitié. Jaspy et Faunet ont été tués par l'éclatement de leurs propres grenades dont les goupilles se sont détachées. En voilà qui ne verront pas le beau jour.

5 heures 45.

Les hommes accroupis attendent, silencieux.

— Tenez, Pierre Basque, lisez ça ! me fait le lieutenant Fournier en entourant son cou d'un mouchoir de soie tricolore.

De ma plus forte voix, sans esprit revanchard, mais

parce que je sens venir l'heure de la justice et de la délivrance, froidement, en scandant les syllabes, je lance l'appel au troupeau de martyrs. Ma voix emprunte à l'écho des forêts un incomparable éclat. L'écho m'a fait trop grand pour le soldat que je suis :

— Haut les cœurs — et vive la France !

Aucune réaction. C'est froid comme les gouttes qui creusent notre peau.

Mais le roulement des canons semble souligner ce cri d'espérance et de foi. Tout un monde de guerriers pullule, prêt à l'avance, et de grands branchages ornent les batteries légères — comme autrefois pour Berlin.

— En avant !

Le tambour-major Leveau joue de l'ocarina et les prêtres-soldats bouclent les confessions à la six-quat'-deux parmi les colonnes d'assaillants :

— En avant !

Là-haut, les troupes d'attaque grimpent sous le déferlement des tirs de barrage ennemis. Ils s'en vont, les braves, à la conquête du ciel, tant c'est haut cette tranchée du plateau qui commande à la vaste plaine. On les croirait voir s'agripper à des remparts de citadelle. Et ceux qui roulent, ah ! ceux-là, sont nombreux ! On n'avance pas. Et nous avons la mort dans l'âme. Cependant nous poussons, nous poussons toujours dans l'espoir que la ligne d'attaque s'ébranlera sous notre effort même.

Mais, là-bas, la résistance est brutale. La surprise n'existe plus. Les tanks, qui ont couvert la marche de l'infanterie sur le tapis de Corbeny, sont immobilisés dans l'encadrement sans cesse renouvelé des explosions meurtrières. Une illusion est morte certainement pour ces admirables poilus livrés aux feux des mitrailleuses sans qu'ils puissent espérer des mastodontes d'acier l'écrasement des Allemands invisibles. Sur la crête de Vauclère la ligne française se réduit à chaque bond et les hommes chavirent en jetant en l'air leur fusil-baïonnette comme dans une fantasia où la mort commande en bourreau.

— Pourtant, moi, je crois que ça va ! dit Aucoin.

— Mais non, ça ne va pas ! lui répond l'ordonnance du capitaine. Si ça allait, on ne serait pas entassés comme à la foire et puis il est déjà six heures et demie et nous devions être sur l'Ailette...

— Et ce soir au château de la Bove !

— Tu peux toujours courir.

J'aurais voulu, pourtant, me donner la grande joie de voir ce paysage si longtemps caché à mes yeux par le formidable plateau : là-bas, c'est Laon et tout un vaste domaine du pays de France. Pendant longtemps j'ai collé mon visage à la terre d'Heurtebise, de Foulon et de Vauclère, sans pouvoir plonger du regard dans la vallée qu'elle cachait jalousement.

Et cette brume qui enveloppe maintenant le sommet des collines ajoute à notre anxiété.

Soudain les batteries légères décorées de branchages se replient. Une immense vague de tristesse dissipe la brume. Nous avons compris. C'est fini.

Par leurs barrages précis, serrés, par le développement de leurs organisations de défense, les Allemands qui ne veulent pas encore croire à l'injustice de leur action nous interdisent les routes de notre pays et couchent nos frères sur leur propre sol. Nos poilus étaient si beaux à l'attaque que les ennemis eussent dû au contraire leur frayer un passage en présentant les armes... Naïve considération ! C'est fini. Bien fini.

Pourtant c'est admirable, cette force morale, quand

il s'agit de reprendre un lambeau de la patrie. Mais nous avons été trop confiants. L'Allemand ne l'a pas compris ainsi. Tant pis.

Sur une étendue appréciable vers l'Est la première ligne allemande est enlevée. L'ordre nous parvient de nous tenir prêts à attaquer à notre tour pour achever et consolider la conquête.

Les pentes qui descendent vers Craonnelle fument sous l'avalanche des obus ennemis. Là est notre passage. Nous serons morts avant. C'est par rafales de 10, 15 ou 20 obus que l'ennemi nous accueille maintenant. J'ai confiance, quand même, parce que sur tous les champs de bataille où j'ai traîné ma besace c'était la même chose et que nous avons forcé, quoiqu'il nous en coûtât, la victoire. Je consacre quelques minutes à la visite du petit cimetière de Craonnelle, au centre du village, où reposent quelques vieux lointains amis, sous des croix vermoulues qu'enjolivent des cocardes. Devoir de se souvenir des autres, oui, même en pleine bataille — et je reprends ma place au talus que frôlent les obus dans leur descente vertigineuse vers le fond. Des territoriaux aux cheveux blancs transportent les munitions. L'ennemi n'a aucun égard pour l'âge. Ils tombent, comme nous, mais combien nous les plaignons !

Le deuxième bataillon monte à l'assaut de la tranchée du Balcon et quelques heures après passent au milieu de nous une soixantaine de soldats de la Garde Prussienne qui conservent une allure fière et hautaine, une allure de vainqueurs.

Nous sommes arrivés à la crête d'où tout à l'heure peut-être nous nous élancerons vers le plateau. Il est difficile de comprendre la manœuvre quand on est perdu dans une section de l'avant. C'est l'attente angoissante sous les barrages sans fin.

Tandis que j'enfonce ma tête dans la terre, je m'entends appeler au bas de la pente :

— Tiens, voilà Bidart ! dis-je, qu'est-ce qui te prend ?

Bidart est resté, comme père de famille nombreuse aux cuisines, ordre supérieur. C'est le type de l'homme dévoué jusqu'à la mort, mais que fait-il en ce jour, ici, où il ne doit pas être ?

— Où est le Commandant ? demande-t-il.

— Là, dans un trou... Mais tu vas bien vite retourner à tes cuisines... Qui t'a commandé de vadrouiller ici ?

— J'apporte le caoutchouc du commandant. Il pleut, vois-tu, on ne peut pas le laisser comme ça... il attraperait quelque chose... surtout pour aller loin...

Mais je vais mettre à profit cette intervention de Bidart :

— Ecoute... viens...

— Voilà...

Puis, sous une rafale, tout doucement, il me dit :

— Ça chauffe dans ce secteur... vous en voyez de cruelles, n'est-ce pas ?

— Pour sûr... on n'en sortira pas vivant.

— Faut pas dire ça...

— Dis-moi, mon vieux... je ne sais pas où nous allons... mais je vais écrire quelques cartes... très vite...

Un lourd projectile anéantit toute une pente de la croupe voisine :

— Quelle guerre ! me fait Bidart.

— Tiens... ces cartes... vois-tu... j'y ai mis des dates successives... tu vois... mets-les à la poste... l'une après l'autre... dans l'ordre... ma mère en recevra ainsi chaque jour... ça ne paraîtra pas, notre absence...

— Ça c'est bien trouvé... mais s'il t'arrive... oh ! je dis ça manière de parler !... toi, tu es verni !... Tu en sortiras...

— Maintenant, Bidart... va-t-en, n'oublie pas mes cartes... Et si tu retournes bientôt au pays, en perme, dis leur qu'on a fait ce qu'on a pu... et que tu nous a vus au pied du mur... et qu'on tenait le coup...

Il hésite :

— Certes... oui... je leur dirai... A propos, tu sais... Maïtena... elle est bien malade... j'ai eu des nouvelles... ça te fera quelque chose... je sais... mais on a la tête écrasée ici... le cœur ne souffre plus... est-ce que tu ressens quelque chose ?

— Non... je n'ai plus de pensée... rien ne me trouble plus... c'est si loin, tout cela... à quoi bon... regarde ce qui nous attend...

— Il est terrible, en effet, ce plateau...

— Tu me dirais même qu'elle est morte... la malheureuse... je suis insensible... un animal, mon vieux, rien que ça...

Un cri déchire l'air :

— En avant ! En avant !

Sombrées, les confidences. Que nous sert-il donc de faire du sentiment ? Nous allons au carnage.

... Enfin, nous avons atteint la tranchée du Balcon d'où les Allemands firent une hécatombe de nos camarades. Parbleu ! les abris débouchent dans la tranchée et celle-ci domine la plaine. Le tir de défense était infaillible et nos bombardements sur de pareils abris restaient impuissants. Les morts, dépouillés de leurs vêtements par les déflagrations, remplissent la vallée qui s'étend de Craonne à Vauclère. Il y en a un qui s'est mis en travers du ruisseau, comme un barrage. On peut tous les observer, de près. Ils sont là à quelques pas de la tranchée du Balcon, sous le balcon et chaque heure qui passe consacre leur destruction, tant l'ennemi s'acharne à écraser les cadavres.

Ceci me donne à penser au sort de Maïtena qui peut-être s'en est allée déjà reposer pour toujours dans le cimetière lointain de son village... Ai-je le droit de m'attarder à cette évocation, et tous ces morts aussi ne sont-ils pas miens ? Hélas ! ici, pas une fleur, pas une branche... pas une larme... rien que la torturante sérénade des obus et des balles...

*
* *

— C'est pour quatre heures !...

— Qui est-ce qui a dit ça ?...

— Gennequin, le caporal brancardier, qui le tient de Pinet.

Objectif : la tranchée des Sapinières, afin de rejeter l'ennemi du plateau sur lequel nous mordons. Les boyaux de Necker et de Stauffen étant nivelés il faudra pousser la charge sur le découvert. Vauclère, à gauche, a la forme d'un dos de chameau ; il est encore occupé par l'ennemi. Notre abri résiste au barrage intense qui s'exécute avec une persévérance démoralisante. De concert avec l'aspirant Lehideux et Portenseigne je prépare les munitions. Le lieutenant Fournier est à côté.

Puis, le bombardement français se fait formidable et l'ennemi ne semble plus vouloir répondre. Que nous cache ce petit jeu-là ? Je regarde une dernière fois les lettres, les portraits. Je tremble. J'ai peur comme les copains. Et je chante. Et le cafard revient. Une explosion. Des blessés à la section voisine... déjà !

C'est incroyable les difficultés qu'on éprouve à quittes un coin béni. On oublie toujours quelque chose. Le fourniment s'accroche, se met en travers, vous heurte. Un poilu vous croise qui a perdu le nord. Enfin l'on arrive à la parallèle de départ où se dressent les échelles. De la main, je salue les amis, Vandenostende, Bru, Cohou, Bourrit, Fernandez, en riant bien fort. Et dans le tréfonds de moi-même, ça pique...

... Et maintenant c'est fini avec les mauvaises idées.

Deux hommes élèvent la voix :

— Vaudoil, tu peux dire tout ce que tu veux, mais moi, je crie « Vive la France ! »

— Et pourquoi que je le crierais pas aussi, moi. T'as pas le monopole !

Nous avions commencé la « Marseillaise »...

Moins une.

Pas de « Marseillaise » aujourd'hui. Les gars sont tristes.

Les baïonnettes pointent vers le ciel.

En avant !

C'est une ligne à perte de vue qui démarre à présent, zigzague, disparaît, se redresse, se tord — et se heurte, là-bas, à la 10e, à l'ennemi qui est sorti de sa tranchée. Le corps à corps se déroule, mais nous n'avons pas le temps de voir. D'un seul bond, nous franchissons les cent cinquante mètres. Et nous voici dans la tranchée des Sapinières, au milieu d'une plaine qui nous obsède. Tout le front de la section tient en trente mètres ; nous avons rompu la liaison avec les groupements de gauche et de droite qui n'ont pu progresser à notre hauteur et nous voici seuls avec des fusées pour réclamer de nos 75 l'allongement du tir. Le lieutenant est blessé d'un coup de feu tiré d'enfilade. Je prends le commandement de la section. Debout sur le parapet, je donne des indications à mes hommes et les installe aux points importants suivant les aptitudes et les fonctions de chacun. A nos deux ailes, des groupes gris s'avancent et nous bombardent de grenades. Ma carabine ne me suffit plus, je fais comme eux, je lance des grenades. L'aspirant Lehideux qui a rallié le groupe se dresse près de moi et, la tête fracassée, retombe entre mes bras, sans un râle. J'ai essayé de le retenir par ses beaux cheveux blonds.

— Tu es fou, Pierre Basque !...

Et l'un des poilus de m'arracher à la mort par un coup violent sur mon tibia ! Alors, je descends dans la tranchée, les fusils mitrailleurs et les grenadiers étant aux prises avec les Allemands en combat singulier. J'interviens, comme il est de mon plus élémentaire devoir.

C'est un blockauss qui résiste maintenant, à gauche, blockauss qui vient d'anéantir la section voisine. Où sont les Hilde, les Vandenostende, les Brunel, partis avec nous pleins de confiance ? Les casques allemands volent dans l'air, dans le feu du combat. Je ne peux pas distinguer les héros parmis mes hommes, car ce sont tous des lions.

— En avant !

Ci-git le chemin des Dames.

Le blockauss résiste. Une nappe de balles passe.

Vingt hommes sont tombés sur quarante. Il y en a qui crient dans les trous et demandent un secours impossible. Judes est tué en sautant sur le parapet. Les Allemands, qui ont vite mesuré notre faiblesse maintenant que nos hommes tombent et que nos munitions manquent, dessinent une contre-attaque. Je ne peux comprendre qu'ils aient tenu dès le début que par l'existence du tunnel des Sapinières où s'étaient réfugiées les réserves au moment de l'attaque et des bombardements qui l'accompagnaient. Nos beaux grenadiers sont morts et je ne peux rien pour eux.

La fusillade s'intensifie.

— En avant !

Pas de réponse.

Aucun mouvement.

Nous sommes pris. Quand je lance une grenade ils sont dix à répondre. Ma tête brûle. Je n'ai plus de cartouches. Je lance mes dernières fusées. Tandis que je dépouille les morts de leurs munitions, je reconnais, dans le fond sanglant de la tranchée, Raspilaire, Corbeau et l'ordonnance du capitaine. Lecointe s'est fait écraser la tête en esquissant un signal vers la première ligne.

— Revenez, vous êtes seul, m'avait-il dit; vous êtes en pointe !...

Là-bas, les ravitailleurs dirigés vers nous s'effondrent sous leurs caisses.

C'est fini. Mais les Allemands n'avancent pas. Guéroy, Vandame, légèrement blessés, lancent leurs dernières grenades, et me font signe qu'ils s'en vont. J'ai jeté au vent mon sac, de récents feuillets, des lettres... adieu ! Voilà pour vous, mais pas le reste !

Des ombres se glissent à droite, à gauche, en avant. Plus qu'une ressource : tâcher de revenir à la parallèle de départ où l'on nous appelle. C'est alors dans ma direction un faisceau de balles. Il n'y a plus d'autre cible. Je suis seul. D'un trou à l'autre, je roule, comme un homme saoul — ou plutôt touché — amoché — mort. Les deux derniers copains chavirent en voulant me rejoindre. Dès que mon casque apparaît au niveau de la lèvre d'entonnoir, c'est le déluge... Heureusement le 75 alerté donne-t-il à fond sur le blockauss. Qu'importent les coups qui tombent près de moi ! Ils en prennent davantage, ceux d'en face.

A un signe que je lui fais de loin le poste de 37 ouvre un feu nourri sur la tranchée allemande. Je sais en effet qu'il n'y a plus un seul français vivant dans cette zone d'épouvante. Chaque mètre franchi, les pieds en l'air, me vaut une salve rageuse qui part du blockauss. Des paquets bleu horizon dorment partout dans l'interligne. De la parallèle du départ quelqu'un agite désespérément les bras pour me faire rentrer. Il semble que je quitte à regret le voisinage des morts dont personne peut-être, au milieu de ce bouleversement, ne recueillera les restes et les derniers souvenirs. Je voudrais les rapporter un à un et faire l'appel des héros, dans la zone abritée où l'on donne des soins aux blessés, au fond de la tranchée du Balcon...

Une contr'attaque puissante débouche à l'extrémité du plateau de Californie ; elle aborde les points stratégiques dont la perte peut être fatale au régiment, au corps d'armée — à l'armée tout entière. Alors, tout le monde s'est levé : blessés, agents de liaison, brancardiers. Le rempart s'est dressé. On ne regarde plus le précipice qui se déroule derrière soi : on lutte ! Débauche d'héroïsme où le plus héroïque est inférieur à son voisin.

Le commandant Ducamps est tué avec la majeure partie des officiers et mon très cher lieutenant Sartori tombe, beau comme un dieu, après avoir interdit la position et abattu plusieurs agresseurs. Sartori ! Nom béni qui ne périra qu'avec moi ! Sartori, notre père au cantonnement quand nous étions prêts à faire des bêtises, notre frère, là-haut, quand il nous fallait le viatique, quand les forces commençaient de nous abandonner. Sartori, mon cœur — ulcéré — n'est pas mort pour vous... ah ! laissez-moi sangloter un instant...

Ciotti, tué — et tant d'autres. Mais ils ne sont pas passés. Les rescapés ont reflué vers leurs lignes. Le plateau de Craonne n'est pas allemand.

O ! morts très chers qui reposez dans cette terre désolée, soyez tranquilles : nous irons vous chercher... peut être ce soir. Nous vous enterrerons à Craonnelle et nous demanderons à la générosité française, qui est sans limites, de daigner décorer vos croix de couronnes d'immortelles.

Vous m'êtes d'autant plus chers que nous nous étions promis de défiler bientôt, ensemble, sous l'Arc de Triomphe, puisque la guerre devait finir. Vous étiez partis en chantant pour défendre la liberté. Puisque mon tour viendra, je demande à Celui qui demeure qu'il m'enlève comme il vous a enlevés. Alors, un jour, je passerai au milieu des survivants, cassé en deux, dans une toile de tente et je dormirai pour toujours dans la terre que j'aurai défendue.

O ! morts très chers, vous êtes bien plus nombreux dans mon esprit ravagé que les vivants au milieu desquels je me débats. Vous êtes l'armée la plus formidable du monde. Nous sommes le déclin, vous êtes l'espérance. Puissent votre nombre et votre puissance dicter un jour la paix dans la fierté et dans l'honneur !

.*.

Malade — j'ai obtenu de l'adjudant la faveur de me coucher au pied de l'abri bétonné qui déjà abrite des blessés. La fièvre m'a conquis. Ma vue s'est troublée. Je grelotte sous les rayons du soleil. Cependant je crois goûter une sorte de béatitude après les heures mouvementées qui viennent de s'écouler. Puis des pensées se croisent et se heurtent. Tous mes amis sont autour de moi — qui sont morts. Je crois les caresser, leur dire avec des hoquets « Pauv' vieux... Pauv' vieux... »... Il ne m'en coûterait plus d'être des leurs. Ce serait un soulagement sans doute ?

Pourtant, il y a, bien loin, ma mère...

Lors de ma permission j'admirais son courage et son énergie — sans pareils. A mon départ point de larmes. En me parlant elle remplissait mes poches de toutes sortes de choses. Verrais-je une autre permission ? Je disais toujours « au revoir ». Les personnes du voisinage s'émerveillaient devant mon indifférence — affectée. Je fis une promenade autour des allées de la République et de la place centrale. A l'entrée de la rue Thiers je croisai des poilus prenant le départ — comme moi — mais suivis — alors que j'étais seul — de parents et d'amis enclins à pleurer.

Testelin que je rencontrais pour la première fois depuis la mobilisation s'était fait accompagner par son père — un brave facteur — et quand, sur les trottoirs, on lui exprimait des vœux il se détournait...

Nous nous arrêtions aux fenêtres où toute liberté nous était accordée d'embrasser les gentes couturières— nos amies d'enfance. Les non-mobilisés de la chorale laissaient éclater pour nous leur belle voix qui nous rappelait d'heureux jours.

— Voyez à soigner nos femmes ! leur criait-on de nos rangs, près du collège.

La foule s'était déjà amassée — en ce jour de foire — dans le hall étroit de la gare. J'étais seul dans ce bariolage de costumes et je ne me sentais plus en pays de connaissance. Beaucoup de vides parmi mes amis... les jeunes s'étaient formés sous la cruelle nécessité des temps... les aînés avaient vieilli avant l'âge. On essayait de tuer la tristesse en vidant des bouteilles.

Mais Testelin, que son père enveloppait de regards tendres et apitoyés, disait :

— Adieu... je n'en reviendrai pas...

Son père encadrait de ses mains qui voulaient être douces son visage déjà plein de larmes :

— Ne dis pas cela, mon garçon...

— Mais, non, papa, il n'est pas possible que j'en sorte. Je vais rentrer pour attaquer...

— Voyons, mais... tu ne peux pas trouver une place à l'arrière... n'importe quoi... pour ne pas être si exposé?...

— Je suis trop jeune... Il faut y passer.

Le pressentiment.

— Il n'en reviendra pas, pensai-je.

Je me sentis comme accablé et je me dis aussi :

— Il faut y passer...

Mais tout de suite je fis un geste — comme pour me débarrasser d'un mauvais songe.

Par la portière, je détaillais tous les aspects du pays. Le mont Vivier, avec son chalet vermoulu, me rappelait mes douze ans... quand nous roulions jusqu'à la vallée de la Joyeuse... Je devinais plus loin la redoute et ses fossés que nous attaquions vigoureusement quand nous étions des écoliers. C'était notre joie de guerroyer ! Après quoi le châtelain du lieu nous invitait à prendre un peu de vin dans une grande salle aristocratique gardée par des dogues au collier épineux.

Je devinais aussi les riants villages que nous troublions de nos cris et de nos chants quand, plus grands, nous assistions aux fêtes et refêtes... Les grosses omelettes que l'on mangeait sous les acacias... Et en apothéose... de jolies brunes qui nous invitaient à danser au son d'un phonographe...

Là-haut Saint-Sauveur dominant toute la contrée — et Orsanco, avec le manoir de mon grand'père, au milieu des maïs, des prairies et des bois — et la source où nous allions nous mirer, et laper l'eau cristalline...

Dans le creux, le Jeu de Paume où Cazenave, le ténor, chanta un jour, au seuil de sa renommée, les « Sept-Provinces-dans-une » et l' « Arbre-de-Guernika »— où s'entraînèrent — avec des pelotes — les grenadiers d'aujourd'hui...

En maint village aux maisons blanches les sandaliers chantaient aussi — comment ne pas chanter sous le soleil ? — autrefois... autrefois... avant le déluge — en modelant les semelles de chanvre.. .

En ce temps-là nous parcourions la contrée, ne craignant rien, rompant les haies et les buissons, ameutant les badauds, mettant en fuite le bétail. Nous faisions du cross. Nous tenions compagnie aux pêcheurs qui, sous les noisetiers que nous dépouillions, attendaient patiemment le goujon et la truite — en souhaitant notre prompt départ.

A la fenaison, à la moisson, nous étions des manouvriers bénévoles — plus occupés d'ailleurs à rire —; mais à la cueillette du raisin ou des cerises ou des nèfles nous devenions la terreur des métayers qui nous eussent payés cher pour se passer de nos services.

Nous chantions sous les fenêtres du presbytère et parfois la voix de stentor du vicaire nous enjoignait de disparaître. Et le lendemain, vers midi, nous foulions sa demeure où le vin nous était — quand même — servi par la gouvernante qui avait toujours le sourire

Sportman, poète, acteur, noctambule, troubadour nous étions cela tour à tour... et point de noce qui ne fût — sans invitation aucune — le terminus de nos randonnées.

A la sortie du cours d'adultes nous nous allongions quelquefois sous un reverbère pour jouer aux cartes. Nos exclamations jetaient l'émoi dans les chambres paisibles et à l'abri des persiennes bien des voisins lançaient les pires imprécations vers nous.

Les trouble-fêtes que nous étions ne trouvaient grâce qu'auprès de quelques vieux amis, des maîtres, qui nous disaient « nous avons fait ça aussi — et plus fort — autrefois » !

Les baladins — de notre groupe — préparaient chaque année la fête communale avec l'arc de triomphe à l'entrée de la place, les parties de pelote à chistera ou à mains nues, le mât de cocagne — vertical en face la mairie — horizontal sur la rivière — la course aux sacs, aux grenouilles, aux œufs, où certains bohémiens spécialistes décrochaient des prix qui leur valaient de vastes libations sous les ponts et dans les impasses.

Les montreurs d'ours faisaient sonner leurs lourdes

chaînes et Martin — l'ours — indiquait en se renversant comment les femmes sans tenue gagnent leur vie à Paris.

Le chevrier appelant ses clients avec son sifflet nous voyait accourir — non sans appréhension — pour lui servir de valets. Dans les verres le lait coulait vaporeux et mousseux et nous réussissions parfois à en tirer nous-mêmes — en nous faufilant entre les chèvres. Or une gorgée — à son insu — comme c'était bon, dans le verre du client !...

Sur la rivière la plus accessible se tenait une barque où l'eau filtrait à la longue. Cette barque, on la vidait à grand renfort de casseroles. C'est à cette condition seulement que l'on nous autorisait à nous promener. Nous battions le rappel en ville et le dimanche avec les jeunes filles nous allions jusqu'à la nasse prochaine. Ces pauvres créatures emplissaient l'atmosphère de leurs cris épouvantés lorsque l'embarcation tanguait par trop sous nos criminels efforts.

...Le ciel était engageant. Nous vivions de rien. J'étais heureux.

Au bord d'une fontaine nous étions des ombres à d'autres ombres mêlées. J'étais heureux.

Nous étions de toutes les cérémonies, de toutes les fêtes, de tous les deuils, de tous les charivaris. J'étais heureux.

Je ne veux pas m'en cacher : j'ai connu tous les bonheurs. Je les ai vécus. Même celui de ne pas être riche. Je suis servi. Je peux mourir.

*
* *

... Nous ne songeons plus à sommeiller en ce point 34.15 dont la conservation est une question de vie ou de mort. Aucun ordre, pour nous, n'est utile à cet effet. Chacun de nous comprend : il faut tenir ! Pourtant l'ennemi essaie encore, par des contr'attaques, de nous ravir ce coin précieux d'où il pourrait contrôler toutes nos actions et réduire à néant nos chances de progression. En vain, Fantômas, l'avion matinal, vient-il nous mitrailler sans qu'il soit possible de le descendre... En vain, les grosses pièces ont-elles réussi à repérer notre position de soutien d'où partent, à chaque instant, vers l'arrière, des morts, des mourants, des blessés : nous nous accrochons toujours.

La proposition au grade de sous-lieutenant dont le capitaine Desaint croit devoir m'honorer ne me fait pas oublier que le déchirement du cœur d'une maman inconnue en est le corollaire — et que je remplace un mort, jusqu'au jour où un « bleu » remplira mon rôle à son tour.

En attendant les renforts en cadres et hommes les trois compagnies du bataillon sont fondues en une seule : le noyau des rescapés !

Un bombardement inouï met en feu les tranchées Allemandes jusqu'à la côte 108 et des combats à la grenade se discernent sur la plaine de Corbény. Attaquera-t-on encore ? Avec ces effectifs ?

... La relève !

... Quelle immense espérance de revivre !

... Un avion allemand attaqué par un nieuport s'écrase sur nos tranchées. Les deux aviateurs ont cessé de vivre. J'ai couru sur les débris et j'ai recueilli un plan directeur, modèle du genre, que j'ai donné au capitaine. J'ai conservé un morceau de l'aile, comme souvenir.

Les régiments pyrénéens montent sur le plateau de Craonne. Je ne reconnais plus personne ; c'est un cambrésien qui reçoit mes consignes.

23 heures. Le bataillon est parti vers Romain.

Je collabore, auprès d'un commandant de compagnie du 49e, à l'organisation de la défense.

Déjà mes camarades sont allongés sans doute dans la carrière. Ils sont heureux.

Barrage, barrage, barrage.

Ils vont attaquer.

Ah ! non, je ne reste plus ! Rien à faire, si mon régiment n'est pas là !

6 heures du matin. Ils n'ont pas osé. Mais le bombardement est continuel.

Le chef de bataillon m'a libéré. J'ai descendu rapidement les pentes. Près de la ferme « Sans nom » j'ai découvert dans le sac d'un mort une serviette dont je me suis emparé. J'ai fait un brin de toilette, dans le ruisseau, auprès des cadavres du 16 et du 17.

Pendant une halte au plateau Triangulaire, j'observe les positions de première ligne. On a tout de même avancé pas mal. Ça fait plaisir... Je suis mort de fatigue. Eh ! bien, j'ai soif de regarder longtemps encore ces champs de la douleur et du sacrifice ! C'est de là qu'on est parti, pour la délivrance ; c'est là que j'ai baisé le portrait de maman avant de monter ; c'est là que la ligne a fléchi sous la résistance ; c'est là... Ah ! ce devait

être beau à voir d'ici, le départ de tous ces hommes,
avec leurs fusils ; ils devaient sembler s'en aller vers le
ciel, à travers les nuages qui roulaient très bas. Et
j'en étais...

L'estomac crie. La faiblesse est victorieuse. Je chemine à présent dans le bois et, entre la mort et moi,
il y a toujours plus d'espace.

Il me souvient qu'ayant parcouru de nombreux kilomètres par Blanc-Sablons, Chaudardes et Muscourt,
trainant la jambe, harassé, je m'écroulai au pied de
l'Arbre de Romain et m'endormis d'un sommeil de
plomb. A mon réveil, j'eus l'impression d'avoir déserté
et, ramassant toute mon énergie, je filai vers les carrières avant que la compagnie fût debout. On eût dit un
parterre de morts, si des cris rauques, des mugissements
n'eussent éclaté au moment où je heurtais des tibias,
des têtes, des ventres. Je reconnus le grand Beauquis,
dans un angle et m'allongeai près de lui. J'avais déjà,
pendant deux heures, dormi tout mon saoul et ma première préoccupation fut d'écrire à ma pauvre maman
ces quelques mots que j'arrosai de mes larmes :

« Je sors sain et sauf d'une lutte terrible. Pour vous
la première manifestation de mon retour à la vie. Je
salue dans ces mots la mémoire des braves qui sont
morts près de moi »

Et la carte fut remise au premier passant. Et je poursuivis mon sommeil interrompu à l'arbre de Romain.

... Le beau rêve que nous vivions ! D'étape en étape, nous étions arrivés au camp de Sainte-Tanche, près de Mailly, où l'instruction reprit son cours, chaque matin ; nous logeâmes dans des baraquements confortables, loin du bruit des villes, risquant une pointe vers Arcis-sur-Aube, nous attardant au Chêne, nous amusant comme des collégiens et rentrant à la dérobée dans les petites pièces qui nous étaient affectées.

Un matin, les régiments du corps d'armée reçoivent l'ordre de se rassembler pour une revue du général Lacapelle. Ce fut l'astiquage complet, le retour aux préparatifs de Longchamps. Et pourtant notre joie fut grande de nous revoir encore au milieu de l'immense rendez-vous. Ce fut un splendide défilé sous toutes les formes et toutes les armes étaient de la fête ! On déjeuna sur l'herbe. Et le général commandant la division jeta un vibrant appel où nous crûmes entendre qu'il comptait sur nous pour les batailles futures. Cela sentait déjà le terme du beau voyage, la fin du beau rêve.

Or, les camarades de l'état-major achevaient l'organisation d'une représentation donnée par le « Théâtre aux armées de la République » œuvre fondée par M. Emile Fabre, patronnée par le sous-secrétaire d'Etat aux Beaux-Arts, et approuvée par le ministre de la Guerre et par le général commandant en chef. La salle s'était emplie de la foule des grands jours. Pensez : du spectacle ! Il y avait longtemps qu'on avait oublié ça ! Quand on passait à Paris, impossible d'aller au théâtre ; on était pouilleux, avec de la crasse partout, des bidons, des musettes qui nous gênaient aux entournures. Au lieu de faire les boulevards, on se vautrait dans l'ombre du hall, à la gare du Nord ou à la gare de l'Est.

Ici, donc, c'est bien vrai, nous avons le théâtre !
Et Mademoiselle Bretty et M. Guilhène nous amu-
sent avec le « Tic à Tic » de MM. de Féraudy et J.
Rouché ; et dans « Faust » ce sont Mademoiselle Ger-
maine Le Senne, MM. Payan et Blanc. Des illu-
sionnistes se donnent le luxe de nous ébaudir. Et nos
acteurs, jamais las, se surpassent dans «les deux Bavar-
des » et « les Brebis de Panurge »... Enfin Madame Lau-
rence Deschamps, avec ses chansons anciennes, nous
transporte à une époque lointaine où l'on se plaignait
tant, mais où c'était... la paix. Les chansons d'autrefois ! Ce sont les meilleures, les plus belles. Pleines de
charme, d'esprit et de sentiment, elles ne se font pas faute
ce soir de nous séduire encore et de nous émouvoir.

*
* *

A Chatillon-sur-Marne, par ce jour de repos, les poilus
flânent, car le soleil est apparu. La statue d'Urbain II
est visitée copieusement et les magasins, comme les
auberges, ont fait de bonnes affaires. Il y en a que la
guerre ne fatiguera pas.

Les roulantes sont installées près de notre cantonnement et le parfum du rata attire autour de Beugnet un
certain nombre d'affamés. C'est l'heure. On saute sur la
gamelle, le quart — culotté — la cuillère et la fourchette.
La bonne soupe bouillante ruisselle dans les gamelles
bourrées de pain. Il y a du vin à discrétion.

— Comme ça, dit Goly, ça va... mais vous pensez
pas que c'est pour remonter la pendule ?

— Depuis que Pétain a pris le commandement on est bien mieux. Ça, c'est un chef... un père...

Ainsi parle Dorumel.

— Pour sûr, dit Goly, on en avait besoin !...

— Dommage pour les autres ; c'est pire chez eux...

Et Goly de reprendre :

— Tu vas encore nous sortir tes histoires qui sont pas vraies... Dites-donc, eh ! la première, savez pas ce que Calvet veut nous faire avaler ? Eh ! bien, c'est qu'il y en a qui ont refusé de monter à l'attaque et qu'on les a fusillés à l'arrière. C'est pas possible ces trucs-là !...

— C'est plus que possible puisque c'est réel. On a fait des exemples dans un régiment. Dans un autre, il y en a eu aussi des refus, mais le colonel a été malin. Il a ramené son régiment au repos, sans sévir. Puis il a donné l'ordre de rassembler tout son monde. Ce qui fut fait. Les poilus avaient astiqué jusqu'aux boucles du sac. Les cuivres luisaient comme de l'or. Dans un immense champ, le régiment s'est installé en carré. On ne savait pas. On était frondeur. On ne voulait pas mourir. On avait peur. Qui n'a pas eu peur ?

C'est vrai : je le sais ! Les uns avaient manifesté et les autres avaient hésité. Il fallait en finir. « Vous mettrez le drapeau dans le carré » ! s'est écrié le colonel. Et, plus fort encore « Mettez le drapeau dans le carré ! » Et le drapeau, tranchant le faisceau de tous ces regards ni droits, ni obliques, ni fiers, ni honteux, le drapeau est entré. « Au drapeau ! » Le colonel a lancé ce mot d'une voix terrible où se devine une intense émotion. La musique a donné à plein. Alors, dans cette ligne de visages pâles dont beaucoup portaient la marque d'une mort inhabile à faucher on pouvait voir un pointillé de larmes, une contraction subite ; les armes se raidissaient sous les doigts tortionnaires, les têtes se dressaient, le regard farouche de tous se dirigeaient vers le drapeau qui prenait maintenant l'allure d'un triomphateur, après avoir craint d'être abandonné. Et l'on n'a plus bougé. Mille cœurs battaient la charge. Et au petit jour ils sont partis, en chantant, dans la fournaise et ils ont écrit — oui, écrit — la plus belle page de gloire de leur histoire de cent ans. Pour le drapeau, voyons, que ne ferait pas un Français ?

Puis, Goly élargissant le débat :

— Il faut dire aussi que l'attaque n'a pas été préparée et ça vous fichait la frousse de voir des barbelés intacts et des abris à vingt mètres sous terre... Pourquoi que l'artillerie n'a pas tapé comme à Maurepas ou à Verdun. Il y a quelque chose là-dessous...

— Tu vas dire qu'on a été trahis? reprend Dorumel. Et pourtant on a enlevé des tranchées, on a avancé de plusieurs kilomètres par endroits et Mangin est maître du plateau. Voyez-vous : nous ne comprendrons jamais rien à la tactique militaire. Contentons-nous de faire notre petit tripot en famille, notre devoir, quoi !

Alors Pinchon, un brave instituteur public qui connait la mission d'enseigner le devoir :

— S'ils avaient été nombreux, les défaillants, c'eût été grave, car nous aurions trinqué. Il faut que le travail se fasse. Eux ou nous. Mais ce sont des cas rares. Le châtiment ce serait de les remettre dans le rang et au lieu de les assujettir à la corvée de l'assaut, de les y conduire comme à un poste d'honneur. Ils marcheraient. Ça ferait des héros. Le nom de la famille serait intact. Mais le comprendra-t-on ainsi en haut lieu ?

Et Grandal, qui ne partage pas les idées philosophiques de Pinchon, de déclarer :

— C'est vrai, cela mon ami, mais nous n'avons aucun pouvoir sur les hommes qui nous commandent, militaires ou civils. Nous nous contentons de les défendre et de les sauver. Pour l'honneur de la France, il faudrait qu'ils fussent indulgents. Ils le seront. Et la prochaine fois ils accorderont leurs instruments s'ils entendent préparer et réaliser la délivrance.

Goly se récrie :

— Dis donc, l'enflé, tu parles de la prochaine fois, mais jusqu'à quand penses-tu que nous la ferons cette saleté de guerre ?

— Au rab ! au rab ! crie Beugnet dans les vapeurs de la cuistance.

Et la tournée supplémentaire de pinard nettoie cette discussion sur le triste choc de Craonne...

... Belgique ? Champagne ? Alsace ? Voilà des tuyaux ! Lequel d'entre eux est le bon, lequel ? Nous implorons Alexandre Legrand et ceux de la liaison de nous le dire. Ils doivent savoir cela...

... Mais nous nous sommes remis en marche et par Aubigny, Isles, Ramerupt, Mesnil-Lettre nous arriverons à Saint-Benoit-sur-Seine pour nous rendre, toujours à pied, à Egligny par Faux-Villecerf, Saint-Lupien, Bercenay, Lesnercy, Bourdenay, Fontaine-Fourche, Bray-sur-Seine, Vimpelles... Etapes fatigantes de vingt-cinq kilomètres.

C'est ici le repos de quelques jours, les promenades dans les délicieuses campagnes de l'Ile de France, les visites à l'abbaye d'Egligny avec agapes au château ; puis l'embarquement à Longueville, pour Bergues, aux portes de la Belgique où le destin me conduit pour la deuxième fois. Hélas ! ce n'est plus maintenant qu'un lambeau de la fière nation ! Si l'honneur nous échoit de la libérer, notre gloire sera la plus belle ! Qui de nous la paiera de sa vie ?

... C'est dans un nuage de poussière et sous un soleil de plomb que nous mettons le pied en Belgique, à Oostvleteren, après Wylder, West-Capelle, Rexpoede, Oost-Capel, Rousbrugge, Crombecke et Westvleteren. A trois ans de distance le même cœur généreux et loyal nous reçoit et les poilus français, en pénétrant dans le pays du roi-soldat, peuvent constater qu'ils sont encore, qu'ils sont toujours chez eux.

De cette ligne des B, sensiblement parallèle à la route de Lizerne à Boesinghe, nous risquons un regard sur les rives effondrées du canal de l'Yser. De gros blockauss dépouillés de leur camouflage d'herbe et de feuillage depuis les récents bombardements préparatoires à l'assaut, découpent dans le vide leurs lignes encore intactes. Un canon de fusil ou de mitrailleuse se promène dans la meurtrière pratiquée au ras du sol. Autant de points de résistance sur le terrain que de numéros rouges sur le plan directeur communiqué aux sections en vue de l'heure H.

Ah ! cette fatidique heure H, toujours suspendue devant nos yeux en quelque secteur où le destin nous ramène !

On devine à droite l'écluse de Boesinghe, dite Het-Sas, à ce monticule de terre et à cet éparpillement de pierre et de ferraille. A quelques mètres l'Yperlée — trous d'obus et torpilles — se reconnaît par une file de troncs d'arbrisseaux rasés auprès du sol sous le déchaînement des feux ennemis. Je n'observe pas sans appréhension les fortifications accumulées en face et je me demande anxieusement si l'amas de moyens concentrés en ces lieux par l'artillerie et le génie en aura raison le jour venu. Et je reprends confiance et espoir sur les bruits consolants qui circulent et nous font entrevoir une préparation d'assaut unique dans les annales de la guerre.

Mais je sens peser sur mon front l'ensemble des souvenirs de combats livrés depuis trois années et je crains de n'être plus moi-même. D'avance, je me vois soumis, avec ma demi-section, au caprice d'une bouche à feu crachant sa flamme de l'ombre du fortin 31.83, 30.84 ou 30.80... Puis au moment où, dans mon esprit, le fer me couche dans la boue, je suis détourné de cette pensée par la décharge de vingt pièces de 75. Du coup, adieu le cauchemar ! Je bondis dans la vie en même temps que le cinglant départ des obus qui s'en vont, là-bas, chez les Allemands, détruire un peu plus de leurs espérances.

Sous la violence de la rispote nos fragiles abris s'écroulent et disparaissent ; alors nous nous réfugions dans un abri de béton, mais les places étant prises par les voisins, nous n'avons plus que la ressource de nous coller contre la paroi extérieure, les pieds dans l'eau. Il serait bien étonnant qu'un obus vienne nous toucher à cet endroit, à moins qu'il n'effleure l'angle de l'abri...

... De la ferme des Paratonnerres, de la ferme du Collègue, de Lizerne, de Steenstraete, il ne reste que des briques éparses, autant dire rien. C'est ici, nous confie-t-on qu'en 1915, les Allemands firent usage de gaz asphyxiants pour la première fois. Spectacle affreux, nous disent aussi quelques rescapés. Ils ne comprenaient rien à ces nuages empoisonnés, tous ces braves soldats dont le cerveau n'avait en matière militaire conçu la défense que par la baïonnette, la balle ou l'obus... mais les gaz ! les gaz ! cette brume épaisse roulant vers eux, le picotement à la gorge, puis l'étouffement, les spasmes de la mort — et sans défense. Comment condamner de tels procédés et comment en éviter le retour ?

Toute la nuit le bombardement français a fait rage.

— Ça va barder, dit l'agent de liaison, il y a des canons à tous les mètres.

Cela nous met du baume au cœur.

— Si tu voyais, poursuit-il, les artiflots ; qu'est-ce qu'ils leur mettent aux Boches. La chemise enlevée, ils chargent leurs pièces, tirent sans arrêt, comme une mitrailleuse, mon vieux. Est-il épatant tout de même le 75 ! Et puis ils sont là tout près, à trois cents mètres, pour être sur nous, à l'attaque ; ce jour là, ils vont nous suivre, passer leurs pièces au delà du canal et se remettre à bombarder plus loin et de plus belle.

Maintenant, sur la ligne, c'est un immense rideau de fer qui s'installe et de l'autre côté, chez l'ennemi, des nuages multicolores montent de la terre en feu. Décidément plus rien ne vit sous le déluge qui s'abat — et nous pouvons nous enhardir : la résistance sera réduite.

Mais voici que des barrages nous accueillent dans la tranchée. L'abri que je viens de quitter s'effondre. Autant vaut le plein air en ces durs moments !

Dans le ciel, les étoiles tremblotent entre les nuages qui passent et fuient la tourmente. Des avions, en nombre, vont de France en Belgique, escortés de balles lumineuses que leur expédient les Allemands de la deuxième ligne.

Selon l'habitude la distribution de munitions s'effectue dans les rangs. La charge que chacun est astreint à porter est respectable, mais elle est nécessaire.

Pourquoi ne point le dire, autour de soi, puisque c'est la vérité : la préparation d'artillerie nous donne confiance.

— On sent, dit Bru, qu'il y a quelque chose !

Et dans ce dernier mot il entre comme de la puissance, de l'irrésistible force.

En effet, il y a « quelque chose. » L'ennemi de Craonne, de Maurepas, et d'ailleurs pouvait par éclaircies se dresser dans sa tranchée et tirer ou contr'attaquer. Une zone était toujours neutre à la faveur de laquelle il nourrissait encore des velléités.

Ici toute son énergie est éteinte, étranglée dans le cercle de fer et de feu.

— Il n'y a plus un vivant, sans doute, après cela !

Et Vandenbergue de s'éblouir devant notre supériorité très réelle.

— Tu verras, demain, mon petit, répond Bru. Ils te réservent quelque chose dont tu me diras des nouvelles.

Le ciel s'est retiré sous un épais amas de nuages lourds, angoissants et bas, tandis que le rideau de fumée qui n'a pu se dissiper lui, depuis vingt quatre heures, se fait maintenant plus dense encore sur les positions ennemies. Il n'y a plus devant nous que ce gigantesque matelas que perceront nos baïonnettes.

La pluie — notre tourment — tombe. La pluie, c'est la boue, c'est l'enlisement. La pluie c'est aussi le découragement qui vous pénètre goutte à goutte...

*
* *

Nous nous étions promis de ne point crier, de ne point chanter.

— Il n'est plus nécessaire en effet, opine Leclercq, de se lancer sur le champ de folie qu'est le terrain d'assaut, avec des clameurs et des hymnes. Derrière nous, trop de martyrs sillonnent la route parcourue ! Pourquoi chanter ? Notre besogne sera faite quand même ! Et puis on est las ; la guerre est longue, triste... nous irons à l'assaut, mécaniquement, sous la volonté supérieure, disciplinés, mais contraints. C'est pour mourir. Notre tour viendra...

— Je t'en fiche, dit Cohou. Aujourd'hui, comme hier nous marcherons tous, parce que c'est dans le sang, chez nous. Moi je demande au contraire que l'on crie « Vive la Belgique ! » parce qu'elle le mérite. Elle doit vivre. Ici, mieux qu'ailleurs, le poilu français dominera. L'aviation et l'artillerie ont la supériorité. L'infanterie peut également l'avoir...

Cohou n'est pas patriotard : il raisonne. Et tout le monde l'approuve, sauf Lavie qui entame un air de caf' conc' avec son mirliton...

— Ça nous a fait du bien, le 16 avril, quand le tambour-major Leveau jouait de l'ocarina, à Craonnelle. J'ai pensé que ça n'est superflu maintenant....

Et les notes grincent, sur la ligne de B. où passent déjà quelques blessés — et quelques cadavres portés par des hommes qui culbutent dans les trous et sur les passerelles.

Le génie, toute la nuit, a véhiculé des ponts pour le passage des troupes sur le canal.

Et l'avalanche continue terriblement lourde sur la position ennemie.

— Il n'y a plus personne devant nous, dit un officier.

— Mais les blockauss, mon lieutenant ?

— Aucune activité ; nous avons encore une heure devant nous ; d'ici là, les blockauss eux-mêmes auront vécu.

— Si c'était vrai !

Un large vent de confiance passe dans le rang ; nous n'avions pas connu cela ailleurs ; c'est pourquoi nous sommes moins angoissés.

— Si, déclare Leclercq, si le 30.84, le 31.83 et le 31.82, sont détruits, nous sommes tranquilles, c'est le plus dur morceau. Ensuite nous irons en avant, vers le bois Bruet par le boyau de la Boucle en laissant à droite la maison de la Relève.

Il a déplié sa carte et tous deux nous étudions.

L'objectif est Bixschoote, à trois kilomètres.

— Ce sera dur, car ils nous attendront là-bas, déclare sentencieusement Leclercq.

Puis se ravisant :

— Mais ils n'auront pas le temps de se ressaisir.

Léonce Carpentier jure autant qu'il le peut contre l'ankylose de ses jambes qu'il a tenu pliées dans l'abri.

— Vivement le départ, dit-il avec son zézément.

Et il allonge sa haute taille par dessus la tranchée en s'étirant.

— Moi, je m'en fiche, ajoute-t-il, tous mes hommes sont prêts... je le sais... on peut y aller...

Le groupe franc est parti par Steenstraete, d'où il s'élancera pour nettoyer le terrain.

3 h. 56 — deux minutes encore.

3 h. 58 :

— Derrière moi, en route, les amis, pour la Belgique !

Les portes du ciel se sont entr'ouvertes pour laisser tomber sur la terre violée par l'ennemi le plus formidable amas de ferraille, de pierraille et de feu qu'aient jamais connu les poilus de France.

Nous avons traversé l'Yperlée, puis le canal, sur des passerelles, tandis que le barrage allemand, assez faible d'ailleurs, s'adresse à nos lignes de départ. Les fameux 30.84 et autres qui nous rendaient la vie si dure dans les derniers jours de juillet se sont tus et l'on y trouve des blessés,des prisonniers,complètement hébétés. Seule là-haut, vers le bois 16, une mitrailleuse crépite encore, bien vite réduite en silence. Nous avons fait quelques chutes dans la vase de l'Yser et dans la glu de la position conquise. L'avance est extrêmement délicate. Il faut dégager les pieds du sol boueux.

— En avant ! crie-t-on à droite et à gauche.

— Je ne sais pas... mais il me semble que ça va bien !

— En effet, ça va bien, puisqu'on a avancé ! crie en riant l'inénarrable Bru...

Le groupe franc s'est accroché à l'ennemi vers Smiske-Cabaret. Le barrage français précède toujours la vague d'assaut à la même distance. C'est de la belle manœuvre et elle économise des hommes en assurant le succès des opérations.

Une grêle de balles nous accueille à la tranchée du Casque où nous faisons quelques prisonniers. Le bois Bruet, le bois Triangulaire, le bois Cheurot, sont anéantis et ne présentent plus que des moignons au milieu desquels se jouent quelques obus allemands impuissants à arrêter notre progression. Les fortins qui ont résisté à la chute effrénée des obus de gros calibre n'en sont pas moins déplacés. Que peut être un morceau de chair, comme nous, dans cet enfer ? Et pourtant il reste des vivants qui lèvent leurs bras au ciel après avoir tenté de résister !

L'assaut est rapide et organisé. Mais l'ordre de s'arrêter à l'endroit où fut la tranchée des Gaziers nous parvient et nous nous mettons immédiatement à l'œuvre pour l'organisation du terrain conquis. Le fortin de Bixschoote est visible à deux cents mètres avec ses multiples rangées de fil de fer et le village fumant encore d'un bombardement qui se ralentit à peine paraît nous appeler pour sa délivrance. De fines colonnes d'Allemands se glissent parmi les ruines et semblent nous rappeler par là que les contr'-attaques sont possibles et qu'il y a lieu de se méfier. Pourquoi l'attaque est-elle interrompue ? Je ne sais. Le mauvais temps peut-être ? De fait aucune progression n'est possible ici, en luttant, dans cette mer de boue où les blessés meurent sans secours.

... — Pas vrai !

— Tiens, regarde !

Bru vient de tomber, foudroyé.

— Bru, tué !

C'est la consternation parmi les amis.

— Bru, tué !

On ne rigolera plus à la popote.

Le barrage ennemi est vraiment dur.

Alors on se laisse glisser dans la vase, derrière un abri où gémissent Leclercq et quelques blessés. L'eau qui se déverse dans le fond envahit la cheville, puis le genou.

Carpentier me dit :

— C'est très joli d'attaquer, mais après ?...

Après il faut accepter la mort.

Une nouvelle avance va s'opérer.

Et Carpentier :

— Faut mieux ça, ça va changer les idées !

Bixschoote est prise et les nids de résistance sont occupés.

L'avion de la division passe :

— Vite les panneaux de jalonnement !

Et les carrés de toile blanche sont posés dans la vase. L'avion a compris. Tout va bien.

La pluie tombe par intermittences. Les abris sont pleins de monde. Il n'y a plus de place. Il faut rester dehors, sous les obus et sous les balles.

_ L'ennemi réagit en effet à la ferme du Cimetière.

Buron, le récupéré qui monte aux tranchées pour la première fois, me dit :

— C'est curieux comme on est renseigné maintenant en ligne.

Et, regardant au-dessus de mon épaule, il me demande quelques précisions sur les lieux que nous avons parcourus.

— Le poilu, ajoute-t-il, n'est plus comme avant, un numéro, une bête quelconque, aujourd'hui, il a une mission qui exige une certaine initiative, il conduit un matériel, l'entretient, le répare. Le simple biffin d'hier est le lieutenant de demain et pourquoi pas capitaine ?... Tiens, mais là-bas, ...ça se remue... au revoir... je cours à mon fusil mitrailleur !...

Il est jeune, Buron. Il donne une valeur au poilu. Quelle hérésie !

... La contr'attaque se dessine sur les rives de Saint Jansbeeck. Les lignes ennemies font des bonds. D'un seul élan tous nos hommes se sont rués à leur place et commencent leur tir. Et les Allemands se remettent dans leurs trous, prudemment. Cependant, là-haut, plusieurs avions se battent et rivalisent de courage ; ils vont et viennent, loopinant à merveille. Un français et un allemand sont tombés en flammes vers la forêt d'Houthulst. Et les saucisses craintives descendent du ciel. La nuit qui tombe met un terme à tous les déplacements de groupes d'attaque qui améliorent leurs positions et sont appelés, pour cela, à combattre les îlots.

Nos objectifs sont atteints. C'est maintenant le terrassement, mais fatigués au delà de toute expression nous jetons bas nos outils et le tour de garde étant établi nous nous couchons derrière un monceau de briques car il est inutile de songer à un abri. Tout à l'heure un 77 a éclaté de plein fouet à l'entrée du blockauss 41.92 exterminant des blessés et nettoyant toute une escouade. Il suffit ! Nous coucherons à la belle étoile !... Carpentier partage ma chambre. Il s'allonge dans la mélasse et pose sa tête sur mon épaule.

— Les Français sont chics tout de même, dit-il, ils vont partout et partout ils font du bon boulot. Si l'on revient, après la guerre, à Bixschoote, on leur dira, à eux tous, les habitants, que c'est nous qui avons enlevé leur village. Les jeunes filles vont nous sauter au cou !...

Le dernier tas de terre boueuse qui tenait encore contre le mur de briques s'est effondré dans l'eau et Carpentier a été entraîné :

— Ah ! zut, alors... ben, on leur dira aussi que c'était du brin dans leur pays et qu'on en a eu les pieds gelés ! Sale secteur, va !... Nous y crèverons !

Et, pièce par pièce, nous avons transporté notre fourniment un peu plus loin, en maugréant, à la française...

*
* *

Rarement d'aussi affectueuses félicitations vinrent toucher le cœur du poilu français. Le quartier général

de l'armée transmet en effet aux troupes un véritable
hommage du maréchal Haig, commandant en chef
les armées britanniques en France, qui déclare que «par
leurs succès les troupes françaises ont couvert et pro-
tégé le flanc allié de la façon la plus admirable... » Le
général Anthoine et le général Lacapelle joignent leurs
impressions à ce message flatteur et s'adressent « aux troupes de toutes les armes qui ont su mener le combat
avec tenacité, bravoure et bonne humeur ». Les territoriaux en ont eu leur part qui « avec un dévouement
sans égal, se sont dépensés sans compter pour assurer
le ravitaillement, les soins aux blessés, les transports
dans un terrain bouleversé et inondé par les pluies »

— Ça vaut trois mois de repos dans la banlieue
de Paris, cela... fait observer Vanuxem à Gombert.

— Idiot, tu n'as donc pas compris qu'on va remettre
ça !...

... Les heures de repos consécutives aux heures de
bataille resteront pour nous des souvenirs que le temps
ne saurait effacer. C'était l'époque de l'innocence où
l'on jouait à la petite guerre à la manière des enfants.
Une fois la zone de combat franchie pour le repos, toute
la joie du monde entrait chez nous.

Ici, dans le watergand, c'est le bain forcé en risquant
un tour de force avec des cuves ; c'est la bonne popote
chez l'habitant ; les bavardages au crépuscule ; les coups
de main sur telle ou telle ville ! C'est la sieste dans la
prairie sous les arbres. C'est la promenade à Malo et le
bain en commun, à la plage, dans la tenue la plus naturelle du monde. Et de rire et d'en raconter des vertes
et des pas mûres, comme disait Bru. Des heures entières
à flâner au cantonnement, les pieds nus, fatigués, usés
par le long séjour dans la boue de l'Yser !

C'est la tranquille semaine au camp de Souchez, près

de Beveren, avec visite à l'aérodrome d'Hondschoote ; c'est la cuisine excellente de Marcel et de Marius, la course aux aliments ; c'est la séance désopilante d'équitation sur Bichette qui rue — car je suis nommé officier, dame ! (On verra tout dans cette guerre !)

Ce sont les journées ensoleillées à la ferme Dewaele, à Warem et à la ferme Dejonghe, à Socx — oubli des immersions prolongées !

C'est la bonne perme, bien gagnée — le passage à Paris. Toujours sous le hall des gares, le sommeil de plomb dans la toile de tente — et, là-bas, au pays, la rencontre des amis ; le récit des batailles, à la poilu, c'est-à-dire sans luxe de détails ; les bons dîners ; le cafard momentané, doux cafard de nos vingt ans ; le baiser à la maman, à la famille, sur la grand'route, en s'en allant la musette pleine et la gourde gonflée ; les éclaboussures du marchand de sacs à terre, du fournisseur de peaux de biques ou du fabricant de masques — et le retour, ensuite, avec les victuailles, quelques sous dans la poche, le moral remonté — car à l'arrière on tient et on les aura.

Et lorsque le bon temps est passé, quand le rayon de soleil s'est éteint à l'horizon des beaux jours, du même cœur que naguère, mais avec un peu d'amertune, on reprend ses habitudes dans la section — la vieille troisième — dont les visages changent — comme seule la mort sait les faire changer — on reprend contact avec la vase — et le mystère, avec les gaz — et le martyre.

Dans cette vaste et troublante étendue où tant de mes frères ont payé de leur vie leur tribut à la guerre, une oasis se détache parfois et me fait oublier la misère des combats.

... Ici les canaux et les watergands sillonnent de leurs rives tranquilles l'immense espace où les récoltes coupées attendent le moment des rentrées. Théolin découpe des sifflets et va sur les routes aux tournants brusques observant les belles blondes au large rire. Lotterie fait de la photo sans arrêt, avec une obstination jalouse et Stévenin chantonne ou rêve et fait parfois le dégoûté. Madame Baude a mis sa vaisselle à notre disposition et Marcel prépare la popote dans l'arrière-cuisine où l'on tourne le beurre. Cette maison flamande, éblouissante de propreté — où finissent le soir les rêveries désabusées, où s'éteignent les bruits du village, où semble aussi, dans le respect, planer inquiète l'ombre du mari tombé au champ d'honneur laissant trois beaux enfants que j'aime pour leur courage au labeur — cette maison est calme, bonne, avenante et j'y finirais mes pauvres jours — s'il m'était donné de choisir. On va jusque la Bistade, jusque Saint Pierre-Brouck, Bourbourg, le Pont d'Hennuin. L'on croirait la paix en France — et totale — à voir cette nappe transparente des eaux qui reflète les feuillages aux couleurs vives.

A Pont-d'Oye, c'est la gare de départ pour le coup de main traditionnel sur un point généralement plus actif, plus remuant : Calais, Amiens ou Paris, suivant la témérité, le tempérament, et la bourse de chacun. Beaucoup de ceux que ce genre d'opérations n'emballent pas s'installent sur un talus, écrivent, lisent, lorgnent les passantes et, satisfaits du spectacle, s'endorment au cantonnement, sans ambition ni regret. Pourquoi donc aller chercher le bonheur bien loin quand on peut se réunir, rire ensemble, se goberger de bons mots et de jeux ?

A Calais, par un soir tentateur, nous flânons sur les boulevards et nous assistons à des séances cinématographiques au Théâtre des Arts et au Cristal Palace. Dans un magasin avoisinant, nous entrons en masse et submergeons à grands cris la fine escouade des vendeuses à qui nous arrachons avec un baiser— sur la main — les rubans de croix de guerre qu'elles nous ont offerts. Belles petites vendeuses, que jamais nous ne reverrons peut-être plus, notre agression vous a laissé au moins quelque bénéfice et ceci excuse cela.

Comme par hasard, le groupe qui s'est acheminé vers la grand'place — la place d'Armes — va se diriger à présent, par une rue noire, vers le pâté mystérieux des maisons qui bordent la citadelle... Mais ce n'est pas la nuit trompeuse qu'il nous faut, à nous, c'est plutôt le clair sourire d'une midinette, un mot gentil décoché à notre adresse, une idylle en deux phrases, à distance, un rien qui passe, qui passe comme nous-mêmes, sans laisser de traces.

A l'angle de deux rues une maison est en ruines. C'est que la ville est soumise à de terribles bombardements aériens. On se rit de ce danger tant ça paraît drôle de voir une maison détruite sur cent ou sur deux cents. Et pourtant tout un lot d'habitants a trouvé la mort dans la rue du Havre, où l'on pouvait, avec quelque raison, se croire à l'abri des coups. En déambulant nous apprenons que les plaies pour n'être pas visibles n'en sont pas moins profondes ; que, là-bas, rue de Chantilly les pompiers ont écopé, que des femmes et des enfants ont péri et que les Allemands explorent souvent la région et laissent ensuite tomber la ferraille qui sème le deuil et les ruines. La guerre est donc partout ? De quoi sont donc coupables ces braves gens sans défense ?

Ils chantaient aussi comme nous, les jeunes petits chasseurs morts l'autre soir, à neuf heures, sur le boulevard Gambetta qui porte l'affreuse meurtrissure de l'événement. Ils passaient et déjà les avions allemands

sillonnaient un ciel piqué de tant d'étoiles qu'on eût dit
les larmes d'un monde brillant aux clartés gouailleuses
de la lune. Ils passaient... et déjà des explosions sour-
des avaient fait trembler la terre et les maisons. Et ils
chantaient, les petits chasseurs du 32e bataillon alpin ;
peut-être des chants qu'assemblés au pays natal ils
égrèneraient le soir en beaux permissionnaires pour
noyer le cauchemar et les tristes souvenirs. Mais n'était-
ce pas trop narguer les vils oiseaux qui tournoyaient
là-haut ?

— Eh ! les petits chasseurs, entrez donc ! criait
une femme près de l'école, entre les rues du Petit Paris
et des Pierrettes.

Et eux de chanter encore, absolument comme nous-
mêmes, ce soir.

— Vous n'entendez pas ? Entrez, entrez, entrez
donc !

— Nous ? répondaient-ils, nous, à l'abri ? Jamais !
Bah !... Nous en avons vu bien d'autres !... les bombes ? De la rigolade !... Ce sont des dépêches que le
facteur apporte !...

... Sans doute, pour leur annoncer qu'ils n'iraient pas
en permission, qu'il y avait contr'ordre.

En effet : au même instant le ciel s'abat sur la terre,
les murs s'écroulent, les tombeaux s'ouvrent, c'est
l'enchevêtrement de tout, chaos infernal, désolation
et mort. Et là-haut ces forbans de misère !

Ah ! spectacle terrifiant ! Un attroupement se fait et
les gens du quartier peuvent maintenant constater le
fini de la besogne allemande. Et beaucoup se mettent
à penser que là-bas, quelque part, dans la France, des
êtres aimés les attendent impatiemment pour le surlen-
demain, ces joyeux permissionnaires... De ces bombes
l'une explosa au pied d'un réverbère. Ce fut celle-là...

« Nous en avons vu bien d'autres ! »

Ah ! ils ne devaient plus en revoir ! Ils furent fauchés par la mitraille contre la façade du grand immeuble sombre, non loin de la rue Lavoisier... Le mur est criblé d'éclats et les petites maisons voisines sont détruites. Des bras pendaient, des jambes aussi, des ventres étaient ouverts et des cœurs noircis. Et quand, à l'aube, une personne tendit à sa voisine le balai qui servit à rejeter dans le ruisseau le sang étalé de ces braves petiots, elle dit :

— Tenez, Madame, mais de grâce, gardez-le comme une relique. On ne peut pas oublier cela !

Quoi ? l'un d'entr'eux s'est écrié cent fois « maman ! maman ! » avant d'expirer et l'autre « non ! non ! je ne veux pas mourir sans que ma mère soit là ! »

Voilà le drame ! C'est pour nous persuader que la guerre est terrible et qu'elle sévit partout.

Le 6 septembre les morts de cette nuit d'épouvante pénétraient dans le village de Coquelles, à une lieue, suivis par une foule en larmes. Et sait-on que des cercueils aux planches disjointes des gouttes de sang tombaient encore ! Ils n'en finissaient pas de mourir car ils étaient trop jeunes. Des mains charitables iront entretenir leurs tombes. Ils seront bien, dans le petit cimetière, à l'ombre d'une tour historique enveloppée de lierre... Mais c'est triste ! Quand donc finira-t-elle cette guerre ?

Henriet, qui fut chasseur alpin, a voulu explorer les lieux de la tragédie.

Nous chantions moins, ensuite.

Mais la nuit se passait et comme nous nous dirigions vers le cantonnement par les boulevards, Fischer entamait « Sur la Riviera » Ancel « Celle que j'aime est parmi vous » Vandame « Nous avons fait tous ça ! » de sorte

qu'arrivés place du Théâtre, au pied de la statue de
Jacquard, il y avait belle lurette que, sous la lune
moqueuse, nous avions oublié les sanglantes attaques
allemandes dans le ciel de Calais.

... A l'orée d'un bois où nous nous plaisons à che-
miner parce que la liberté y est entière et qu'on y peut
toritruer à son aise, il existe un bourg qu'on appelle
Guînes où convergent en ce jour de marché beaucoup de
cultivateurs et de maraîchers. Dans la foule se mêlent
nos uniformes bleus et ceux des anglais nombreux en
cette contrée. Nous jouons des coudes en riant. Sur
la place rectangulaire que domine l'hôtel de ville c'est
le grouillement de la foule pressée que le tramway
semble fendre pour atteindre son point terminus, près
de deux cafés où les exclamations s'entrechoquent.
Un monsieur fait la police et ne ménage pas l'ouïe des
promeneurs. Sur une remarque de Fischer :

— Tais-toi, lui dis-je, c'est le député-maire !

Et comme il s'étonnait un peu :

— Faites pas attention, allez, monsieur, dit une
guînoise délurée ; il crie toujours comme ça monsieur
Narcisse, mais c'est un bon fieu, vous savez ; il n'a
pas son pareil pour nous faire avoir du charbon !...

Et puisqu'elle était résignée, la bonne femme, nous
nous sommes déclarés contents aussi.

La route monte majestueuse vers Fiennes et Har-
dinghen, en coupant la forêt délicieusement belle. Vers
l'ouest, dans la direction de Hames-Boucres, le passage
n'est pas moins joli, mais des hauteurs que nous avons
atteintes en nous promenant, la vue sur Calais et la
mer, Ardres et Gravelines est tout simplement merveilleuse. C'est un vaste tapis piqué d'arbustes et les prés
sont d'un vert appétissant. Le rivage se confond avec
la mer dans la brume naissante et la paix semble régner

sur cette nature colorée. On distingue cependant un paquebot escorté de contre-torpilleurs...

A l'est, le sourd grondement familier du canon...

Toujours le canon.... toujours..

Ils nous rappelle que les rayons du soleil vont mourir et que c'est le moment pour nous de penser au devoir. Nous étions au pays du rêve. Ailleurs est notre mission. Allons, fermons les yeux sur le décor qui depuis dix jours nous enchante !

.*.

C'est à la ferme du Cimetière, au nord-ouest de Bixschoote, que nous établissons un nouveau contact avec les Allemands dont l'agitation est visible.

Dans cette mer de boue qui relie les watergands et le Saint-Jansbeeck les hommes titubent, plongent, se redressent avec mille peines et s'ils sont surpris par l'ennemi en éveil, ils risquent de s'enfoncer sans secours. Voilà où nous en sommes après avoir connu l'illusion du bonheur !

De l'autre côté des eaux, d'où émergent des moignons d'arbres et des ruines, les Allemands abrités dans leurs blockauss nous observent. Ils ont des points d'appui solides numérotés sur nos plans directeurs de 40.00 à 60.00. Autant de garnisons à réduire au silence avant l'attaque si l'on ne veut pas nous voir voguer, au fil de l'eau, en faisant la planche, car sans la destruction

de ces centres de résistance, il n'y a point de salut.
L'héroïsme ne peut rien sur de tremblantes passerelles,
sur de fragiles barques, sur des caillebottis branlants
tant que les canons braqués dans les meurtrières, face
à l'assaillant, n'ont pas été totalement détruits et les
tireurs avec.

De la ferme de la Croix Rouge à la maison de la
Cabine Téléphonique où je suis détaché, c'est le désert
où rien ne passe le jour sans être abattu. Par des prodiges d'adresse mon camarade et moi avons atteint
le poste à la tombée de la nuit. De la maison, rien. Le
nom. C'est un trou, rempli d'eau. Pas d'abri. Un arbre
renversé. Derrière, coulait autrefois le Saint-Jansbeeck,
rivière sinueuse, devenue aujourd'hui une mare aux
confuses limites. Ce soir, si les Allemands tentaient un
coup par surprise avec suffisamment de ressources
pour démolir nos pauvres carcasses ou épuiser nos
moyens de défense, le poste tomberait et la plaine
serait conquise, car il n'y a plus rien jusqu'à la ferme
de la Croix Rouge, la ferme isolée et la ferme du Cimetière.

Ah ! c'est là que le cafard nous envahit, nous
étouffe ! Je n'ai plus l'énergie d'écrire mes feuillets :
je note tout simplement. C'est que je suis isolé et que,
mieux que jamais, je me rends compte du néant qui est
en moi. Un être dans cette eau, dans ce trou, ça n'a
pas plus de vie que le tronc d'arbre abattu !

Eh ! bien, on a attaqué sous la conduite de Lotterie,
avec un fort contingent, un groupe de blockauss et
l'on a ramené des prisonniers. Quel miracle s'est accompli à l'heure où l'on pensait que c'était aller à la mort !
L'artillerie avait visé juste. Elle a ouvert la marche.
Sans elle, au point où en arrive l'organisation défensive
des Allemands, tout serait vain. Ce soir, — encore une
fois, soyons justes — nous la bénissons.

Autres reconnaissances vers Draaïbank et Langewaade, avec le concours des torpilles, des obus, des mitrailleuses, tandis que les avions se livrent des combats furieux finissant par une chute en feuille morte et par l'incendie de drachens et de saucisses. Cela nous laisse un court répit, à la maison de la Cabine Téléphonique d'où nous surveillons les points les plus dangereux : 48.10 et 46.10.

... J'ai brisé le calme de la nuit par le son de ma cloche aux gaz. En effet, la nappe est apparue sans bruit, légère, mais piquante et, aussitôt, du cabaret de Kortekeer à la presqu'île de Poesele, le tir de nos mitrailleuses et de nos fusils s'est déclanché. Au loin, des lueurs trouaient le ciel noir : c'étaient nos 75 qui barraient aux Allemands la route éventuelle de leur assaut. J'étouffais dans le masque que je dus conserver un long moment. Au-dessus de nos têtes, le sifflement avait duré plus d'une heure.

Pauvres petites choses perdues dans l'immensité, nous avions tout de même, d'un geste, sauvé des existences et ce geste nous l'avions payé d'un de nos plus angoissants supplices — celui de la solitude dans un encagement de fer et de feu.

Pauvres petites choses condamnées à mourir, lancées en avant pour donner l'alarme, crier l'alerte et faciliter le ralliement ! Combien de nos frères d'armes sont morts, dans de pareilles circonstances, dont l'histoire n'enregistrera jamais l'obscur sacrifice aux confins de la zone d'écoute !

... Nous avons jeté des passerelles toute la nuit sur l'étendue du secteur, en liaison avec les tommies dont on aperçoit dans la nuit les longues colonnes d'attaque, puis de ravitaillement, avec des ânes qui frôlent la première ligne. L'artillerie depuis hier soir fait un bruit infernal et semble noyer de projectiles toute la zone au sud-ouest de la forêt d'Houthulst. Barrages incomparables où se devine la maîtrise qui nous a manqué naguère — et qui inspire confiance aux poilus. Il faut le dire : ma plume est moins lourde, je n'ai plus d'arrière pensée. Nous sommes aidés. Longtemps, longtemps, notre ardeur, notre esprit de sacrifice ont suppléé à l'insuffisance du matériel, d'hommes, de concours alliés... nous devions être partout, toujours...

J'attends la mort certes, mais je ne serais point étonné de vivre.

Une rafale vertigineuse achève sa course derrière moi.

Mais non... mon tour viendra !

... L'assaut a été mené à la pointe du jour sous le couvert d'un rideau de feu qui anéantissait la résistance. Cependant, vers la ferme Champaubert, une de nos colonnes, prise dans un barrage, a subi de lourdes pertes. Sans attendre la nuit, les brancardiers ont enlevé les victimes. A la file indienne les sections de réserve transportent des passerelles et des caillebottis qui sont posés à bon escient derrière les troupes d'attaque. Deux canons de 77 gisent dans les eaux du Steenbeck, des prisonniers sont passés à l'arrière et des blessés se lamentent au milieu de la vase.

Les abris allemands où nous voulions entrer dégagent une odeur de poudre et de cadavres si prononcée que nous aimons mieux nous soumettre à ciel ouvert au tir serré des batteries ennemies. Les glissades hors des passerelles nous épuisent et nos armes sont enrayées. On croirait que l'artillerie française a diminué de puissance et qu'elle règle ses nouvelles distances, tandis que l'autre s'acharne sur nos éléments — toujours sur nous. Cela suffit pour nous abattre, nous laisser, aux arrêts, désespérés — et nous faire préférer à une telle horreur de vivre la mort soudaine qui libère l'homme de la douleur et des angoisses.

Nous nous sommes reposés quelques minutes au sommet de l'éminence qui a nom Ferme Pompadour, au nord de Bœsinghe et nous avons découvert de cet observatoire un panorama circulaire. Nous avons fait de la topographie et — la visibilité aidant — cherché le nom des villages que sous le rare soleil nous distinguons de loin en loin jusqu'à l'horizon.

Là-bas c'est le Mont Kemmel, masse sombre et voûtée ; Poperinghe, Ypres, Vlamertinghe, Brielen, Elverdinghe, Becelaere, Passchendaele, Saint-Julien, Pilckem ; Woesten et le Lion Belge — sinistrement bombardés — terreur des relèves — Zuydschoote, Pypegaale, Oostvleteren, Westvleteren, Reninghe, Nordschoote, Luyghem, Merckem, Nieucappelle, Houthulst, Langemarck, Poelcappelle...

Presque toute la Belgique...

Les pluies fréquentes d'octobre ont aggravé, s'il était possible, la situation. L'eau couvre la presqu'île de Poesele, atteint la Maison du Passeur et Nordschoote. Des képis de 1914 flottent à la surface et, dans certains îlots, je découvre des trophées, des ossements, des chéchias et des gamelles. Débris épars de la grande tourmente, vous n'avez pas, vous n'aurez jamais de sépulture ! Que faire, sinon laisser cela flotter encore ? Si l'on plongeait jusqu'au fond, on en découvrirait bien d'autres, de ces débris anonymes ! Le cœur doit-il parler quand l'individu peut être anéanti à tout instant ? Cependant une parcelle de terre qui porte les ruines de la ferme des Lance-Bombes nous recueille à l'est de l'ancienne première ligne devenue maintenant position de soutien.

Sur un simple petit billet que la liaison a transmise l'affairement bouleverse les sections. Une nouvelle attaque va être déclancée tout à l'heure !

Sac au dos ! Plus le temps de respirer. Il faut partir. D'ailleurs l'artillerie française semble dire : Allez-y — et les canons de 75 sautillent derrière les arbres. Les gros mortiers de Nordschoote font vibrer la surface des eaux à chaque détonation. Les compagnies de réserve suivent, avec tout le matériel utile en pareil cas — y compris celui des brancardiers.

Les Allemands ont opposé une faible résistance à l'attaque menée en liaison avec les fusiliers marins et les Belges. La colonne était longue et suivait la piste en faisant des méandres aux points de chute des obus allemands. Une batterie nous prenait d'enfilade. Avec une dextérité admirable, les braves sapeurs construisaient des passerelles dont l'une, celle du Farfadet, était soumise à un violent tir ennemi. En raison du peu d'élévation de cette passerelle, les accidents ont été limités dans le nombre et dans la gravité.

Nous avons réussi le passage de Martjewaart sur de simples caillebottis qui souvent s'enfonçaient dans la vase et disparaissaient. Belle manœuvre, certes... en ligne de colonnes de demi-sections dès l'approche de la ligne des fortins, puis en tirailleurs.,. mais quels drames ne sont pas venu assombrir nos espérances !

Un blessé dont le pansement est tombé nous montre sa plaie béante sur le visage et nous supplie de l'achever ou de l'arracher à la boue qui l'envahit dans un trou d'obus. Hélas ! les cris de « En avant ! » se font plus pressés, plus ardents ; c'est l'ultime avance ; on ne peut songer à s'arrêter et même à ralentir.

Le colonel, qui a installé son poste de commandement à la chapelle de Langewaade, demeure debout avec son officier adjoint, s'aggrippant à des ruines entourées de boue — et de blessés nombreux qui gémissent.

Nous avons de l'eau jusqu'au ventre et nous tenons nos fusils à bout de bras pour les conserver utilisables. Et nous tirons debout. Que nous voulions suivre la lèvre d'un entonnoir plein d'eau et nous nous enfonçons sans rémission : il n'y a que de la boue. Nous ne sommes plus des hommes. A l'arrêt, on nous prendrait pour des paquets ou des cadavres.

Et la nuit tombant sur cette zone, conquise après les autres, ramène le silence que des barrages intermittents viennent couper, ainsi que des escarmouches rendues nécessaires par l'obligation de redresser le front en occupant certains points stratégiques.

Mais de gros obus, de très gros, essaient de détruire les passerelles du Farfadet, du Crocodile, du Martjebrug et du Bosquet, seules voies de communication avec l'arrière sur notre front.

Nuit pénible, sans sommeil possible. Nuit de tristesse et de désolation. Il y a des vides. Tout près de nous, le château de Merckem élève son tas de ruines couronnées de quelques vestiges de bois. Et ce tableau, arrosé d'une pluie continue et épaisse, serait capable de nous faire pleurer — si nous avions des larmes. Non nous ne sommes plus des hommes ni des soldats, nous sommes, répétons-le, des paquets de boue. Peut-être, par un déclic

mécanique, pourrions-nous tirer encore sur l'ennemi —
et c'est là notre supériorité sur les morts qui tanguent
dans cette mer atroce, et dont le privilège est de ne plus
souffrir —. Mais nous demander un effort moral ? Inutile d'y songer : nous sommes creusés et vidés.

L'arrivée des gars à la gnole et au pinard n'a même
pas été saluée par ces interpellations fantaisistes que le
danger ne vainc pas. Ce soir, c'en est trop. Rien ne nous
touche. Pourtant, lorsque, dans le quart boueux, j'ai
versé puis senti l'alcool... alors, oh ! alors, ivre de misère et de douleur, j'ai bu, j'ai bu, comme une brute...
Et j'aurais attaqué, à moi seul tout un peuple, tout
un monde, la poitrine ouverte, de la force de mes deux
poings.

Mais la boue, l'horrible boue semblait se jouer de
mon emballement d'une heure. A la vie, à la mort,
j'étais à elle...

... Quelques jours après, j'accompagne Théolin et
Fischer à Coquelles. Le repos est interrompu par quelques exercices sur la colline de Belle-Vue et le terrain
des Noires-Mottes d'où l'on découvre toute la plaine
du Calaisis et les falaises de Douvres.

Dans les cafés, bondés de poilus, nous cherchons à
tuer le temps et le soir c'est la virée sur Calais.

Une fois, nous sommes pris dans un bombardement
aérien et les éclats d'obus nous harcèlent.

A part cela, c'est le filon qui nous change des journées dramatiques vécues. Théolin au bas du village,
Fischer sur la route de Boulogne, à la montée, se pré-
lassent dans la quiétude et la joie. Nous nous réunissons
pour organiser des concerts intimes à la popote. Nous
oublions.

— Tu parles d'une turne ! m'a dit Fischer... Quand je rentre après dix heures du soir, mon logeur me ferme la porte à clef et place une échelle en face de ma fenêtre. Il n'a pas appris à vivre celui-là. Quant à mes souliers, tu peux être tranquille, personne ne me les cire. Et on appelle cela avoir des égards !

— Tu vas fort, toi, remarque un nouveau camarade... Quant à nous, nous prolongerions volontiers notre séjour dans la ferme de M. Duchâteau où le bienveillant accueil efface nos amertumes. Et c'est à mon avis être français deux fois que de procurer ainsi aux pauvres revenants que nous sommes la douce illusion de se retrouver en famille... Oui, ils ont une haute conception de leur rôle, ceux qui ne combattent pas, quand ils nous permettent de renaître un instant à la vie domestique dans un foyer hospitalier !

Nous avons assisté à une représentation théâtrale donnée par les Chasseurs dans une grange bordant le voyeu de M. le maire. Le public, entassé, riait aux éclats, et les poilus enhardis trituraient de leurs mains indiscrètes la chair des femmes qui se pâmaient contre eux.

Ce furent de bons jours, l'oubli aidant et Gadaume chantait « Femmes que vous êtes jolies » sur les tréteaux des estaminets.

CHAPITRE V

FLUX ET REFLUX

Maman — ma mère bien aimée — je crois entendre des cloches sonner le retour au pays.

Est-ce un rêve ?

Hélas ! Voici la quatrième année que nous chantons le même refrain...

En ce premier jour de 1918, je vous apporte mes vœux en mille bon baisers.

Je suis très mal servi par le destin, puisque toujours attelé au labeur — et je me demande si c'est la mort ou la victoire qui viendra mettre un terme aux douleurs que j'endure.

C'en est trop : quatre ans ! Peu me chaut la beauté de l'Ile de France... le bruit des villes... des populations... je pense que je vous ai quittée il y a longtemps déjà...

J'ai perdu la notion des choses. Romanichel moderne partout où je passe je suis chez moi et ma petite patrie ne compte plus. C'est le mélange des conditions, des origines et des races. Les provinces s'entremêlent dans les régiments. On nous jette les uns dans les autres. De sorte que si demain la guerre finissait je resterais planté sur mes jambes, à me demander : où est ma patrie ?

Mais il faut tout dire : les amitiés de la guerre seront

durables, car elles sont d'or. Quand on a souffert, sous la menace sans cesse renouvelée de la mort, on se lie, cœur à cœur.

Eh ! bien, il faut que je précise : j'ai rencontré parmi les poilus du Nord de bonnes amitiés qui ne se désagrègent pas. Qui donc se plaignait de ce mélange de provinces dans un même bataillon ? Je trouve moi que c'est excellent. Et ça nous dégrossit, et ça nous dessale. Un progrès. De cette manière, c'est d'une seule âme que lorsque une ligne est attaquée par les Allemands, nous nous dressons pour la défendre, c'est d'une seule âme aussi que lorsque il faut libérer une parcelle du patrimoine national nous bondissons de nos trous vers les positions ennemies.

Je voudrais m'arroger le droit, mort ou vivant, de posséder un coin de cette terre du Nord que j'ai défendue ou conquise pied à pied au milieu de mes vaillants compagnons de misère et de gloire. Héros y reposer. Rescapé y vivre.

Dans les prières que vous faites la nuit en cette chambre où je ne vis plus que par de lointains souvenirs demandez au ciel de me protéger, mais s'il en décide autrement, de me donner une mort rapide et glorieuse sans l'agonie affreuse du blessé du Martjevaart ou du moribond de la Ville-au-Bois. Je me vois mal d'ailleurs me tordant, comme un ver, avec une balle au ventre. Dans ce cas, il me semble que je rassemblerais mes dernières forces, comme Daguay à Craonne et que je me dresserais d'un seul bond, les bras en croix, en jetant l'anathème aux envahisseurs assassins qui par une nappe rageuse de balles me supprimeraient enfin en se gaussant.

Pourtant, n'ayez pas de craintes trop vives. Je n'ai pas de peine de cœur et je ne m'élancerai pas dans la mort à plaisir...

Tiens ! il y en a un de chez nous dont la femme fut infidèle. Eh ! bien, il a bondi, un jour, de la tranchée, inconsciemment, pour en finir avec cette vie — trompeuse à l'avant comme à l'arrière. Ses enfants pleurent maintenant.

Combien de drames secondaires la guerre n'aura-t-elle pas suscités ? Combien d'actions malveillantes n'aura-t-elle pas couvertes ? Combien de fortunes édifiées et combien de misères créées !

Pour nous — le grand drame, maman — c'est vos cheveux devenus blancs si vite — et mes beaux printemps perdus pour toujours...

Si je reviens, les places seront prises et le combattant devra s'effacer. Quelle expérience pratique aura-t-il acquise de la vie à une époque, en un lieu où il est ordonné de la supprimer ? Quelles études aura-t-il faites dans la boue et dans le sang, avec la menace perpétuelle de la mort devant ses yeux ? Je ne me fais pas d'illusion : nous passerons sous l'Arc de Triomphe de l'Etoile, parce que c'est promis, dans un splendide cortège conduit par nos grands chefs. Un immense peuple nous jettera des fleurs, criera « Vive la France ! Vivent les Poilus ! » Nous allons tressaillir d'émotion — mais au moment de la dislocation les gens de l'arrière qui auront agité éperduement leurs chapeaux nous diront en douce « Nous sommes quittes.... » Et la lutte pour la vie reprendra de plus belle.

Alors je vais errer en quête de travail — avec mes cinq années de grandeur militaire — comme référence. Et les patrons bedonnants qui n'auront pas assez de temps pour compter leurs gros sous me regarderont par dessus leurs lunettes et diront : « Connais pas... suis servi... allez chez le voisin... je n'ai pas le temps, je pars pour Nice tout à l'heure... vous reviendrez... dans trois mois... »

Vous verrez, maman, que ce sera le sort des combattants, même plusieurs fois blessés et meurtris. Cependant, reconnaissez-le, ce ne sera pas élégant et digne de leur part d'aller de porte en porte avec leur pot à fleur, leur casque, si vous voulez mieux — comme escarcelle. On pourrait leur dire « Ça va... ça va... on sait que vous l'avez faite la guerre... mais si vous l'avez faite, c'est que vous y fûtes obligés !.... »

Nous sommes trop vidés pour écrire notre histoire. Comment réussirions-nous à retenir l'attention des gens? Cela n'est pas possible.

Il faut en prendre son parti : je vois le retour du poilu, vainqueur ou vaincu, comme une pitoyable réintégration dans une maison sans meubles, sans air, sans lumière — avec l'obligation de refaire sa vie de toutes pièces comme s'il devait se sauver deux fois lui-même — après avoir sauvé les autres.

... Je n'enverrai pas cette lettre à maman. Je ne lui ai jamais avoué mes découragements. Je ne commencerai pas aujourd'hui...

... Cette bonne madame Pigoizean m'accueille de la manière suivante — et cela vaut d'être écrit — en observant mes godillots :

— Oh ! monsieur ! je vous en prie, n'entrez pas. — vous allez salir ma maison !

Et comme j'étais avec Fischer :

— Si les Boches avançaient, remarque-t-il en aparté, elle pourrait leur dire aussi d'attendre à la porte, grand-mère !

Le père Duchesne et le capitaine se sont terriblement battus, aux dames, cet après-midi. Le père Duchesne qui a quatre-vingts ans bien sonnés est un malin qui n'aime pas perdre. Profitant d'une courte absence de son partenaire, il a modifié à son propre avantage l'emplacement de trois de ses pions. Je n'ai rien dit pour ne point confondre ce brave homme chez qui depuis quelques jours nous trouvons une hospitalité généreuse.

C'est ce que l'on appelle ici le grand repos, presque sur les bords de la Marne, à de nombreuses lieues du front. Dommage que ce soit en plein cœur de l'hiver, à l'époque des angines et des toux qu'on est obligé de soigner, ou de prévenir avec de la chartreuse « surfine » sinon surfaite de chez Thérain-Patin où Decobert a trouvé le remède à ses indispositions et où je rencontre des amis qui se préparent à donner une représentation au dispensaire. C'est la revue du régiment. En auront-ils le temps ? Et les jours J. et les heures H. qu'en font-ils les copains ?

... Elle passe, chaque jour, matin et soir, très souvent, devant les poilus qui reviennent de l'exercice :

— Boz'our Zette ! Boz'our Zette !

Et toute la file répète le bonjour sans trouver rien de nouveau. Zette malheureusement est souffrante. Le médecin major lui met des pointes de feu.

Ils l'ont su, les sacrés brisquards :

— Dire que le toubib ose toucher à cette fleur ! dit Richard.

— T'en fais pas pour le toubib... pendant ce temps là toi tu te contentes de zieuter !

— Avec ça que je suis gêné de faire un coup de main sur Panam, ce soir même, si tu veux parier...

— Parait qu'elle a reçu une lettre d'un capitaine de zouaves...

— Hier, elle était en conversation avec le commandant Maureix qui avait l'air de lui dire des choses bigrement alléchantes !

— Elle vient de Paris, Zette; elle a été aux Folies-Bergères...

— C'est elle qui racontait que la première Division est allée au théâtre, même que sur la toile, à la fin, on avait écrit en grandes lettres :

Les Poilus du 1er corps peuvent mourir tranquilles, car ils ont vu Gaby Deslys.

— C'est vrai, ça ?

— Comme je te le dis !

— Elle se lève tous les matins, à onze heures, la môme... et l'après-midi elle fait sa petite sieste.

— Et puis, elle lit des romans.

— Charriez pas, j'ai rarement vu de si jolies chevilles; elle est bath, cette petite femme-là !

Ainsi qu'une balle qu'on se lance, le nom de Zette a voyagé du premier au dernier homme assis sur le bord du trottoir — et qui attendent la soupe. On se contente de cela. Et les quarts-d'heure passent. Pendant ce temps, Zette a pénétré dans le petit cercle d'officiers jeunes et rasés de frais, qui se disputent son sourire et son cœur dans la pièce spéciale de chez Thérain-Patin.

... Ils ont touché la solde, ce matin.

Alors le sergent Dutertre à son ami l'adjudant Delabarre :

— Ils y vont tous... Nous.... on pourrait pas ?

— Si tu veux, ma vieille !

— C'est pour ce soir ?

— D'accord.

Il s'agit d'un coup de main sur Paris.

Naturellement ils l'ont chanté à tous les copains, qu'ils s'en allaient discrètement, quelque part, pour une virée, quelque chose de tapé, une bonne nouba.

Alors ils font leur toilette dernier cri. Ça va barder. Les sous-off se disent :

— C'est des as !

— Bien sûr que c'est des as, de f... le camp comme ça ! Ils vont mener une vie de bâtons de chaise, là-bas.

Et nos deux loustics de cambrer la taille.

Ils sont partis à travers champs, à travers bois, jusqu'à la première station.

Ils ont rencontré le caporal Duffau et tout en se frottant les mains ils lui ont dit :

— On va faire un grand coup !

Enfin, après deux heures de marche, on est à la gare.

— Du brin, dit Dutertre ; je croyais pas que c'était si loin. J'en ai marre.

— Je commence à la crever, moi, répond Delabarre.

Il y a quelque chose qui ne va pas.

Evidemment on eut été en bonne compagnie ce soir à la popote avec les copains de la 15e et le menu de choix, mais on a préféré laisser croire qu'il y avait mieux à Panam !

Ils ont réussi à prendre le train en contournant la

petite vitesse et Delabarre a déchiré sa vareuse en franchissant une clôture.

Mais ils sont partis pour le coup de main, pour la grande aventure qu'on ne peut pas ne pas avoir accomplie quand on a l'honneur d'être sous-off et de servir dans une division de choc.

Ils sont arrivés à Paris avec une heure de retard à cause de la neige. Minuit venait de sonner. Ils avaient froid. A la sortie du hall quelques appels « Psstt... P..ss.. tt... ! » ont attiré leur attention. Ils n'y ont pas répondu en raison de la modicité de leurs ressources.

De gros flocons tombaient les obligeant à se réfugier dans le dernier bar encore ouvert. Ils ont cherché des chambres. Point. Terminus : plein. Denain : plein. Alors, de guerre lasse, ils sont allés se coincer entre deux amas de bagages, à la consigne. Et ils se sont endormis. Au petit jour, tous deux étaient victimes de la grippe. Ils ont repris le train après diverses tribulations.

— Rien, le coup de main, disait Dutertre...

— Tant pis, retorque Delabarre, on va leur en f.... plein la vue. On leur racontera ce que... les autres font...

Personne ne saura rien.

Ils sont rentrés à la compagnie.

— Intacts ?, demande Decobert qui fait allusion à certaines rencontres probables à la sortie de la gare.

— Tu parles d'une rigolade !

— Pour sûr, je ne sais pas ce qu'il avait dans le ventre, Dutertre ! Une vie ! je ne vous dis que ça !

— Je vois bien : vous avez fait des folies !...

Et Delabarre glisse à Dutertre :

— Tu parles !

Mais on a fait son petit coup de main et maintenant on peut monter là-haut !...

*
* *

Beaurieux. Le calme de cette contrée est surprenant quand on a connu les jours agités d'avril 1917. Une division y cantonnait et bivouaquait. Les Allemands bombardaient cruellement et les jolis cottages tombaient en ruines. Le château où je fus soigné un jour n'a pas souffert, lui, mais la rue de la Grosse Pierre est pitoyable. Pas une maison debout. L'église n'a pas été mise à mal ; un seul obus — 105 — au-dessus du porche, et une égratignure au clocher. Le cimetière est intact. Là-haut nous exécutons des travaux de défense. Nous nous mettons sur nos gardes. Au fond, le plateau de Craonne dénudé, désolé, sec, triste. A l'est, la Ville-aux-Bois, toute blanche — nappe de ruines — le bois des Buttes en dos de chameau avec des poils hérissés qui sont les vestiges du bois lui-même. Plus à l'est encore, les bois de la Miette, de Gernicourt, de Bouffignereux. Devant nous le Beau-Marais envahi de mystère et le château de Blanc-Sablons aux saillies béantes.

De la côte 166, j'ai pu contempler à loisir le vaste plateau, vieille connaissance de nos jours mauvais. J'en ai reconnu toutes les crêtes, les ramifications, les avancées et l'une des extrémités, le secteur de Californie, où nous attaquâmes l'année dernière — où dorment tant de nos compagnons de lutte. Le tourillon de Vauclère domine toujours l'ensemble de ce décor. J'ai reconnu Heurtebise et l'emplacement du monument Napoléon. Quel monument ne devrait-on pas élever aux combattants de la présente épopée ! J'ai reconnu les creutes de Foulon, le bois du même nom, tout le secteur où je vadrouillais autrefois, non sans fierté, non sans peine, non sans anxiété, aussi — lorsque j'avais vingt ans !

... Geys, le colonisateur, Leblond, le grand voyageur d'outre mer, Morly, le cuistot, Martrou, l'instituteur, Gartet, l'avocat, m'ont invité à partager leur repas et j'ai pu ainsi assister pendant une heure à une vive controverse entre ces divers poilus d'une même escouade. J'en arrive à connaître en peu de temps l'origine, la vie et les aventures de chacun d'eux. Le myope Gartet préférerait au sac chargé, déclare-t-il, traîner la philosophie d'Aristote.

Leblond, condamné de droit commun, ne demande qu'à faire partie de mes patrouilles pour obtenir sa réhabilitation. Je vais avoir là une bonne œuvre à accomplir.

— Je suis votre homme, Leblond ; je vous aiderai à cueillir la palme dans le no man's land pour vos moutards. Quand j'aurai besoin de volontaires — et ça ne peut tarder, — vous saurez ce qu'il vous reste à faire.

Les Allemands ont arrosé le Beau-Marais d'obus toxiques. Les vallées sont dangereuses. Les nappes y séjournent très longtemps. Or, maintenant, c'est de l'ypérite qu'ils envoient — gaz extrêmement nocif. Nos yeux pleuraient et nous supportions difficilement l'indispensable masque. Les brancardiers jettent du chlorure de chaux dans les trous creusés par les obus.

Voici Craonne, rasée. Des semailles de pierre. Craonne chef-lieu de canton. O ! miséreux qui retournerez dans votre bourg, comme je vous plains à l'avance ! De quels sanglots ne déchirerez-vous pas le silence de ces ruines où se sont engouffrés vos biens, vos souvenirs, vos reliques chéries ? Où sont donc ces chatoyantes maisons

que je voyais du plateau Triangulaire ? Et vous, mères,
où sont vos foyers ? Où sont vos ombrages, fiancés,
et vos jardins, vieillards ? Enfants, où sont vos berceaux

Sur la pente, l'église est constituée par un amas de
pierres. Autrefois son clocher semblait être aussi haut
que le plateau.

Je suis venu me familiariser avec le secteur de ma
compagnie, extrêmement voisin des Sapinières de
terrible et inoubliable mémoire.

.

De longues colonnes montent sans cesse sur le plateau où les défenses sont multipliées en prévision d'une
attaque allemande de grand style.

Le plateau de Craonne est entièrement à nous et
nous goûtons l'immense joie de scruter dans les bas
fonds les tranchées ennemies qui sont sensiblement
parallèles au cours de l'Ailette. Enfin nos yeux connaissent cette vallée. Autrefois la butte des premières
lignes allemandes sur la crête nous interdisait cela. Les
postes avancés tiennent la ferme Saint-Victor, la Caponnière Vincent et la tranchée du Scorpion. De ces divers
points, des patrouilles sortent chaque soir pour explorer la vaste bande de terre qui nous sépare de l'Ailette,
où l'ennemi pourrait préparer des positions de départ.
Mais les boyaux de Craonne, Von Boehm, de Californie qui serpentent du plateau vers la vallée sont telle-
ment ouverts aux regards de l'ennemi qu'il est diffi-

cile d'y voyager le jour sans qu'immédiatement des rafales s'y dirigent avec précision. Des équipes spéciales remettent en état les éléments détruits par l'ennemi. Et c'est angoissant pour ceux de Saint-Victor et de la Caponnière de se sentir parfois totalement isolés du gros des forces par cette barrière de feu impossible à franchir. Notre mission est tracée : pendant ces tirs de barrage, l'alerte est donnée dans les abris de la Caponnière et chacun prend son emplacement de combat. On attend. Alors le poste disparait sous un nuage de fumée et nous sommes mis à l'épreuve d'un tir d'encagement qui est la préparation lente de la mort. La tactique allemande est élémentaire : les postes non secourus sont attaqués par de fortes reconnaissances. Ils en ont tenté une, ce matin. La nuit avait été dure en raison des harcèlements de l'ennemi. Une cloche tinta. Loubaud se précipita dans la cagna :

— Ils attaquent !

La troupe a bondi. En quelques secondes la caisse aux grenades a été dévalisée, les V. Beïstes, jouant aux artilleurs, font du barrage par groupes de huit obus. Bourret, debout sur un monticule, tire avec un fusil-mitrailleur et le recul précipité de l'arme lui donne la tremblote au point de faire danser son casque bosselé. J'ai crié :

— Pas d'énervement, les gars ! Ils sont encore loin et ils n'arriveront même pas à mi-chemin !

En effet, le premier groupe, le plus audacieux s'est terré au carrefour de l'Eléphant, les autres restent invisibles.

Mes brisquards s'acharnaient tous sur les premiers, mais craignant une nouvelle tentative je leur recommande :

— Tirez, tirez toujours dans le bled, entre le carre-

four de l'Eléphant et leur tranchée ! Bourret occupe
toi seul du premier groupe !

Mais les 77 et les 105 vengent les assaillants. Nous
sommes noyés. Nous tirons toujours. Nos douilles de
cartouches jonchent le sol. Le chevalet des V.B. est
détérioré par l'effort, les fusils-mitrailleurs sont en-
rayés. N'importe : ils ne sont pas venus.

Un coureur de la compagnie, légèrement blessé
au doigt, arrive, après la bataille, porteur d'un billet.
Il dit :

— ‘Il y a une demi heure que j'attends à Saint-Jouan
pour passer et venir jusqu'ici. Voici l'ordre :

« Tenir la Caponnière coûte que coûte »

— Très bien, mon garçon, mais une autre fois, tu
tâcheras de me donner le billet... avant !

Seuls sont restés de garde quelques copains. Et les
autres, l'incident étant clos, ont repris leurs occupations
dans les abris :

— Je ne sais plus quoi leur conter à mes vieux,
dit Bourret, en se grattant la tête, devant la lettre
commencée : ces cochons-là m'ont coupé le sifflet !

Leblond est allé à la recherche de clous pour remettre
le chevalet en état et Loubaud se donne un mal de chien
à exterminer les poux qui peuplent sa chemise :

— Ça se voit bien qu'on est dans des gourbis boches :
ils ont tous la croix de fer sur le dos et quelle bedaine,
mes amis !

Et ses ongles de bourreau font crisser la coque fragile des indésirables.

Dans un petit coin secret, je prends mon bidon.

— Laval, tu vas leur distribuer ça, à égalité.

— Il n'y en aura pas assez !

— Bien, tu taperas dans la réserve.

— C'est vrai qu'ils ont été chics. Ça n'est pas une section ici, c'est une famille ; on se tient tous, on est des frères.

... 21 Mars. Aucun poilu ne pourra oublier ce bombardement de onze heures du matin à huit heures du soir. Nous pensions les voir foncer sur nous en rangs pressés pour la grande offensive annoncée. Ils ont bouleversé le secteur, ils ont tout nivelé.

Ils ne sont pas sortis.

... « Se rendre compte si la tranchée Galgen est occupée ; explorer les réseaux, reconnaître, s'il y a lieu, des emplacements de mitrailleuses, faire des prisonniers, si possible »

— Ça c'est clair ! me dit Decobert.

Ils sont venus aux nouvelles.

— Pas compliqué, mes amis : il me faut vingt hommes ce soir « Consigne... enlever les écussons de veste ».

Et Carrère de remarquer :

— Ça, c'est pour dans le cas où on serait tué...

... « laisser dans le sac les papiers personnels »

— Ou prisonnier, fait observer Lahaye, le flamand.

... « S'alléger... »

— Pour sûr, dit Leblond, surtout dans ce fouillis et dans ce sale marais... J'ai été voir vers la Butte-Mary, on ne peut pas faire un pas sans dégringoler.

—... « Quelques grenades... »

— Ça, ils peuvent être tranquilles, on en prendra ! s'écrie Magnaud de sa couchette où il s'est retourné en sursaut.

— ... « Cartouches en poche et une carabine... »

Rivière a déjà consulté le contrôle de la section :

— Nous sommes vingt-sept dans la section ; ça va être difficile, il n'en faut que vingt.

Je ne dis mot parce que ce sont des affaires qui se tassent et que je deviens philosophe. En effet :

— Eh ! bien, dit Decobert, je vais mettre tout le monde d'accord. Si j'étais de Pierre Basque, je dirais : venez tous avec moi !

— C'est une idée lumineuse, Decobert.

— C'est vrai, on a qu'à tous y aller, dit Laval, on n'est pas une section, ici, on est une famille, des frères quoi !

— Comme ça, pas de jaloux, répond Martrou.

Alors la fièvre s'est emparée des hommes. Ils ont écrit, puis astiqué, puis préparé leurs bagages, décousu leurs écussons, rempli leurs musettes — en riant. Qui pourrait penser que du haut du plateau quatre années de guerre, avec attaques et patrouilles en nombre, nous contemplent ? Ce soir peut-être, ce sera plus triste.

— Voyons... Dupont : qui est-ce qui t'a dit de te charger ainsi ?

— Ah ! moi, j'emporte de la gnole pour moi et les copains.

De quatre à sept heures du soir, nous nous sommes allongé. Je fermais les yeux pour mieux voir en moi-même l'espace qui s'étend de la Caponnière à la Butte Mary et à la tranchée Galgen, en passant par le carrefour de l'Eléphant et le carrefour de l'Elan.

Par la pensée, je disposais tout mon petit monde : Leblond — pour se réhabiliter — à côté de moi, avec Laval et Richard grenadiers ; les autres, par petits groupes, en losange, suffisamment rapprochés pour se prêter un mutuel appui, assez espacés pour éviter l'encerclement.

— « Le capitaine assistera au départ. Un groupe de la section voisine occupera la Caponnière pendant la reconnaissance ; le chef de bataillon se tiendra au P.C. de la compagnie ».

Tel est le texte du dernier billet reçu.

Toute la section est en ligne.

— Quand c'est-il l'heure H ? demande l'un.

— Il n'y a pas d'heure H, ici, gros malin ! On part quand le moment est propice.

Et Laval goûte une fois encore au bidon d'alcool.

En avant !

— Bonne chance ! me dit le capitaine Stévenin.

Et moi d'ajouter :

— Je fais mon petit commandant de compagnie, voyez-vous !

Nous sommes sortis par les quatre chicanes. Leblond veut être le premier — pour se réhabiliter.

— Attention, en avant ! Surveillez la droite ! surveillez la gauche ! Un œil, un œil seulement sur les arrières !

Je devine que mes observations sont suivies religieusement. Qu'ils sont braves, mes gas dans l'ombre, qui agissent comme il est convenu ! Seule la classe 17 voit des Allemands partout. On ne l'écoute pas.

La pause.

Un silence poignant. Maintenant la Butte Mary est derrière nous. Nous nous sommes assis, sans bruit, et chacun de nous guette l'extérieur. La Caponnière ne se distingue plus dans la nuit. C'est ici le point culminant des responsabilités. Je me suis recueilli quelques secondes.

— Faites passer : on continue comme prévu.

Richard suce dans son bidon de gnole.

— On y va, dis-je à mes proches.

Les autres suivent. J'ai l'impression d'être leur grand frère.

Un, puis deux Allemands se carapatent :

— Ne tirez pas !

Nous rampons, dans le chaos des branchages et des fils barbelés ; nous sommes près de la tranchée allemande.

Un silence de mort, sauf cette gamelle entourée dans une veste que le guetteur allemand a abandonnée et que Leblond ajuste à son équipement.

Encore le silence. Le groupe Rivière est en pointe. Mais je n'ai plus d'influence sur lui ; il connait son métier.

Nous sommes arrivés à un talus. C'est la tranchée allemande, inoccupée.

On attend...

— Silence, surtout...

Mais un guetteur éloigné a aperçu nos ombres et donne l'alerte en tirant. Le groupe Rivière l'a vainement poursuivi dans la tranchée d'où il enlève du matériel et des effets. J'allais bondir et nettoyer. Hélas ! toute la ligne de soutien a déversé un tir effrayant de mitrailleuses et de fusils. Un blockauss s'illumine à dix mètres. Sans l'alerte, nous le prenions. Dommage !

Le groupe Rivière tire à la carabine et à la grenade mais il est revenu prudemment sur le bled. Je repère les mitrailleuses. Ça c'est pour l'artillerie.

— Je me casserais les dents de rage, dit Leblond,

nous étions si près du but. On en cueillait une escouade !

Il est inutile de prolonger la mission. Le nombre de mitrailleuses, de lance-torpillettes, de fusils qui nous arrosent nous commande notre devoir. Les renseignements obtenus sont intéressants. Pour aujourd'hui cela suffit :

— Faites passer : se retirer en conservant le même front, rassemblement au carrefour de l'Eléphant. Y a-t-il des pertes ?

— Entendu pour le rassemblement. Les pertes : on ne sait pas ! dit quelqu'un.

On ne sait pas !...

— Rivière...

— Il est là...

— Alors ça va...

Toute la ligne rampe vers nos positions.

Nous assurons la sécurité en arrière-garde. Mais les feux se concentrent sur le carrefour de l'Eléphant.

— Faites passer : laisser le carrefour à droite, suivre la piste d'Eu et rendez-vous à la Caponnière !

Les balles claquent dans le sol, dans les branches, au milieu de nous. Nous sommes hors de portée des grenades, mais les torpillettes éclatent encore en avant. L'artillerie, que des fusées alertent désespèrement, tire maintenant sur la Caponnière et les boyaux y descendant. Toute une armée a été mise en éveil. Pour nous, nous sommes fixés sur l'importance des effectifs de la tranchée Galgen et tout à l'heure nous connaîtrons le numéro du régiment.

L'orage diminue. Des hommes pelotonnés roulent de trous en trous sous les rafales de balles que seul 47.33 continue de nous administrer.

Voilà la Caponnière. La silhouette des casques au ras du parquet se précise.

Le capitaine demande :

— Est-ce qu'il y a de la casse ?

— Je ne crois pas. On va voir.

Ils sont presque tous revenus. Alors nous nous dressons devant notre réseau et le plus élégamment du monde, nous faisons à notre tour une entrée triomphale dans la première ligne.

Un caporal déclare :

— Rivière a du rester sur le carreau. Il était en pointe...

Mais ne voilà-t-il pas qu'une ombre se déplace dans le creux de la piste du Pioner Weg ?

— C'est lui, c'est Rivière !

Alors Rivière prend son élan, sous les dernières balles, fonce sur les barbelés, gravit le parapet, échoue au milieu de ses camarades et saisi par cet accablement consécutif aux violentes actions, il leur dit :

— Les salauds... ils ne m'ont pas eu tout de même !

Il souffle quelques secondes, puis éclatant :

— Mais qu'est-ce qu'ils ont pris !

*
* *

Moi :

— Dites-donc, les poilus, on remet ça ! C'est pour ce soir.

Le coureur a, en effet, apporté un nouveau billet.

— « Mission : reconnaître le pont 33, passage sur l'Ailette, l'état du ruisseau, attaquer tout ennemi rencontré, reconnaître les emplacements de mitrailleuses »

Tous les disponibles sont accourus aux nouvelles, de la même manière qu'hier :

— « S'il n'y a pas de volontaires à la Caponnière, prendre des hommes à la section de réserve sous votre conduite »

Ils se sont regardés tous sans un mot.

— Chacun son tour, c'est juste, dit Martrou.

— Oui, mais c'est tous nos gradés qui marchent, répond Laval.

Et moi :

— S'il n'y a pas de volontaires dans mon groupe, je vais bien être obligé d'aller chercher ailleurs. J'aurais cent fois préféré les mêmes ; on se connaît bien maintenant et les attributions sont définies. Hier soir, ça n'a pas trop mal marché. Et sans pertes. Au fond, on a rigolé tout de même.

— Ça c'est réel, dit l'un.

Le coureur attend la réponse.

— Alors ? fais-je en regardant mes hommes dans les yeux.

Laval appuie :

— Alors quoi ?

— Oui, je veux savoir si vous marchez avec moi, où s'il faut demander à l'autre section de me prêter des hommes à votre place.

— C'est dur de dire oui, comme ça, tout de go ! marmote Bourret.

On a troublé le sommeil de ce brave Leblond. Et se mêlant à la conversation celui-ci d'observer :

— Vous n'allez tout de même pas faire tant d'histoires pour ça ? Qu'est-ce qu'il faut ?

— Vingt volontaires !

— Comme hier, quoi ! Eh ! bien, allons-y ! On laissera les éclopés au parapet et ça fera le compte.

Le coureur que Laval a invité au fond du gourbi remonte.

Je lui dis :

— Tu expliqueras au capitaine que ça va... qu'on ira.

Laval renchérit :

— Et qu'on a besoin de personne, on est en famille ici.

— Il me faut un papier, dit le coureur.

A quoi, je réponds :

— T'en fais pas, va dire cela au capitaine. La parole de la 3e vaut un écrit.

Ah ! ce Laval ! Il faut dire que lorsqu'il trinque à la gnole avec le coureur, Laval est toujours le premier volontaire.

Pendant un moment, ce fut un peu d'émotion. Puis on oublie, en devisant.

Repréparatifs. Les hommes de corvée de la section de réserve apportent des munitions.

— Sergent Rivière, s'écrie le caporal Dupont, vous pourriez leur dire de recommander aux artilleurs d'asperger les blockauss si nous sommes découverts ce soir ; autrement on est roustis, roustis, on n'en reviendra pas !

La nuit tombe. On va partir. Le casque, les grenades, le pistolet, la carabine, les cartouches, le masque, l'horrible masque et surtout ma canne et ma boussole.

D'une enjambée, nous sommes sur la piste d'Eta-

ples. Là, cruel début : de l'eau, de l'eau, de l'eau jusqu'aux genoux et sur les branches mortes... crac....
crac... crac...

— Doucement, les amis ! fais-je en étendant mes bras.

— Les c..... ils vont nous faire repérer !

Ce soir la boussole est utile.

Voici la route de Chevreux à Bouconville. Arrêt.
En position de tir. Surveillance.

C'est un coin favorable aux embuscades.

— Vous n'auriez pas un peu de jus ? me demandent
ensemble Lareine et Pichot qui s'étaient concertés.

Je leur passe mon bidon.

... Nous voici au pont 33. Je le suppose du moins.
Lareine et Pichot, ensemble :

— On va chercher, bougez pas.

A trois nous explorons les abords de l'Ailette dont les
rives ne peuvent être distinguées. C'est une large mare.
Pourtant, là, on dirait un filet d'eau. Le pont doit être
proche.

— Attention...

En effet, les Allemands travaillent dans leur tranchée de l'autre côté de l'Ailette et leurs guetteurs sont
peut-être à trente mètres.

Lareine et Pichot n'ont pas trouvé. Et, de mon côté,
je ne vois rien. D'ailleurs le pont n'existe sans doute
plus. Mais il faut se rendre compte et le rapport doit
être catégorique.

A son tour, Leblond avance, patauge dans l'eau des
trous, brise des branches et découvre enfin une planche
sur le ruisseau.

— Je l'ai trouvé, le pont 33 ! dit-il.

— Faites passer : on traverse !

A ce moment, la planche cède, un craquement se fait entendre, suivi de la chute d'un corps dans l'eau.

C'est bien notre veine :

Toute la section était debout prête à nous suivre, tassée sur nous, en grappe, mais...

Mais un tir de mitrailleuse se déclanche. C'est le signal de la musique. De partout, des coups de feu. Les fusées qui montent sans arrêt dans le ciel promènent leur parasol sur nous et s'éteignent dans la vase.

— Faites passer ! dis-je : tous dans le fossé du chemin de Bouconville à Chevreux !

Entre l'Ailette et la tranchée allemande des groupes semblent prendre possession de leurs postes de combat. A chaque fusée qui monte le tir est plus nourri. Les réserves ont dû accourir. Leblond s'est dégagé de la vase, un peu grâce à ma canne, que je lui ai tendue tandis que chevauchaient les balles. A la faveur du talus du chemin de Bouconville, mes poilus peuvent, sans trop d'angoisse, écouter les rafales qui grignotent la terre. Mon devoir est ailleurs. Je me colle à un gros moignon d'arbre et des balles s'écrasent de l'autre côté. Je dois voir. Voir ! voir de mes pauvres yeux — quand ceux des Allemands crachent de l'acier. Voir dans cet enfer, voir — voir s'ils ne contr'attaquent pas, car ils peuvent avoir des passerelles, si près de leurs tranchées. Voir, à la clarté des fusées, s'il y a des ponts autre que le pont 33... Voir, s'il y a beaucoup de mitrailleuses et où... — voir l'état du ruisseau... — vu !

... Ce mouvement qui anime la ligne ennemie ne me dit rien qui vaille. Alors je commande le feu à volonté, ce qui fait plaisir à tout mon petit monde. Ah ! mes aïeux ! C'est la furie. Je note, dans mon esprit, plusieurs autres mitrailleuses.

Et là-bas, il y a des cris qui me font mal. Je dois

pourtant remplir ma mission. Je ne saurais m'y dérober. J'attaque pour qu'on ne m'attaque pas. Je défends mon foyer — et tous ces braves, dont plusieurs sont nés dans les régions envahies, se rendent compte, eux aussi, de la gravité de la tâche.

Magnaud est blessé au visage.

Les batteries allemandes arrosent le bois par où nous devons retourner.

Sous la protection de quelques camarades qui se tiennent près de moi, la section repart vers la Caponnière dont elle est séparée par plusieurs centaines de mètres. Heureusement la garnison de la ferme Saint-Victor n'a-t-elle pas répondu aux mitrailleuses allemandes. La liaison a été bien comprise. Nous apprenons à faire la guerre.

Le danger d'une attaque ennemie se fait moins sérieux et je déploie davantage la section au moment où elle va franchir la zone des obus. Tout va bien, malgré le barrage serré qui fait voler les branches et met le secteur en effervescence. Nous longeons les défenses accessoires de la tranchée Goineau et pénétrons enfin dans la Caponnière où nous accueillent fébrilement nos compagnons les guetteurs.

— Vous mettez le brin partout ! nous crie un homme de corvée.

— C'est nous les as, répond Pichot ; nous en faisons autant qu'un bataillon puisque de Galgen au Pont 33, il y a plus de 600 mètres de front !

Leblond tremble et, fiévreux, se couche quelque part, dans un coin.

J'agrippe le premier venu :

— Ecoute, tu vas porter le rapport au P.C.

« Mission terminée. Pertes : néant. Incidents... »

— Vous pourriez mettre, dit l'un : un bain, des pruneaux, du feu d'artifice... ·

— « Incidents : rien à signaler, à part la fusillade...» Au fait, s'ils te demandent quelque chose, au P.C., tu leur dira qu'on s'en est tiré comme hier... que Rivière, Leblond et Magnaud... tous, quoi... qu'ils m'ont suivi comme toujours et qu'ils méritent quelque chose, un rien, une permission peut-être... je ne sais pas, moi...

Puis je me promène autour de la Caponnière tandis que les camarades à qui je parle tour à tour vont s'endormir, avec leurs vêtements souillés pour draps, en attendant le lever du soleil.

... Dans la tranchée du Béarn se tient le colonel qui m'a fait appeler. Derrière moi Rivière, Magnaud, Leblond. On est dispos et on a le sourire.

Franchement, cordialement, la main tendue, le colonel s'avance :

— Vous avez été très bien ! Je vous félicite. Vos patrouilles très remuantes, courageuses. Très bien ! Il faut leur donner l'impression que nous sommes forts, les retenir. Sergent Rivière, voici votre citation !

L'officier adjoint donne lecture :

— « Jeune sous-officier d'un dévouement exem-« plaire. Au cours de patrouilles dangereuses exécutées « sur les lignes ennemies s'est distingué par sa bonne « humeur et son courage. S'est précipité dans les tran-« chées pour recueillir des renseignements précis »

— Soldat Magnaud, voici la vôtre :

— « Soldat très dévoué. Montre sans cesse un entrain communicatif, a assuré une liaison très difficile au cours de patrouilles dangereuses exécutées sur les lignes ennemies. A été blessé légèrement au cours de sa mission et n'a pas voulu être évacué ».

— Enfin, soldat Leblond, à votre tour :

— « Vieux soldat d'un excellent moral et d'un entier dévouement. S'offre pour toutes les patrouilles dangereuses et y fait preuve d'un allant extraordinaire. A franchi seul un cours d'eau sous la menace d'un poste ennemi rapproché pour rapporter à son chef de patrouille des renseignements plus précis ».

— Bravo Leblond, ajoute le colonel, bravo, tous ! Bravo, les gars, et tâchez de continuer... en attendant les Américains. Quant à vous, Pierre Basque, inutile, n'est-ce pas, de vous donner quelque chose ? C'est une habitude chez vous de conduire votre petite famille; et vous n'avez pas besoin de ça, pour faire mieux ! Nous verrons plus tard.

Et il a accroché les croix de guerre sur la poitrine des trois braves.

Nous nous sommes éloignés de quelques pas. Et puis j'ai dit en saluant, les pieds joints, raide comme à la revue :

— Mon colonel, je suis heureux pour mes poilus. Ils passeraient dans le feu pour moi, je le sais. Mais je pense surtout à Leblond qui dès cet instant est réhabilité et pourra passer la tête haute dans sa rue. Je m'étais promis de réussir. C'est fait. Il me reste, mon colonel, maintenant que sa mission est remplie et que sa tache est effacée, il me reste à souhaiter que Leblond pense davantage à ses enfants qu'aux patrouilles dangereuses... Mon colonel, pour lui, et pour eux, merci !

... Nous nous sommes promené dans les tranchées de Biarritz, des Landes, de Terracol, d'Haslock, du Judland, au P.C. Carrières. J'ai revu la tranchée des Sapinières où se passa la terrible mêlée du 19 avril 1917. J'ai vainement cherché les tombes de Raspilaire, Fournier, Vandenostende — de bons amis d'autrefois...

A Gauthier, qui est en patrouille de surveillance au carrefour de l'Eléphant, je suis allé porter un peu de gnole, pour le soutenir.

Puis nous avons pris position au P.A. de Chevreux où la section défend la parallèle du Scorpion et le G.C. Serpent. Du haut de l'observatoire Heringhen, je découvre la tranchée Galgen, la fameuse Galgen ; Corbény, ruinée ; la croupe de Delaunay et sa tranchée ; la route Chevreux-Bouconville, barrée de chevaux de frise et de réseaux ; la zone inondée entre les lignes ; le tunnel Heringhen à 200 mètres. J'ai repéré, — car c'est souvent utile — toutes les tranchées occupées par la compagnie : parallèles de Pau, Tarbes, des Pyrénées, de Tschisner, Von Speck, du Mitron, de Marathon, du Mirage ; les boyaux du cimetière, du Tyrol, Dupuy, de la Strypa ; le chemin de fer de Pontavert à Corbény qui coupe le bastion de Chevreux ; le P.C. Mousmée...

Pichot, Leblond, Lareine, Bonnet, — la fine équipe —- infatigable, travaillent, rient dans le poste, rouspètent souvent — et s'invectivent.

Et l'aumônier de me dire, en me frôlant, alors que je songe à mes morts :

— Pauvre jeunesse !

Alors Pichot, installé sur des sacs à terre, se met à chanter langoureusement, pendant que Lareine s'apprête à couper les cartes sur la couverture tendue qui sert de table de jeu :

> Ecoute, ô ! mon cœur, écoute la harpe
> Du vent de chez nous, du pays d'Artois,
> C'est un très vieux air des bords de la Scarpe
> Qui chante aujourd'hui tout comme autrefois...
>
> Cependant renaît comme un songe
> Tout au fond de mon souvenir...

... Et continuant d'égrener sa romance attristée, il s'accompagne en faisant aller ses doigts sur des cordes imaginaires.

*
* *

Qui d'entre les poilus, aux heures d'accalmie, n'a pris de Madelon la taille ou le menton ?

Les Madelons de la guerre sont toujours jolies, parce qu'elles sont françaises. Nous les avons connues à Toul, à Valmy, à Mourmelon, à Somme-Tourbe, à Maizy, à Bray et à Bergues — partout...

Elles étaient également jeunes, accortes, rieuses; assises sur le bord des tables, elles trinquaient avec nous comme des hommes et vous auriez payé toutes les notes d'apothicaires qu'elles vous auraient présentées parce qu'elles étaient... « la Madelon »...

Petites jeunes filles de chez nous — qu'on ne trouve que chez nous — elles possédaient au suprême degré l'art de nous faire marcher; elles nous embrassaient tous — tous, pour ne pas faire de jaloux — et retroussant leurs manches elles se mettaient ensuite à laver les verres pour la tournée des suivants...

Petites jeunes filles de chez nous — qu'on ne trouve que chez nous — elles savaient chanter de bonnes petites chansons sans méchanceté, sans rosserie — et souvent, quand elles chantaient, elles étaient sérieuses parce qu'elles vivaient le chant lui-même.

Et ceux d'entre nous qui excellaient dans le même art répondaient avec sentiment par « Celle que j'aime est parmi vous » « Ils sont jolis vos yeux », ou « On les aura ! ».

Puis elles revenaient à la charge avec « Tout le long de la Tamise », ou « Gardez-vous de sortir le soir »...

Petites jeunes filles de chez nous — qu'on ne trouve que chez nous — qui n'ont pas, quoiqu'on dise, le vice dans le sang — dont quelques-unes, sans doute, ont pu giffler des imposteurs, baiser ensuite leurs lèvres et tomber enfin dans leurs bras pour ne plus les revoir jamais que dans le souvenir d'un épanchement brutal et fugitif...

Mais... Petites jeunes filles de chez nous — qu'on ne trouve que chez nous — qui ont su — et celles-là sont légion — tenir la place de l'homme à l'atelier, à la terre, à l'étal — et qui ont vieilli très tôt, à force de cruelle obsession, de servitude domestique et de pleurs séchés au vent du labeur quotidien...

Petites jeunes filles de chez nous — qu'on ne trouve que chez nous — qui donnez votre cœur finalement pour pas grand chose — pour rien — parce que nous savons nous plaindre avec émotion...

Petites jeunes filles de chez nous — qu'on ne trouve que chez nous — vous nous côtoyez pendant nos marches exténuantes — sans y être — parce que votre nom — ou votre surnom — vole de bouche en bouche, entre les poilus que vous avez subjugués...

Nous passerons — nous — dans la courte étape terrestre, parce que notre tour viendra de mourir demain, très tôt, à la fleur de l'âge — mais vous, qui êtes la France de l'avenir, qui serez pardonnées d'avoir failli, parfois, pour sauver notre honneur d'hommes, vous direz bien partout, et malgré tout, que les poilus n'étouffaient pas le devoir dans l'orgie et la bestialité.

Petites jeunes filles de chez nous — qu'on ne trouve que chez nous — fatiguées par nos élans, et par nos enthousiasmes, vous daignerez quand même un jour déposer sur nos tombes de tout petits bouquets du souvenir... n'est-ce pas, petites jeunes filles de chez nous ?

... La Landelle est en fête. La musique a défilé admirablement. Elle a donné ensuite le « Chant des Girondins ». C'était beau. Et la paix était partout, sans un coup de canon. Depuis Craonne où la 50e division britannique nous a relevés, nous avons des jours heureux. Le voyage fut long, tantôt à pied, tantôt en camion, tantôt en chemin de fer. Mais, alors, ici, c'est la belle liberté. Nous courons d'un village à l'autre, de la forêt Domaniale à Le Coudray ou à la Chapelle aux Pots.

Or, ce soir, il y a dans la cour de l'école une représentation théâtrale sous la présidence du Général. Tous les bataillons se sont donnés rendez-vous ici et c'est bientôt une mer de calots déferlant jusqu'au pied de la scène fleurie. Un poilu joue le rôle de la femme, à s'y méprendre. C'est lui qui a le plus de succès, parce que c'est... une femme. Ça suffit aux poilus. Nous avons battu des mains, avec beaucoup de chaleur. A la sortie, nous nous sommes éparpillés et vers une heure du matin nous sommes rentrés dans nos cantonnements — fort heureux.

Pourtant — nous le savons — des jours terribles approchent — échéance inéluctable. Les Allemands ont

attaqué sur de vastes fronts. Ils veulent la victoire. Ils
y tiennent. Que ferons-nous ? Enigme ! Rien ne perce,
mais c'est trop beau pour durer. L'orage avance, le
tonnerre va ébranler bientôt les airs et nous faire valser
à nouveau sur la terre inhumaine.

`... Je suis allé passer quelques heures avec un groupe
de grenadiers.

— C'est un soleil ! à passer sous l'Arc de Triomphe !

— Avec ça les boches ne nous ménagent pas en ce
moment !

— Tout de même, quelle joie de vivre, ce serait,
si c'était la fin !

— Ah ! oui, la fin,... dit mélancoliquement le petit
Mauricet. La fin n'importe comment, je m'en fiche,
mais la fin, vainqueur ou vaincu...

— Tiens, c'te blague ! répond Leblond.

— Moi je dors pendant huit jours ! quand ce sera
la fin...

— Moi, si ça arrive, la paix, je me promène partout
où j'ai passé pour revoir tout ça...

Ils sont tous frais, roses, gentils, ces gars là et ils
vont partir, avec moi, et je les conduirai, au milieu de
la mitraille, et je leur montrerai le chemin — et je leur
dirai « en avant ! » Et nous serons fauchés, peut-être
piteuses unités de la loterie macabre ouverte depuis
quatre ans. Ceux qui restent, les non réclamés comme
moi, finiront bien par être enlevés un jour.

Mais il y a bien longtemps que je n'avais autant ri
au milieu des amis. C'est vrai qu'on ne voit plus le
réseau des tranchées, les trous, les abris — et qu'on vit
au grand soleil, et qu'on se battra en rase campagne
comme jadis.

On rit. C'est comme une mécanique. Et quand on évoque les bombardements atroces, la mécanique est cassée. On rêve alors, à en tressaillir. Et l'on remonte la mécanique. Toute la vie misérable du poilu n'est qu'une question de ressort.

*
* *

J'ai rencontré par hasard au champ d'aviation de Mortefontaine, André Behette, l'aviateur, et Pierre Saubidé, l'artilleur, deux « pays » L'aviateur est épuisé par les successives randonnées en région occupée. Les escadrilles ne connaissent point le chômage. Les avions changent de pilotes et retournent au combat ou à l'observation. Beaucoup manquent à l'appel ; la sinistre faucheuse ne les épargne pas, même dans le ciel.

A la table dressée dans un coin du hangar de toile, Behette nous a invités à partager son repas. Nous nous sommes regardés avec tristesse, puis :

— Où allons-nous ? interroge Saubidé, qui rompt le silence. Je n'aurais jamais cru à une reculade... c'est même la déroute. Cette fois, c'est la fin. Ils ont des hommes en grande quantité, des troupes fraîches, des canons, des mitrailleuses. C'est un peuple extraordinairement puissant.

Et Behette, d'ajouter :

— Ils nous apprennent à faire la guerre...

Puis, ayant réfléchi, Saubidé est moins pessimiste :

— Non, tout de même, il ne faut pas exagérer.

Nous avons un chef unique, maintenant, sinon c'en était fini de notre pays... Mais c'est terrible, tous ces morts, toutes ces ruines, pour rien, pour rien... Ils sont arrivés aux tranchées du G.M.P... au camp retranché de Paris, ça ne te dit rien, cela ? S'ils continuent.....

Je surveille par un carreau de mica déchiré la colonne de mon bataillon qui fait une grand'halte à quelque cent mètres.

— Nous ne sommes pas brillants, dis-je ; nous marchons sans arrêt depuis ce matin à quatre heures et le soleil déjà descend là-bas. Nous nous disons : l'ennemi avance, comme nous...et une heure sonnera qui va donner le signal du choc inévitable... quelque part, vers Soissons on ne sait... Vous voyez la belle perspective — et les effectifs sont entamés...

L'artilleur alors :

— Chez nous, on a tout de même confiance. Et pourtant nos 75 subissent de la part de l'ennemi des tirs effroyables de harcèlement. Nous sommes des acrobates autour de nos pièces car le 75, il ne faut pas lui en promettre, il faut l'alimenter. Nus jusqu'à la ceinture nous nous acharnons à faire rendre le maximum à nos pièces... Avant hier, les fusées montaient sans cesse et nous appelaient. On a crié : «Alerte !» Alors le maréchal des logis a traduit : « — Debout les gars ! Il faut sauver nos gosses attaqués en ligne ! » — Car c'est à vous que nous pensons dans ces moments-là : « Bourrez, les amis ! disait l'officier. Les fantassins comptent sur vous ! » Et les hommes tiraient toujours, avec la même régularité.

... Bchette est soucieux. Et moi, maintenant, je pense à autre chose.

Un ordre est arrivé : le camp d'aviation doit déménager immédiatement pour être réinstallé vers l'arrière l'ennemi ayant effectué une nouvelle avance. Nouveau coup de poignard :

— Ecoutez-moi, mes amis, dis-je ; vous m'avez connu, je crois, bon soldat, avec un moral à toute épreuve, et j'ai toujours entretenu autour de moi la confiance, la gaîté et l'entrain. Ce sont des qualités bien françaises. Aujourd'hui, pourtant, j'ai le cafard. J'ai la frousse. Il faudra que cela change car il y aura de graves responsabilités à prendre. Quatre ans après la Marne, quatre ans après l'ordre du jour de papa Joffre, voilà que l'ordre du jour Foch dit qu'il faut se faire tuer sur place plutôt que de céder un pouce de terrain. Notre destin est défini. C'est ici le terme du voyage. Il faut mourir. Vous autres, vous reviendrez ; pour nous, ce n'est pas possible. Mais tapez dur, surtout, pour nous aider et pour nous soulager. C'est la poussée de toutes les armes réunies qui nous sauvera, qui a le plus de chances de nous sauver. Tapez dur... là-bas... dans le bled, face à ce terrible adversaire qui a brûlé nos foyers. C'est de vous que nous attendons l'ultime secours. Pensez à nous, et suez encore pour tirer sans faiblesse ! Ah ! la chanson du 75 ! Et toi, Behette, ne crains pas de les canarder à cent mètres si tu sens le danger près de nous !... Oui, tapez dur, pour les suppliciés de l'avant !...

Le commandant siffle le rassemblement. J'ai repris mon sac et mes cuirs et j'ai donné quelques cartes à Saubidé pour ma famille. Tous deux m'ont regardé partir avec compassion. Avaient-ils besoin de cacher leur inquiétude ?

— Et bon courage ! s'écrie Saubidé, tandis que Behette agite son calot.

Mais j'ai quitté le hangar et me voici devant mes

hommes. Le tableau change et je n'ai plus le droit d'exprimer ma pensée. Je dois mentir.

— Qu'est-ce qu'ils racontent dans l'aviation? demande Mordet.

— Que diable voulez-vous qu'ils racontent ? Ils disent : on les aura ! on les aura !... si les poilus de la biffe savent vouloir !

— Ça c'est bien dit, naturellement. En attendant, c'est encore nous qui allons écoper !

Et Champarneau de rager à haute voix contre le corps d'armée qui est toujours partout ; contre le régiment qui est méprisé par le général, donc toujours au boulot ; contre le bataillon qui est toujours en première ligne ; contre la compagnie qui est toujours sacrifiée ; contre la section, toujours de service.

Les gouttes de sueur tombent dans l'atmosphère lourde et l'on ne parle presque plus dans les rangs. On dirait qu'une heure décisive va sonner, qu'un immense événement va se dérouler et que dans tout cela notre action se développera intensément.

Les tanks, qui ont opéré l'autre jour à La Landelle, avec l'infanterie, sont parqués dans un pré et attendent. Que ne nous suivent-ils pour faciliter notre tâche ? A-t-on peur de les sacrifier ?

Nous savons que les Allemands avancent, qu'ils veulent vaincre enfin ces « sales Français ». Ils ont conquis de nouveaux villages et mis en fuite, comme en 1914, des vieillards, des femmes et des enfants ; l'histoire se renouvelle et l'invasion s'élargit et s'accentue. Quand s'arrêtera-t-elle ? Quand le nouveau miracle s'accomplira-t-il ? Et cependant en peut-il être autrement ? Avons-nous démérité ? Nos foyers ne sont-ils pas à nous et à nous seuls ?

J'essaie d'exprimer mon idée dans ce sens au milieu des poilus qui, sur le pont de Cœuvres, font halte quelques instants. Les maisons sont désertes et les volets clos. On dirait qu'un mort repose en chacune d'elle et l'on évite de crier. Toutes les armes se sont données rendez-vous ici et c'est un mélange indescriptible d'hommes qui rejoignent des emplacements, sans paroles. Qu'est-ce qui se passera dans cette région abandonnée pour que nous soyons aussi renfermés en nous-mêmes et souvent pensifs ? Un roulement se promène d'écho en écho à quelques kilomètres, mais de la bataille il nous est impossible de rien connaître. Il vaut mieux ne pas demander.

Mon infatigable et ardent ami, Lotterie, que je regarde parfois, semble ramasser toute son énergie en articulant nerveusement la mâchoire. Il remonte sa machine, sa force inébranlable — et froide et sereine. Le lutteur de la bataille de France ne sera pas inférieur au patrouilleur du Saint-Jansbeeck. Demain comme hier, c'est l'esprit qui vaincra la matière et tous les rideaux de feu possibles laisseront capables d'un bel effort les petits poilus de chez nous. Il ne serait pas juste qu'un pareil sacrifice de notre part fût vain. Nous avons droit à autre chose. Ah ! je voudrais voir le miracle de l'intelligence française au bord de cet abîme !

Dans la caverne poussiéreuse où nous nous sommes entassés cette nuit, des femmes abritaient leurs enfants. Des moutons et des porcs partageaient notre litière.

Dans la forêt de Retz des obus tombent déjà et les avions se livrent des combats.

Sinistre présage que ces rafales élaguant la lisière de la forêt avec une insistance angoissante. Ils vont certainement attaquer. Ils entreront dans l'Ile de France. Le reliquaire sera violé. Nous ne sommes pas en nombre, ni en état. Où irons-nous chercher le courage qu'il faudrait indomptable pour tenir, résister et le cas échéant assaillir ?

Les pères de famille nombreuse libérés, sont partis avec les roulantes, chargés de nos recommandations, de nos souvenirs et de nos lettres. Ils promettaient de remplir sans faillir leur mission de renseignements. Qui de nous les reverra, près de la roulante, sous le fumet de la soupe ou du rata ? Qui ?

Ce soir, ou demain, l'ennemi se montrera, nous anéantira sous les rafales, sous les flammenwerfer, les gaz, les obus, les torpilles d'avions. Nous referons des trous, pour nous protéger et nous ensevelir. Nous formerons un mur et nul n'aura le droit de regarder en arrière, sous peine de mort... si l'on peut dire !

*
* *

Au pied des grands arbres, dans un décor splendide, que nous contemplons entre deux rafales, couchés comme des moribonds, nous attendons des ordres. Des ordres. Lesquels ? Nous ne sommes pas plus qu'hier : des soldats ignorants de la vie extérieure. Comme hier, comme toujours, pour nous, ce qui compte, c'est la section, ce groupe de vingt à trente hommes unis comme des frères dont le destin est égal, qui pourraient signer leur lettre ou leur testament du même nom, qui ont la même physionomie salie par les poussières, sucée par la fatigue, les privations et l'anxiété. Au delà, c'est l'inconnu, un horizon inaccessible. Nous sommes le pays tout entier, tenant en une chaîne fragile et la frontière pour nous touche le dernier homme intimement connu.

Cette belle forêt qui amplifie l'écho du tonnerre c'est criminel de la voir saccagée, déjà, par de formidables explosions ; les Allemands, en bons guerriers, associent à la destruction fatale des hommes, la destruction des choses — et le plus beau décor ne les émeut point ; ils sabrent, ils brisent, ils détruisent, ils suppriment... au nom de l'Empereur !

Et quand je vois cette désolation dans la forêt hier florissante, je hais, je hais la guerre qui broie la tradition, la beauté naturelle de la France, comme elle broie les os de ses soldats !

... Jusqu'à mon dernier souffle, je garderai présente sous mes yeux la sauvagerie de cette bataille de géants. Accablés par l'échec, nous n'espérions plus rien des combats futurs lorsque nous apprîmes du haut commandement que nous étions capables d'attaquer encore ! Encore ! Nous ne nous connaissions pas — et nous n'aurions pas donné cher de notre valeur militaire.

Et puis une lueur nous était venue et sentant que nous étions en train de jouer la dernière carte, nous avons rassemblé toutes nos forces, nous sommes allé les chercher dans le tréfonds de nous-mêmes, dans la tradition de nos pères, dans nos souvenirs, dans le culte de nos morts dont nous n'avons pas le droit de trahir le sacrifice, enfin dans notre volonté de libérer le pays et de rendre à nos réfugiés le foyer abandonné en de mauvais jours.

Nous avons évoqué l'appel de ce capitaine, au soir d'une bataille, là-bas, dans la Somme, quand il fallait reprendre des villages aux Allemands.

Non, nous n'avons pas le droit de nous dire quittes

envers le pays. Nous avons la jeunesse, l'expérience
de la guerre, nous avons le droit et la justice pour nous.

Marchons ! Nous avons reculé en 1914, comme
aujourd'hui, puis nous avons fait demi-tour et nous
ayons vaincu. Pourquoi n'en serait-il pas de même
aujourd'hui — ou demain ?

Toute une armée s'est levée au milieu des blés et
des seigles sous la surveillance des oiseaux de France
porteurs de cocardes tricolores, avec l'aide d'une artillerie nombreuse et pourtant fatiguée.

Je vois à perte de vue des colonnes bleu horizon
creusant des chemins dans les champs féconds. C'est
comme une manœuvre, un exercice où l'on baisse un
peu la tête pour ne point voir le danger.

Marchons ! Nous qui subissions hier encore la supré-
matie de l'ennemi, nous attaquons aujourd'hui !

Marchons ! Sur la route poudreuse une rafale d'obus
ennemis vient d'anéantir un convoi ; les explosions
creusaient des entonnoirs sous les véhicules ébranlés
et les montures y descendaient dans un tintamarre
effrayant. Les hommes roulaient à terre et le drame
interrompait un instant la marche des colonnes qui sui-
vaient. L'ambulance chargeait les blessés et les morts.

C'est un enfer, et il est surprenant qu'on y comprenne
quelque chose et que chaque fonction soit remplie quand
même, et toujours, comme si la mort ne passait pas.

Marchons ! Là-haut, sur la cime des arbres de ce boqueteau, les fusants rasent les feuillages qui tombent
sur nos têtes.

Parfois, auprès d'une ferme, dans un chemin creux,
dans un ravin, nous nous serrons comme si nous étions

traqués et autour de nous c'est le tonnerre assommant des canons, la fusillade intense dont le bruit décolle le crâne, par plaques, ou la mâchoire.

Les mains jointes sur le fusil, la pensée on ne sait où, nous attendons que nos voisins soient arrivés à notre hauteur et nous avons le cœur à l'abandon car nous ne savons jamais ce que nous réserve le bond suivant.

Les agents de liaison circulent d'un poste à l'autre, disparaissent dans les blés et dans les seigles. Il en est de tués dans leur course échevelée.

Des flocons blancs et gris marquent sur toute l'étendue du front la volonté de résistance de l'ennemi. Mais nous devons progresser encore en dépit du fardeau que nous constituent les cartouches, les grenades, les vivres, les armes, les tromblons.

Marchons ! Dans un tournoi farouche des escadrilles entières se précipitent, se mélangent, chevauchent piquent une charge — une sorte de corps à corps suit qui laisse des victimes et des flammes éclairent les descentes vertigineuses. Les barrages sont serrés. La terre s'ouvre de toutes parts. Notre artillerie jette sa chanson gauloise, la dernière note, à l'arrivée, étant claquante, cinglante et redoutable.

Marchons ! Nous avons pris le contact avec l'infanterie allemande sur le plateau que traversent des tranchées bordées de défenses. En quelques regards furtifs, j'ai vu les lignes avancer et beaucoup de camarades s'effondrer, chacun à sa manière, suivant les circonstances. Près de moi, Ribert est tombé en arrière, les bras en croix, en criant. A la section voisine deux ou trois se sont écroulés en avant, comme s'ils trébuchaient.

Les Allemands tirent avec des mitrailleuses. Tout le monde est couché. Les balles s'arrêtent à mes pieds. A Vandrôme qui me couvre de colère parce que je reste debout au lieu de m'allonger, je réponds que quelqu'un doit tout de même observer. Mais je ne suis plus moi-même et je m'étonne par instant de m'exposer aussi follement.

Voyons ! Si nous poussions une petite romance, la favorite, celle des mauvais jours, celle qui nous rappelle aussi tous les beaux temps : « Le plus joli rêve »... ?

Et l'on chante, oui l'on chante ! Si l'on cesse cet exercice, c'est pour bondir encore. La ligne allemande fléchit. L'ennemi disparaît. Un groupe aperçu derrière un hangar en flammes subit le sort fatal des cibles sous nos tirs concentrés. Et pour donner une apothéose à ce retour offensif une charge à la baïonnette est lancée sur la position que l'ennemi abandonne en hâte non sans placer aux bons endroits des mitrailleuses qui creusent des vides dans nos rangs.

Marchons ! La faim nous tenaille et cependant notre ardeur est grande. Je ne sais pas ce que nous avons dans le ventre.

Un obus a déchiqueté la jambe de Larcine et le sang coule à flots. Cet homme n'est plus qu'une loque. Il va mourir dans les bras de ses camarades, si les brancardiers ne lui donnent pas les premiers soins. Lui aussi, comme tant d'autres que j'ai connus, aimés et peut-être oubliés, demande qu'on l'achève tant il souffre de ses multiples plaies. Mais qui se sentirait ce courage de bourreau ou plutôt cette lâcheté ?

Marchons ! L'ennemi recule et cependant nous ne valons plus cher. Les trouées dans nos rangs sont larges. Les vivants sont comme des spectres dans le crépuscule.

... La nuit met un terme à ce carnage et les poilus, rivés au sol, échangent des balles avec l'ennemi.

Dans l'ombre des hommes passent porteurs de brancards et se dirigent vers les endroits d'où s'envolent des cris de blessés. Les coureurs constituent une chaîne vivante entre les divers échelons.

— Combien a-t-on fait ? demande Meatz.

— Quatre kilomètres ! répond Lotterie.

— C'est pas trop mal !

En effet. La journée peut marquer dans les annales du régiment. Au lieu de la déroute c'est un peu d'espoir dans nos cœurs et sur nos fanions.

CHAPITRE VI

LA DERNIÈRE SORTIE

— Pierre Basque, vous irez en reconnaissance vers les positions ennemies ; vous étudierez l'importance des effectifs ; vous chercherez à repérer batteries de canons et mitrailleuses, là-bas, autour de ces lumières que les Allemands ont allumées...

J'ai calculé :

— C'est à plus de huit cents mètres... Combien d'hommes me donnez-vous ?

— Le nombre que vous jugerez nécessaire.

— Au fait... Non, je pars tout seul. Conservez vos poilus pour demain, moi je ne compte plus.

Toutefois, Laval, Leblond, Borderey ont tenu à m'accompagner. J'ai pris une carabine, un revolver et ma canne. Les survivants des combats terribles que nous venons de traverser se sont collés au remblai que balayent par instants des rafales de 77 et de 105 et nous ont regardé partir.

Les blés sont encore debout, dans cette contrée, sauf en quelques endroits où les explosions les ont couchés et brûlés en même temps que des hommes. La marche s'effectue lente, prudente et j'écoute les bruits qui peuvent s'élever dans le voisinage. Il me semble que j'ai touché à la ligne ennemie. Je rebrousse chemin, toujours en rampant, pour dire à mes compagnons :

— Impossible de remplir la mission si nous avançons ensemble. Reculez encore jusque derrière ce petit talus. Ne bougez pas. Je continue. Leurs postes avancés ne sont pas loin. Quoiqu'il arrive n'avancez pas. Ce serait inutile et désastreux.

Le silence de la nuit n'est plus troublé que par quelques rafales de mitrailleuse et des obus qui s'en vont derrière nos lignes.

Ici c'est la zone inconnue, « la terre qui n'appartient à personne » et que rasent seulement les balles. Un artilleur n'oserait y déclancher son tir, car c'est la confusion.

J'entre dans un petit champ de blé et jette mon dernier regard sur mes amis.

— Surtout, attention ! me glisse Leblond qui ne peut se résoudre à rejoindre l'emplacement indiqué. C'est risqué d'aller comme cela, si loin, tout seul.

Je ne réponds plus. Je suis tout à mon rêve. Que servirait-il de bavarder à cette minute suprême. J'esquisse seulement un signe impératif à Leblond afin qu'il observe ma volonté. Il ne bouge plus. Je devine qu'il bondirait comme un lion, près de moi, si je flanchais, si je lui disais : « viens... »

Déjà son pied est levé ; d'une main il ajuste son bidon, sa musette, ses cartouchières, son arme ; de l'autre il s'appuie sur la terre — et il écoute.

Je répète mon geste si violemment que mes os craquent à l'épaule. Il a peut-être vu mes yeux mauvais, sous la lune qui est brillante. Nous nous sommes fixés longuement. Les statues n'ont pas la souveraineté de cette attitude. Encore une fois, je reviens vers lui, la rage aux dents, car le temps presse :

— Leblond, êtes-vous assez lâche pour ne point penser à vos gosses et à votre femme ? Allez-vous-en ! et attendez-moi au talus, ou sur la première ligne !

Sa femme ! Ses gosses !

Leblond s'est applati la tête entre les mains. Il y avait des soubresauts dans tout son être. Il a pleuré. Puis redressant la tête, il s'est légèrement soulevé et j'ai vu ses deux poings serrés. Il se contenait pour ne point aller porter en ligne ennemie son mépris et sa colère.

Je pénètre dans le champ de blé. Là, tout près, il y a un espace libre, comme un coin des amoureux, mais c'est un trou d'obus — et deux Allemands couchés que je dépouille de leurs écussons.

Et je poursuis, au milieu du mystère qui s'accentue, la mission la plus sinistre que j'ai connue depuis quatre années. Je peux, à chaque instant, me trouver en face de l'ennemi terré, m'attendant, sachant que je suis seul. Je peux être surpris, rossé, pris à bras le corps par de solides Poméraniens et partir là-bas, bien loin, prisonnier, non cela ne se peut pas !

Je n'ai plus rien sur moi, ni un papier, ni un sou, ni un souvenir. Je ne suis qu'un poilu anonyme qui s'est lancé dans le vide et ne sait où il retombera, où il échouera, où il mourra.

Voici maintenant la lisière opposée du champ de blé, puis un pré, un glacis. Seule ma tête se détache de la ligne des tiges que la brise fait trembler. Que faire ? Comment traverser jusqu'à l'autre champ ? Peut-être quelqu'un m'observe-t-il quelque part ? Tant pis. J'ai collé à mes effets tout ce qui peut faire le moindre bruit et je m'élance. Ma présence n'est pas remarquée. Dans ces conditions je crois devoir poursuivre le rampement.

La crête occupée par les Français a disparu. Je descends vers un ravin. Les Allemands y travaillent et crient. Je vire à gauche et m'enfonce lentement chez eux. A droite, maintenant, il me semble — est-ce possible ? — discerner des canons qu'on installe à l'orée d'un bois, sur une pente. Je ne peux pas le croire. Je vire à droite. C'est vrai. Ce sont des canons. Les chevaux sont dirigés vers l'arrière. Une mitrailleuse crépite, comme dans le but d'étouffer le bruit des artilleurs. Je l'ai bien repérée, celle-là.

Maintenant où suis-je ? A gauche, rien. En face une lumière, peut-être un bivouac. J'avance encore. On dirait un ravitaillement. Je ne suis pas certain. Il faut voir, puisque ça va bien. Derrière moi, soudain, une fusée monte et j'ai entendu la gachette du pistolet, tout près. Où suis-je : Chez les Allemands, certes ! Je ne suis nullement soucieux, pourtant, car la boussole attachée à mon poignet ne ment pas.

Là, à gauche, d'autres bruits montent. Je crois que l'ennemi concentre du matériel dans le ravin en vue des opérations futures et cela est capital pour mes chefs. J'établis un croquis sommaire.

Un instant, je me repose et j'attends. Tout en écoutant, je regarde le ciel tranquille, je l'implore de ne point nous abandonner à cette heure décisive. La France terrassée non, non, non ! Cela ne se peut pas non plus !

Puis je repars. Il est indispensable que je sache ce qui se passe de l'autre côté. Je vais m'éloigner du point d'où la fusée fut lancée tout à l'heure.

Sur la croupe légère, j'aperçois des voiturettes de mitrailleuses poussées par plusieurs hommes. Ils vont dépasser la ligne où je me trouve. Ce n'est pas discutable : je suis chez les Allemands — tout à fait. Plusieurs centaines de mètres me séparent maintenant de mon groupe.

Tout à coup devant moi, à quelques mètres, une

mitrailleuse déclanche son tir rasant. En voilà une autre de repérée. Je glisse sous les balles et me dirige vers nos lignes. De longues pauses sont nécessaires pour ne pas éveiller l'attention. Quelques tirailleurs canardent vers moi. Ce sera dur vers la crête, sous les rafales...

Mais on m'a vu.

C'est fini : toutes les armes de la ligne ennemie crachent leurs balles vers moi et les tirs un instant dispersés sont maintenant concentrés sur ce malheureux poilu qui est venu chercher des renseignements très importants et qui s'est juré de remplir sa mission ou de mourir.

Croyant se trouver en présence d'une forte patrouille, les Allemands s'organisent pour une défense en règle et j'entends des commandements brefs suivis de tirs et de déplacements de mitrailleuses, sans doute en vue d'une combinaison des feux. De cette manière là, il est impossible que j'en sorte.

Une patrouille allemande revient vers les lignes. Je distingue les casques, là-bas. Il semblerait que les mitrailleuses avancent. Je serai aussi prompt qu'elles. De notre ligne, on ne répond pas. Evidemment les copains savent que je suis là, dans le bled, tout seul. Les commandements se rapprochent. Je vais être pris. Je ramasse mes forces et je disparais dans les trous, dans les blés et les seigles, sans me soucier de l'ennemi que je peux rencontrer.. Je bondis.,

Mais là, c'est trop fort : je vois un bloc d'Allemands autour d'une mitrailleuse. Quelle cible ! Je leur envoie quelques balles de ma carabine. Pour moi, la situation ne peut être plus grave. Et ce serait bête de s'en aller sans leur jouer un tour à ma façon. Le vide s'est fait immédiatement autour de la mitrailleuse. On dirait que je suis moins poursuivi... ah ! c'était celle-là...

Hélas ! à droite, à gauche, ça claque encore ! Et je suis exténué.

Encore un bond vers les copains. Ça va. Des fusées montent sans cesse et toutes retombent sur la parcelle de terre où je me trouve.

... Ai-je poussé un cri ? Je ne sais. Mais je me suis écroulé comme un homme mort et les balles continuaient leur terrible chanson près de moi. Mon pantalon est mouillé, au genou, et j'ai une grande douleur. J'essaie de me relever pour bondir encore. Impossible. Je suis blessé.

Je décris un cercle en rampant pour reconnaître les lieux. Et je suis envahi par une grande tristesse ; j'ai peur de n'être pas chez moi. Ma boussole est brisée. Une sueur froide descend de mon front. Puis je prends la direction que je crois être la bonne. Je ne me trompe pas. Je reconnais le chemin.

Sous les rafales qui s'acharnent sur moi, je rampe et le sang coule le long de mon mollet gauche. Ma main que je porte à chaque instant à l'endroit qui me cause tant de douleur en est baignée. Je ne peux pas me rendre compte... je ne sais rien. Je suis touché et c'est tout. La jambe est raidie ; c'est un poids mort que je traîne.

Je pleure de cette détresse dans la solitude. Mais j'ai franchi une grande distance lorsque j'aperçois une ombre qui me dévisage. J'ai déjà mon revolver dans mes doigts.

— Ah ! mon pauv' yeut'nant ! me dit l'ombre.

Et Leblond me tombe dessus.

— Nous pensions que vous étiez pris !

J'ai dû pousser un gémissement :

— Blessé ?... Blessé ?... Ah ! mon pauv'yeutenant !

— Vous avez bien fait de ne pas venir...

— Si ces cochons-là arrêtaient leur tir, nous pourrions vous prendre ici ! me dit Leblond.

— Non, maintenant la plus grande partie est passée, je vais me traîner encore ; vous voyez que ça peut aller !

Alors, apaisé :

— Je vais leur dire que vous êtes là, dit Leblond... ça va leur faire plaisir .. Ah ! mon pauv'yeutenant !

La douleur devient plus cuisante ; j'ai trop longtemps véhiculé le membre atteint — sans aucun ménagement.

Des ombres se sont dressées sous les balles derrière un talus : ce sont les amis désignés pour la patrouille Ils m'apportent leur aide pour traverser le dernier espace jusqu'au remblai où se trouve la section.

Et lorsque j'y débouche, c'est pour m'affaisser, sans un mot, avec une plainte et des pleurs de rage et de joie.

Les bons camarades de toujours m'entourent de leur sollicitude et je ne sais qui d'entre eux panse ma plaie. Le commandant me serre la main.

— Mon commandant, je viens vous donner les détails.

— Non... dites-moi seulement ce que vous pensez...

— Eh ! bien, ils vont nous tomber dessus ; ils se préparent ; ils rassemblent du matériel, des hommes, des vivres, des munitions. Ils accumulent des pièces d'artillerie jusque sur leur position de départ. C'est comme nous à Craonne le 16 avril. Ils vont foncer. Voilà. Préparez-vous. Je vous dis cela parce que je l'ai vu à huit cents mètres d'ici, chez eux...

Maintenant je suis chez moi, dans ma famille — et le sourire renaît sur mes lèvres.

Les rescapés de la compagnie viennent tour à tour

me tenir conversation. Ils désireraient que j'oublie mes souffrances...

Les sentinelles sont figées sur la croupe.

.˙.

Leblond et Laval ont pris la décision de me transporter sur une civière jusqu'au premier poste de secours. La nuit passe lentement dans la tristesse et l'angoisse. Des obus éclatent sur le secteur de la compagnie et les rafales de balles nous harcèlent. Des renforts arrivent pour résister à l'attaque imminente. Ils avancent en colonnes sinueuses et les chefs demandent :

— Où est le tunnel ?

Comment pourront-ils me transporter ? Ils n'ont rien absorbé depuis hier ? Dès les premiers pas ils m'abandonneront à mon sort. Leurs forces ont des limites.

— Vas-y, Laval !

— Ça y est ! répond celui-ci.

— En route ! déclare à nouveau Leblond.

Ce doux balancement de hamac quand les porteurs sont des héros !... Quel labeur leur inflige maintenant ma triste aventure ! Ils m'ont aimé dans la lutte comme un frère et je pensais que cela s'effaçait quand on ne se battait plus... Non.

— Mon yeut'nant, on va s'arrêter un peu, dans le ravin... à droite... vous savez ?...

— C'est ça ; reposez-vous souvent... C'est lourd, un homme mort...

Ils rient tous deux.

— Ici, fait Laval.

Ils cherchent le poste de secours.

Rien. Seulement des traces. Le poste de secours a reculé. Je ne veux pas qu'ils me reprennent. C'est trop épuisant.

— On ira plus loin, dit Laval... on peut faire ça pour vous... surtout qu'on se reverra plus.

— Ah ! ça... N'y pensons plus... ça me fout le cafard...

Et se penchant sur moi, Leblond :

— Si vous pouviez passer chez moi, à Saint-Denis... vous avez mon adresse... et voir ma femme et mes petiots... ça leur ferait plaisir... vous leur diriez tout ce que nous avons fait ensemble...

— On était une famille, des frères, quoi ! interrompt Laval.

— ... L'Ailette, le bain forcé, la décoration... sans prise d'armes... dans la tranchée...

— Maintenant, ça sera fini. Je n'en fiche plus un clou... pour qui que l'on travaillerait ?...

Je réponds :

— Un autre me remplacera qui deviendra votre copain, puis votre frère... C'est la vie... on dirait que vous ne le savez pas, depuis quatre ans...

— C'est vrai que les figures changent...

Ils grillent leur dernière cigarette.

Une bombe d'avion incendie les hangars d'aviation de Beaurepaire abandonnés depuis deux jours. Les avions tournoient dans le ciel étoilé, la D. C. A. leur envoie des obus. Le calme est terminé. L'enfer visite à nouveau la terre. La fusillade s'allume aux premières lignes. Nos batteries répondent aux batteries allemandes. De gros obus s'écrasent dans nos parages.

Et mes deux hommes me portent toujours. Le feu partout monte de la terre ébranlée. Je suis assez vivant pour revoir des combats. Çà recommence. Mais je ne suis bon à rien... un paquet... un cadavre... encombrant...

— On ira jusqu'au bout, dit Leblond.

— Pour sûr, fait Laval. A Beaurepaire, on s'arrêtera.

— Il y a une ambulance, à Beaurepaire, dit Leblond.

Les balles perdues chantent près de nous.

— Ils vont attaquer...

— Dans ces conditions c'était pas la peine d'avancer hier et de perdre la moitié des hommes ; on n'est plus en état de tenir ; c'est pas possible...

— Notre artillerie a l'air de riposter, pourtant...

— L'aviation aussi...

— Mais c'est les hommes qui manquent...

— Faut pas oublier qu'on a dû tenir sur tous les fronts... on a bouché les trous... On a été dans tous les secteurs... en France et ailleurs...

— C'est trop tout de même...

Moi je tourne la tête vers les éclatements — effrayé. Mais, eux, ils poursuivent le dialogue.

Des groupes d'obus descendent du ciel vers Beaurepaire où se distinguent par intervalles des convois assourdissants par les rafales coupés. On devine les chevaux cabrés, blessés, les véhicules désarticulés, les conducteurs écrasés sous les débris, les entonnoirs sur les pistes et sur les chemins.

Nous avançons. Des moteurs ronflent. Une aile du bâtiment est en flammes.

Le petit jour.

Nous pénétrons dans la cour où des blessés qui regardent le ciel bleu, comme je le regarde à travers les voiles de fièvre, attendent le moment de la délivrance. Partir ou mourir.

. Du sang sur les pavés, dans l'abreuvoir, sur les murs. Des cris sans cesse plus terrifiants. Les médecins sont affairés. Les brancardiers portent toujours des corps. On charge des voitures, des autos. Des pansements s'éparpillent. C'est la vie qui se disperse au milieu des poussières.

Des troupes envahissent le domaine pour s'égailler ensuite sur les limites et défendre la position.

Des hommes ouvrent les murs, poussent des obstacles vers les issues, installent de petits canons, des mitrailleuses. Place aux combattants. Nous sommes des inutiles :

— Alors, au revoir, mon yeut'nant...

— Au revoir, mon yeut'nant...

— Allez... allez... maintenant... il faut se séparer...

— Pour toujours...

— Qui sait ?...

Ils rapprochent leur visage.

— Vous : Leblond, soyez prudent... Toi, Laval... continue le bon boulot... Tâchez de ne point oublier nos bons jours... on s'écrira, n'est-ce-pas ? Bonjour aux copains...

— S'il en reste ! fait Leblond. Avec ce qui est tombé cette nuit !...

Ce ne sont plus nos lèvres qui parlent, mais bien nos yeux.

Ils sont encore plus près :

— Après tout, mon yeut'nant, on peut bien s'embrasser ; il n'y a pas de différence entre nous...

Il a collé sur mes joues deux sonores baisers. Laval de même.

Dans le chaos qui nous entoure c'est un drame léger qui vient de vivre. Trois hommes se sont rencontrés un jour sur les champs de bataille. L'un, meurtri, se dirige vers le cœur de sa patrie ; les autres se jettent à nouveau dans l'enfer. Et voilà.

Ils s'épongeaient le front en s'en allant. Un gradé crie :

— Pas de fuyards. Les Boches avancent !

Et face à Laval et Leblond :

— Où allez-vous ? Il faut faire le coup de feu ici, avec les autres !

— Laissez-les... ai-je dit... leur place est marquée ; ils la connaissent ; et ils y vont...

« Pas de fuyards... » Pauvre Leblond, pauvre Laval... « pas de fuyards »... et c'est à vous que l'on dit cela !

Avant de perdre connaissance j'ai vu leur corps plonger dans le rideau des barrages...

Une auto-ambulance a réussi à nous enlever avant l'arrivée des Allemands qui ont attaqué avec une extrême violence les positions que nous avions conquises. Auprès du chauffeur, les militaires du service de santé ont placé un blessé grave, atteint d'un éclat d'obus au côté. Dans l'auto où sont disposées les civières, il y a un commandant qui râle, un sous-officier dont un bras et une jambe sont déchiquetés, et un poilu qui disparait sous un amas d'ouate et de toile. L'auto trinqueballe dans les fondrières, au milieu d'un cortège de gros obus qui cherchent à interdire toute communication.

— S'pèce de vache, dit le poilu au conducteur qui n'en peut mais ; tu ne vois pas que ça va me démolir ?

Et il pousse des cris qui m'arrachent l'âme.

— Vache ! vache !

— Mais, mon pauvre ami, je ne peux pas faire mieux. Il faut tout de même sortir de la zone...

Mais l'autre ne veut rien entendre et par l'ouverture ovale, je le vois se tordre de douleur et vitupérer toujours, toujours.

Autour de moi, il y a les râles de l'agonie ; on dirait même que l'un de nous ne respire plus — car il a fini de se plaindre.

Nous fuyons le champ de bataille et la chaleur nous étouffe. Que font-ils là-haut ? Pauvres compagnons de misère ! Où sont-ils ?

*
* *

Une baraque Adriant. Dans le fond, la salle d'opérations. Quelque part, dans un poste de secours intermédiaire, on a adapté à ma jambe une gouttière.

Ici c'est l'attente fiévreuse.

Nous sommes déposés sur le plancher. Les cris, les gémissements, les râles emplissent les pièces ; on ne sait d'où ça vient, on ne sait de qui. Ce que l'on sait, c'est que la guerre est épouvantable.

Sur le billard repose un blessé de la tête. Endormi, il chante aussi fort qu'il le peut, puis s'arrête. Le médecin-major dicte le diagnostic à son secrétaire :

— Alexis Julien, trépanation, danger de mort immédiate.

J'avais entendu tout à l'heure la scie, comme celle qui supprime les arbres géants dans la fôrêt d'Iraty.

Après l'annamite, c'est mon tour. On me disait :

— Comptez jusqu'à dix.

— Autant avaler d'un seul coup, ai-je répondu.

Et j'ai respiré violemment, comme l'air du matin, au printemps. A peine me sentais-je faiblir que l'instrument jouait dans mes plaies. Et ce fut la mort.

Dans la chambrée, mon voisin qui a une balle dans le ventre hurle affreusement. Un autre est mort pendant le transport, après l'opération. L'hôpital regorge de blessés. Le cimetière est trop petit. Le soir, les avions ennemis lancent de grosses torpilles. La guerre est proche. Mon lit, tout blanc, n'est pas un lit de mort, comme certains autres devant lesquels pleurent des femmes. Je n'ai jamais vu croiser autant de mains jaunies, pour le dernier voyage. J'ai vu, là-bas, bien des mourants, sans paroles, et qu'un obus achevait, mais je n'en ai jamais vu qui s'accrochaient à la vie avec autant de volonté et d'effort qu'ici.

L'été s'achève et de mon lit d'hôpital j'écris sans fatigue à tous mes amis du front. Des lettres me reviennent avec la mention fatidique. Il n'y a pas beaucoup de rescapés.

M. Dubos, qui depuis la disparition de son fils me gâte, décidément, avec une correspondance toute empreinte d'affectueuse sollicitude, néglige sa douleur pour me consoler de la mienne. Le corps de son enfant serait identifié et il espère — espoir vain — le ramener au pays natal. Nous n'irons plus chez lui chanter sous les tilleuls ; le deuil a pénétré dans la maison. Le fils a légué à sa famille une croix largement méritée, avec une citation. A la prise d'armes, c'est le père qui a répondu. Et il a pleuré.

Il y en a de pareils dans toute la France, des pères de mes camarades de combat. Et moi qui survis à leurs enfants, j'ai peur de me montrer, de vivre, j'aurais dû, comme les autres, mourir en ces lieux de tourment !

Pauvre ami, votre fils est tombé parmi tant d'autres, fauché par la mitrailleuse — toujours elle ! — qui ne pardonne pas. Je me suis penché sur son visage. Je lui ai souri. Je crois qu'il m'a reconnu.

Vous me demandez si sa dépouille mortelle a été déposée dans un cercueil ? Si je connais le nom des brancardiers ? S'il a reçu les secours de l'aumônier ? S'il a souffert ? S'il a parlé de vous ? Si la préparation d'artillerie fut suffisante ?... Ah ! tout cela, mon pauvre ami, c'est un langage de profane !

Là-bas, quand on a l'ordre d'attaquer, on a un objectif vers lequel on va tout droit. L'ouragan de fer et de feu nous décime et il faut avancer quand même. Les blessés sont enlevés, quand c'est possible, par les équipes de brancardiers qui sont admirables, mais si la lutte se cristallise en quelque point du front et que le bombardement continue, détruisant les hommes et la terre, les blessés risquent de mourir en même temps que les brancardiers et les morts d'être ensevelis sans que personne ait le temps de s'occuper d'eux.

Que dis-je ? L'homme est un amas de chair qui ne compte pas, chez nous. De sorte que votre fils, mon pauvre ami, ne sera jamais retrouvé. Il est mort au cours d'un assaut. Nous prîmes la position, mais les Allemands, le lendemain, réduisaient à néant notre succès après un pilonnage effrayant, et ils reprirent pied dans le secteur. Depuis, de nouvelles attaques françaises ont confirmé, élargi, intensifié les premiers succès. Mais les corps ? Dans cette tourmente, dans cette boue, dans cette vase ! Comment les reconnaître, comment, dites-le moi vous-même ?

... Non, je ne peux pas dire cela au papa, ce serait cruel. Je n'ai jamais dit toute la vérité aux parents. Ils n'ont su de moi, au regard de leurs enfants, que ce que nous vécûmes ensemble de bons instants à la tranchée et au repos. Je les ai consolés. Et j'ai menti. J'ai eu tort. J'aurais dû leur dire. Aussi bien chacun de nous soupirait au moment du combat : Mon tour viendra... Nous devions y passer. Alors ils vont être mécontents les parents de ceux qui sont morts. Et cela me cause une grande peine. Moi qui leur dépeignais notre vie... en rose et qui les encourageais dans l'espérance !

... Mes nuits sont agitées par des cauchemars sans nombre. Si maman était là, bouleversée à la vue de mes contorsions, elle viendrait me bénir, elle me prendrait tout doucement par le cou et je m'éveillerais sous la douceur de sa caresse — et je sentirais ses pleurs sur mes yeux. Elle serait à genoux, près de mon lit, en prières et elle me demanderait encore :

— Mon fils bien aimé, tu souffres beaucoup là-bas. Ce doit être terrible.

Et je lui répondrais :

— Non, maman, ce n'est pas terrible, mais ce sont tous les souvenirs qui me viennent ensemble. Je vois mes amis, les tranchées, les parties de plaisir, la bonne vie, le filon...

Mais tous les mensonges n'éviteraient pas ses alarmes :

— Cette nuit, me dit-elle une fois, tu criais « En avant ! on les aura ! » Et tu faisais des mouvements violents, comme dans une lutte farouche, un corps à corps... Ainsi tu te trahis... Dis-moi, c'est affreux, la guerre...

— Il y a des moments, certes, maman, mais ils sont passés ; nous ne les reverrons plus.

— Pourtant que de morts !... quand cela finira-t-il ?

Elle était accoudée à la table et moi je lisais. Elle baisa mon front éperdument.

N'y tenant plus, j'éclatai en sanglots. Ma sœur accourut. Et le drame, que j'évitais depuis le début, se déroula cette fois dans toute son ampleur. Ecroulées sur leur chaise, elles pleurèrent bien longtemps :

— Je te l'avais dit, mon fils chéri, que la guerre c'est la fin du monde...

— Mais non, maman, ce n'est pas la fin du monde. Les peuples vivront après, comme avant. Les morts n'arrêtent pas le cours de la vie.

— La guerre, reprit-elle, c'est souvent la fin du monde pour une maman...

... J'ai revu mille combats dans un nouveau cauchemar. Beaux poilus, mes frères, vous étiez jetés par les minenwerfer à dix mètres de la ronde, ou troués par des balles ou déchiquetés par des obus ou ensevelis dans les abris. Cardon, je te revoyais, lorsque ayant été horriblement touché par un obus, éclaté entre tes jambes, tu nous criais « Vous feriez mieux de me tuer que de me regarder ! » Et quand tu te fus tordu longtemps comme un ver, tu expiras. Ton passage sur cette terre était fini. Toi aussi Lehideux, je t'ai revu aux Sapinières, et toi Corbeau, et toi Vandenostende, vous tous mes frères, que je compte par sections, qui êtes tombés tous, près de moi, je ne peux cesser de vous revoir. Laissez-moi penser encore longtemps à vous, à vos paroles, à vos yeux, à nos heures de délassement en quelque endroit perdu le long de la ligne sacrée qui s'étend de la Mer aux Vosges. Je ne sais si j'aurai un jour le courage de rechercher sur le bled apaisé la trace de votre mort.

... Ah ! mais non... mais c'est extraordinaire comme je vous revois ! Je vous ai tous, là ! Vous vivez ! Vous n'êtes pas rayé des contrôles ! On a bien mis : « tué » sur vos lettres, mais ne vous fâchez pas, on s'est trompé ; vous êtes encore de la troisième — de la troisième de fer ! Vous vous battez comme des lions ! et j'essaie de vous imiter !...

Grands dieux ! Mais je rêve — sale éclopé !

Et je me suis surpris, déchirant l'encolure de ma chemise comme un soir, bien loin — sous l'effet de l'ypérite qui s'élevait de la vase et nous rendait fous.

Mon vieux camarade Leblond, qui a fait toute la guerre, est tombé, au début de novembre. Il avait parlé longtemps encore de nos patrouilles, de nos emballements, de nos combats, la nuit, avec les postes ennemis avancés.

Un jour l'offensive alliée a obligé les Allemands à prendre le chemin du retour, non sans qu'ils luttassent pour retarder la marche victorieuse des assaillants et se donner le temps de réembarquer le matériel et les hommes.

On atteint la frontière belge. Des rafales serrées administrées sur notre colonne par des mitrailleuses qui protègent la retraite nous commandent de nous déployer et de livrer combat. Leblond tire joyeusement et Rivière juché sur un pan de mur dirige les salves.

Tandis que les fantassins allemands se précipitent vers le poste frontière pour fuir, des groupes sacrifiés cherchent à nous tenir en respect.

Rivière s'écrie :

— Ah ! zut, ils mettent les bouts de bois...

Mais les balles sifflent, on ne peut pas regarder. Pourtant Leblond qui avait vécu la retraite :

— Il faut que je voie ça. Ils nous ont poussé, l'épée aux reins, en 1914 et nous avons dû abandonner la Belgique, et aujourd'hui c'est leur tour ! Je veux voir ça !

Il se dresse et tire :

— Leblond, défense de te lever...

Et les balles passent toujours, en s'écrasant sur le talus.

— Leblond, je te défends de te lever. Il suffit que tu saches qu'ils déguerpissent. Ce n'est pas le moment de risquer bêtement sa peau.

— Tant pis, mon tour viendra quand même. Mais il faut que je voie ça !

Alors il dessine dans l'air comme un grand geste d'admiration, de fierté et de délivrance.

Et, son tour venu, il roule sur la rampe.

Leblond est mort.

*
* *

Les ruisseaux harmonieux descendent des coteaux boisés.

De jolis villages clairs, couronnés d'arbres frissonnants, sont blottis autour de l'église au clocher fluet.

Les nids de cigognes reposent sur les cheminées vermoulues. La guerre n'a point troublé les cigognes. Elles regardent le ciel — tranquilles.

Cette halle au blé, cet hôtel de ville XIIe siècle, ces

puits antiques où l'on suppose des idylles éteintes, comme il est joli cet assemblage !

Et puis le regard se fixe sur les flancs sombres des Vosges dont nous atteindrons tout à l'heure l'une des cimes après avoir traversé maint village attrayant.

Les habitants nous saluent avec enthousiasme et beaucoup de maisons ont des drapeaux français.

D'ici l'on entendait le canon et nous devinons quels bondissements du cœur ont éprouvé les Alsaciens qui aspiraient à la délivrance. Car, enfin, ce « Chant du départ », cette « Marseillaise », ces hymnes d'espérance dont vous émaillez notre passage, Alsaciens, vous ne les apprîtes nullement pour des raisons d'opportunité ?

Nous jouons d'adresse avec les monts qui se croient inviolables. Nous montons encore, nous montons toujours et les bois succèdent aux bois, sans cesse. Un pré vert apparaît quelquefois, mais si petit, et sur les routes un attelage traînant des poteaux de mine ou des bûches toutes fraîches...

Le silence. Hormis la douce haleine des arbres fiers, partout le silence.

Mais, dans cette forêt, une oasis... un bourg, avec de jolies maisons — jolies comme des bibelots, et sur la place, grande comme un mouchoir de poche, un kiosque à musique, gentillet, en bois sculpté. Les chalets, sur les pentes vertes, ont des couleurs extrêmement vives.

Oh ! halte rêvée quand on prépare l'ascension de Sainte-Odile !

Voici le couvent, le pensionnat, la chapelle. Qu'y a-t-il ? Vous en êtes en plein air et n'osez parler ? Cette atmosphère vous absorbe ? Ah ! c'est que tout ici respire le sacrifice ; c'est le chemin du ciel. Les exilés de Sainte-Odile n'agissaient pas à la légère quand ils

édifiaient à une si fière altitude l'ultime station de leur
vie matérielle ! Quel dévouement ! Et ce mutisme où
se complait le sacrifice, quelle grandeur !

C'est le promontoire. Je regarde dans les fonds.
Là se tient la misère des choses mortes, grises, comme
des cimetières abandonnés... Mais, ici, en haut, quel
charme ! L'oiseau précoce joue dans les feuilles, les fleurs
nous font la révérence ; cent mille noms inscrits sur les
murs forment l'histoire des générations, qui s'effacent
un'peu sous la pluie, avec le temps.

Et nous, nous passons quand tout ceci subsiste
Mais il ne suffit pas de durer, l'on crée à Sainte-Odile !
Cette tour en projet qui tiendra presque dans le vide,
elle partira dit-on de l'extrémité du roc pour s'élancer
vers le ciel ! Toujours plus haut. Sainte-Odile s'élève :
c'est pour l'envol éternel.

Combien de corps reposent dans le jardin du silence ?
Paisible retraite qu'enveloppe l'encens des plantes et
qui contient une élite, nous voudrions, à l'heure de la
mort, reposer aussi en vous. Mais nous n'en sommes
pas dignes...

... L'Alsace est pour toujours terre française. En nous
battant, nous l'avons défendue et nous avons sauvé
ses espérances. Ce territoire que la vue embrasse jusqu'aux flèches lointaines de la cathédrale de Strasbourg,
est français. Je ne m'en réjouis pas comme d'une conquête, mais comme d'un bienfait naturel — un retour
logique et ordonné.

Il n'y a point de revanche possible contre nous qui
avons tant souffert en atteignant à l'extrême limite
du sacrifice et du devoir.

Nous n'avons rien pris qui ne fut notre bien et nous
gardons seulement ce que le droit et la justice nous
confèrent.

La paix est entre les peuples saignés et vidés. Ils reprendront le train de leur existence et la lutte pacifique se poursuivra.

Mais des millions de Français, dont beaucoup pleurent des enfants tombés sur les champs de carnage, doivent préparer dans les ruines de leurs demeures les fondements d'une existence nouvelle. Pour eux la guerre n'est pas finie. Ils la subissent même deux fois. Leurs champs sont des écumoires et leurs foyers sont des cratères.

Je ne peux pas appeler à part un de ces voyageurs au regard dur que je croise en la forêt. Il ne me comprendrait pas encore. C'est trop tôt. Les canons sont encore chauds. L'humiliation n'est pas calmée.

Cependant, après avoir médité sur les temps tragiques à peine écoulés, je m'abandonne à écrire du doigt sur le sable ces mots : Allemand — quelque soit le mal qu'avec les tiens tu fis en mon pays — et ma mère en est morte — je prendrais volontiers tes mains, si j'étais sûr d'y lire un amour profond pour la paix.

... Puis je repars, à la dérive. Il ne me reste plus de la guerre que des cicatrices — et ce malaise général qui me vieillit déjà.

Comme je suis valide cependant je n'espère pas grand secours des foules. Seulement j'avais hier vingt ans et j'en ai quarante aujourd'hui — les campagnes comptant double.

J'ai tout donné là-bas — comme une offrande — sans retour. Mon souffle, la guerre, dédaigneuse, n'en a pas voulu. Elle m'a dit : Je t'accorde le seul avantage par lequel tu continueras de souffrir..

Je n'ai plus rien... Si ! la gloire ! Or, elle me pèse tant. que lorsque je demande du pain j'ai l'air honteux et bête.

Et l'on appelle cela : être vainqueur.

La nuit m'éloigne du monde. Où serai-je demain ?
Me voici perplexe. J'étais — morbleu — plus solide là-
bas, au front. Où m'en irai-je ? Et quel chemin prendre
maintenant, au carrefour ?

On me dit — en passant — que la vie est une lutte
de tous les instants. Qu'il en soit donc ainsi ! Je vais
m'asseoir parmi les morts qui me sont familiers et, prêt
à m'inspirer de leurs vertus, je creuserai mon trou en
un secteur où j'aurai quelque droit à m'abriter des
barrages — avant de reprendre l'élan.

Et toi, ma belle jeunesse enfuie, je te livre ces pages.
Que ce mélange de boue et de sang, de cendres et de
larmes ne t'effarouche pas : c'était fatal... vois-tu...
pendant si longtemps... de la Mer aux Vosges...
quand, au milieu des tempêtes... j'écrivais... avec les
autres... le Communiqué...

TABLE DES MATIÈRES

Dédicace V

Introduction VII

Chapitre I : Nos vingt ans 1

— II : Le Mur 47

— III : Coups de bélier 107

— IV : Lambeaux d'espérance 151

— V : Flux et reflux.............. 213

— VI : La dernière sortie 255

I. N. S. A. P. 5, Boulevard de Strasbourg, Arras (France)